国家"十二五"重点图书出版规划项目
国家出版基金资助项目
湖南省社会科学基金西部项目（15YBX061）

湖南绥宁关峡苗族平话研究

胡　萍｜著

湖南师范大学出版社

图书在版编目（CIP）数据

湖南绥宁关峡苗族平话研究／胡萍著．—长沙：湖南师范大学出版社，
2016.12

ISBN 978 - 7 - 5648 - 2725 - 0

Ⅰ.①湖…　Ⅱ.①胡…　Ⅲ.①苗族—方言研究—绥宁县　Ⅳ.①H216. 7

中国版本图书馆 CIP 数据核字（2016）第 283549 号

湖南绥宁关峡苗族平话研究

Hunan Suining Guanxia Miaozu Pinghua Yanjiu

胡　萍　著

◇策划组稿：刘苏华　曹爱莲
◇责任编辑：莫　华
◇责任校对：袁学嘉　王　晓
◇出版发行：湖南师范大学出版社
　　　　　　地址／长沙市岳麓山　邮编／410081
　　　　　　电话／0731 - 88873070　88873071　传真／0731 - 88872636
　　　　　　网址／http：//press. hunnu. edu. cn
◇经销：湖南省新华书店
◇印刷：长沙超峰印刷有限公司
◇开本：710mm×1000mm　1/16
◇印张：12.75
◇插页：16
◇字数：240 千字
◇版次：2016 年 12 月第 1 版　2016 年 12 月第 1 次印刷
◇印数：1 - 1200 册
◇书号：ISBN 978 - 7 - 5648 - 2725 - 0
◇定价：40. 80 元

如有印装质量问题，请与承印厂调换（厂址：长沙市金洲新区泉洲北路100号，邮编：410600）

绥宁县关峡苗族乡大园古苗村全景

作者与发音人的合影（摄 2014 年）

发音人苏成英先生在制作根雕（摄于 2014 年）

窨子屋 [in⁵³ tsʅ³³ u²¹³] 形似四合院，多为两进两层，也有两进三层或三进三层的，三层上南北间有天桥连通。它的总体结构是外面高墙环绕，里面木质房舍，因此也叫"砖封屋"[tʂ̩ye⁴⁴xoŋ⁴⁴u²¹³]。图片为窨子屋的正面，两边是仓楼，中间是正房，为旧时大户人家所居。正门有两进，一进是大门，二进是中门。平时进大门后从侧旁进入院内，只有贵客来时才会打开中门迎客

窨子屋 [in⁵³ tsʅ³³ u²¹³] 的背面，旁边是后门。墙壁上的长方形孔眼具有防盗、透气、采光等功能

鳌头 [ŋao²²tao²¹] 飞檐

拦鸡门 [lo²²tʃi⁴⁴maŋ²²] 堂屋外侧用于拦挡鸡鸭的矮门，多为旧时富裕人家所有

大镗 [ta⁴⁴ ts'aŋ⁴⁴] 用于煮饭、烧水、煮猪食的鼎罐

□镗 [la²¹ts'aŋ⁴⁴]（小镗）主要用来炖肉、烧茶

煨盛 [uei⁴⁴ʃin⁴⁴] 煨酒煮茶的鼎罐

火凳 [xəu⁵³taŋ³³] 冬季用于烤火取暖的凳子

木锁 [məu²¹səu⁵³]　自古以来关峡苗族的人修房子，均用木锁锁门，只有家里人会开，外人是开不了的，安全性极高。锁的种类有一齿木锁、二齿木锁，三齿木锁，或称单锁、双锁、三锁

单锁 [to⁴⁴səu⁵³] 三锁 [so⁴⁴səu⁵³]

虾叉 [xo⁴⁴ts'o⁴⁴] 捞小鱼和虾子的工具

□□ [ki⁴⁴ki⁴⁴] 装鱼虾的篓子

乌饭 [u⁴⁴pan⁴⁴] 也叫黑饭 [xai²¹pan⁴⁴]，起源于北宋杨金花煮黑饭送给关在柳州狱中的哥哥杨文广并最后救出哥哥的民间传说。清代乾隆版《绥宁县志》"民俗"中有"杨姓四月八日造乌饭，俗传为杨文广遗事"的记载，之后成为绥宁苗族"四八姑娘节"最重要的内容。黑饭系采用山上的枫树、乌泡、南天竺、夏粑藤的嫩叶捣烂取汁后，与糯米一起煮制而成，其味芬芳，其色墨黑，故名黑饭

米粉肉 [mai³³xoŋ⁵³niəu³¹²] 米粉肉是关峡苗寨喜庆宴席上最受欢迎的佳肴。米粉肉是用切成小块的猪肉拌上炒米粉、五香粉、食盐和味精等调料，调匀后，放到甄里蒸熟，即可食用。一席一笼，每笼五六斤不等。

大拱桥 [ta⁴⁴kin⁵³tɕie²²] 此桥名为"定远桥",位于关峡苗族乡关峡村关峡峡口,当地人习惯叫"大拱桥"。桥为清绥宁县知县范成龙捐百金倡修而成,始建于康熙二十三年(1684)。现为湖南省级重点保护文物。长一十二丈六尺,宽二丈六尺,高五丈六尺。单孔,半圆拱,青石桥身,古朴威严。原建有廊亭,称范公亭。民国初年毁,2001年,绥宁县政府投资12万元重建,并刻碑石记之

花桥 [xo⁴⁴tʃie²¹]

花桥 [xo⁴⁴tʃie²¹]

哭嫁 [fu²¹ko⁴⁴] 关峡苗族婚俗，女子出嫁的前夜和当日要"哭嫁"，亦称"哭婚"，主要由姐妹哭情、姑嫂哭婚、母女哭亲三部分组成

花轿 [xo⁴⁴tʃie⁴⁴]

背新妇 [pei³³sin⁴⁴pu³³] "四八姑娘节"活动之一，旧时苗家姑娘出嫁，均由兄弟或堂兄弟背进花轿抬往夫家。此俗逐渐演绎为"四八姑娘节"的一项节庆娱乐活动

扎草衣 [tso²¹ts'ei⁵³i⁴⁴] 舞草龙的人需头带草帽，身穿稻草衣、稻草裙，脚穿草鞋

草龙舞 [ts'ei⁵³lin²²u⁴⁴] 农历六七月，禾苗抽穗的时候，苗族群众都会舞草龙以驱虫避邪，保年成丰收。史载"五六月间。雨阳不时，虫或伤稼，农人共延僧道，设坛诵经，编草为龙。从以金鼓，舞田间禳之"。草龙分雄雌两条，每条龙共33小节，有龙头、龙身、龙尾，长约12米，共分9提。每次草龙出行，锣鼓齐鸣。雄龙由9个年青小伙舞，雌龙由9位姑娘把持，两条龙舞到一起处时，时常较劲，看谁舞得漂亮

总　序

　　湖南西部和南部有一些地区的汉语方言已处于濒危状态或临近濒危状态，如湘西的乡话和湘南的土话。

　　湘西乡话是一种未分区的非官话方言，有人称为"瓦乡话"（实际上是"讲乡话"的意思，此处的"瓦"是用的同音字，本字当为"话"，用作动词）。这种方言主要分布在沅陵县以及周边的溆浦、辰溪、泸溪、古丈、永顺等地，另外，湘西南湘桂交界的南山地区也有一些分布。

　　湘南土话分布在永州和郴州两个地级市之内（永州辖两区九县，郴州辖两区一市八县）。各县土话冠以县名，如永州内有东安土话、江永土话、道县土话、蓝山土话，等等；郴州内有桂阳土话、宜章土话、临武土话、嘉禾土话，等等。这些土话又分成纷繁多枝的小范围土话，令人应接不暇。

　　无论湘西乡话或湘南土话，它们所处的地区，相对来说都比较封闭，经济上也比较滞后，有的甚至是相当贫困，但说到它们所蕴藏的、对于研究汉语发展演变历史颇有价值的语言矿藏却是极其丰富的。

　　20世纪40年代王力先生谈到古语的死亡时曾指出有多种原因，其中有的是今字代替了古字，如"绔"字代替了"裤"；有的是同义的两字竞争，结果是甲字战胜了乙字，如"狗"战胜了"犬"，等等。

不过，在汉语方言众多的窗口中有时你所看到的东西会使人意想不到。譬如湘西沅陵麻溪铺乡话有下面的记录：“裤子”就说“裈”[kuɛ^{55}]，“单裤”说“单裈”[tõ^{55}kuɛ^{55}]，“短裤”说“秸裈”[tɕʻia^{55} kuɛ^{55}]；“公狗”叫“犬公/公犬”[kʻuæ^{53} kəɯ^{55}/ kəɯ^{55}kʻuæ^{53}]，“母狗”叫“犬娘/娘犬”[kʻuæ^{53} ȵioŋ^{55}/ ȵioŋ^{55} kʻuæ^{53}]。

湘南土话里也有珍奇的材料，如江永桃川土话：

“树林”说成“木园”[mau^{21} uəŋ^{21}]，“树苗”说成“木秧”[mau^{21} iaŋ^{33}]，“树梢”说成“木末”[mau^{21} muo^{33}]，“种树”说成“种木”[tɕiɛ^{24} mau^{21}]，“一棵树”说成“一蔸木”[i^{55} ləu^{33} mau^{21}]。

这种称“树”为“木”的事例是笔者2001年在江永桃川调查中所获。有些巧合的是乔全生教授在晋南方言中也发现了称“树”为“木”的语言事实（参见2002年第一期《中国语文》所登《山西南部方言称“树”为［po］考》一文）。此前据汪维辉教授的研究（《东汉—隋常用词演变研究》，南京大学出版社，2000年5月），称“树”为“木”的语言状况至少是保留了两汉以前的用法。

十多年前，我初次调查桃川土话时，一位主要发音人就曾对我说过：“很多人学讲官话了，青年人很少讲土话，最多十年就难得听到土话了。”

这里且以她家三代人为例，第一代是发音人自己（时年60岁，现已72岁），土话保存较好，虽有时夹杂一些官话，但尚能加以区别；第二代，她的三个孩子，老大是女儿，能说一些土话，但已不如母亲，老二、老三是儿子，会土话的程度更差（这和他们都已离开本土有关）；第三代有五人，其中两个外孙是双胞胎，26岁，一个在长沙，一个在深圳，都不会说土话，两个大孙女，分别为25岁和22岁，基本不会说土话，一个小孙女，12岁，土话“更不会了”（发音人语）。

一方面是土话或乡话的丰富蕴藏，一方面是土话或乡话的日益萎缩，抓紧时间做土话或乡话的调查研究，其迫切性毋庸置疑，这是落在湖南方言工作者肩上责无旁贷的历史使命。

2001年炎夏之季，湖南师范大学一支方言工作者的队伍奔赴湘南各地，调查了十余个土话点。自此以后，一批土话研究的论文在《方言》期刊上陆续发表，一批土话或乡话研究的博士学位论文应运而生，一批以土话或乡话为研究内容的国家课题先后立项。可以说，湘南土话或湘西乡话研究的气候大致形成。

还在 2009 年接近年尾我们去中山大学参加濒危方言学术研讨会的那一段时间，我校出版社就在酝酿要编写一套濒危方言的丛书。不久，2010 年以"濒危汉语方言研究丛书（湖南卷）"为题的国家"十二五"重点图书出版规划项目获得了批准。该项目申报时曾敦请两位著名专家予以推荐。一位是中国社会科学院语言研究所研究员张振兴先生，一位是南开大学文学院教授曾晓渝先生，感谢他们热心的鼓励与荐举。2011 年 11 月湖南师范大学出版社就召开了该项目的作者讨论会，"濒危汉语方言研究丛书（湖南卷）"这一规划项目就此正式上马。2013 年 10 月又举行了第二次作者讨论会，重点讨论了如何提高丛书质量，如期完成规划的问题。2014 年学校出版社又经专家论证就这套丛书申报国家出版基金项目，并再次获得批准。

我受托组织编写这套丛书，深感重任在肩。好在我是和我的一群年轻的战友们来共同完成此项任务，看到他们一个个沉着应战，信心满满，我的心也自然是踏踏实实的了。

寒来暑往，一段时间过后，我接触到一部一部的书稿，各地土话的鲜活材料扑面而来。今天和这位作者讨论，明天和那位作者磋商，围绕的中心议题，是对语言事实如何准确地把握、深入地发掘、详实地记录，以及如何尽可能做到合理的解释。

一稿、二稿、三稿……每一位作者对自己的书稿多次修改，反复加工。胡萍最后交稿时，托她的先生捎来一封信（她本人尚在美国做访问学者），信里有一段话："您这次二稿又帮我审出一些问题，我自己也发现了不少疏漏，所以查遗补缺，未敢懈怠，这次修改完后，我又从头至尾看了两三遍，但仍不敢说万无一失！可见出书之难，体会颇深。临近交稿，虽心有忐忑，但不敢延期。此稿交送后，有时间我还会继续复查，以便校稿时纠正遗漏。"

　　这种未敢懈怠、追求完善的精神也是丛书其他作者所共同具备的。我想,在田野调查的基础上,编纂、出版一套丛书,对濒危汉语方言的研究无疑会有多重意义,而在这一过程中,一群作者在学术研究的道路上勇于探索、锲而不舍的精神得到的锻造也是至为宝贵的。

　　这一套丛书包括:《湖南蓝山太平土话研究》《湖南道县祥霖铺土话研究》《湖南双牌理家坪土话研究》《湖南江永桃川土话研究》《湖南东安石期市土话研究》《湖南永州岚角山土话研究》《湖南桂阳六合土话研究》《湖南泸溪梁家潭乡话研究》《湖南城步巡头乡话研究》《湖南绥宁关峡苗族平话研究》。其中大多数为湘南土话,乡话仅两种,最后一种是少数民族使用的汉语方言。

　　如果加上此前在学界先后出版的湘南土话或湘西乡话的单本研究著作,总共就二十余种。这与湖南丰富的濒危汉语方言的总量相比,还有不小的差距。

　　眼前这一批学术成果能汇成丛书出版,得衷心感谢湖南师范大学出版社的热情关注与大力支持。特别要致谢的是刘苏华同志,他自始至终全盘负责这套丛书的编纂工作,还有曾经为我校出版方言学术著作贡献良多的曹爱莲同志,也对丛书出版给予了充分的关注。

　　我们参与的是一项有深远意义的学术建设工程。令人欣慰的是,在我们集合队伍为推动湖南濒危汉语方言抢救性调查研究工作投入力量的过程中,适逢教育部、国家语委决定自 2015 年起启动中国语言资源保护工程,在全国范围开展以语言资源调查、保存、展示和开发利用等为核心的各项工作。这将形成一股巨大的洪流,我们的工作如同涓涓溪水也将汇入其中。是为序。

鲍厚星

2015 年 5 月初稿

2016 年 6 月修改

目　录

第一章　绪　论 …………………………………………………… (001)

一、绥宁地理与历史沿革 ………………………………………… (001)

二、绥宁民族与人口构成 ………………………………………… (002)

三、绥宁语言概况 ………………………………………………… (003)

（一）绥宁汉语方言概况及研究现状 ………………………… (003)

（二）关峡及关峡苗族平话概况 ……………………………… (005)

四、关于关峡苗族平话的研究 …………………………………… (009)

五、本书使用的音标符号 ………………………………………… (011)

第二章　关峡苗族平话音系 ……………………………………… (012)

一、声韵调分析 …………………………………………………… (012)

（一）声母 ……………………………………………………… (012)

（二）韵母 ……………………………………………………… (013)

（三）声调 ……………………………………………………… (015)

（四）连读变调与轻声 ………………………………………… (015)

二、声韵调配合关系 ……………………………………………… (017)

（一）声韵配合关系 …………………………………………… (017)

（二）声韵调配合表 …………………………………………… (018)

三、语音特点 ……………………………………………………… (029)

（一）音系特点 ………………………………………………… (029)

（二）文白异读 ………………………………………………… (031)

四、同音字表 …………………………………………………… (040)

五、关峡平话音系与北京音比较 ………………………………… (051)

  （一）声母的比较 ……………………………………………… (051)

  （二）韵母的比较 ……………………………………………… (053)

  （三）声调的比较 ……………………………………………… (059)

六、关峡平话音系与中古音比较 ………………………………… (061)

  （一）声母的古今比较 ………………………………………… (061)

  （二）韵母的古今比较 ………………………………………… (065)

  （三）声调的古今比较 ………………………………………… (078)

第三章　关峡平话的词汇特点 …………………………………… (082)

一、词汇特点 ……………………………………………………… (082)

  （一）与普通话词汇的差异 …………………………………… (082)

  （二）亲属称谓词的特点 ……………………………………… (088)

  （三）特殊词语举例 …………………………………………… (090)

二、关峡平话分类词表 …………………………………………… (093)

  （一）天文 ……………………………………………………… (093)

  （二）地理 ……………………………………………………… (094)

  （三）季节 ……………………………………………………… (096)

  （四）农业 ……………………………………………………… (098)

  （五）植物 ……………………………………………………… (100)

  （六）动物 ……………………………………………………… (103)

  （七）房舍 ……………………………………………………… (106)

  （八）器具　用具 ……………………………………………… (107)

  （九）称谓 ……………………………………………………… (110)

  （十）亲属 ……………………………………………………… (112)

  （十一）身体 …………………………………………………… (113)

  （十二）疾病　医疗 …………………………………………… (115)

（十三）服装 …………………………………………（116）

（十四）饮食 …………………………………………（117）

（十五）红白大事 ……………………………………（120）

（十六）日常生活 ……………………………………（122）

（十七）讼事 …………………………………………（123）

（十八）交际 …………………………………………（124）

（十九）商业 交通 …………………………………（125）

（二十）文化教育 ……………………………………（126）

（二十一）文体活动 …………………………………（128）

（二十二）动作 ………………………………………（129）

（二十三）位置 ………………………………………（131）

（二十四）代词等 ……………………………………（132）

（二十五）形容词 ……………………………………（133）

（二十六）副词、介词等 ……………………………（135）

（二十七）量词 ………………………………………（136）

（二十八）附加成分等 ………………………………（138）

（二十九）数字 ………………………………………（139）

第四章 关峡苗族平话语法 …………………………（142）

一、词法特点 …………………………………………（142）

（一）构词法和构形法 ………………………………（142）

（二）代词 ……………………………………………（145）

（三）助词 ……………………………………………（149）

（四）否定副词和介词 ………………………………（154）

二、句法特点 …………………………………………（157）

（一）语序 ……………………………………………（157）

（二）"被"字句 ……………………………………（158）

（三）处置句 …………………………………………（158）

（四）反复问句 ⋯⋯⋯⋯⋯⋯⋯⋯⋯⋯⋯⋯⋯⋯（159）

三、语法例句 ⋯⋯⋯⋯⋯⋯⋯⋯⋯⋯⋯⋯⋯⋯⋯（160）

（一）语法例句之一 ⋯⋯⋯⋯⋯⋯⋯⋯⋯⋯⋯⋯（160）

（二）语法例句之二 ⋯⋯⋯⋯⋯⋯⋯⋯⋯⋯⋯⋯（164）

第五章 关峡苗族平话语料记音 ⋯⋯⋯⋯⋯⋯⋯⋯⋯（169）

一、谚语 ⋯⋯⋯⋯⋯⋯⋯⋯⋯⋯⋯⋯⋯⋯⋯⋯⋯（169）

二、民间传说 ⋯⋯⋯⋯⋯⋯⋯⋯⋯⋯⋯⋯⋯⋯⋯（171）

三、生活故事 ⋯⋯⋯⋯⋯⋯⋯⋯⋯⋯⋯⋯⋯⋯⋯（173）

附录 绥宁（关峡）苗族平话入声变异研究 ⋯⋯⋯⋯⋯（178）

参考文献 ⋯⋯⋯⋯⋯⋯⋯⋯⋯⋯⋯⋯⋯⋯⋯⋯⋯⋯（189）

后记 ⋯⋯⋯⋯⋯⋯⋯⋯⋯⋯⋯⋯⋯⋯⋯⋯⋯⋯⋯⋯（191）

第一章　绪论

一、绥宁地理与历史沿革

绥宁县位于湖南省西南部，云贵高原东缘，雪峰山脉南端，沅江与资水的上游。地理坐标是：北纬 26°16′~27°08′，东经 109°49′~110°32′。东邻武冈县、城步苗族自治县，西连靖州苗族侗族自治县、会同县，南抵通道侗族自治县，北接洪江市和洞口县，处于湘中通往广西、贵州的交通要道上。

境内以山地为主，兼有丘陵、岗地、溪谷平原等多种地貌。南、北、东三面高山环抱，中部纵向隆起，地势高低起伏，变化多姿。全县总面积2926.67 平方公里，南北直线长 103.5 公里，东西直线宽 56 公里。县境按水系可分为南北两大部分。南部（实际为南部和西部）为沅江流域，俗称"南五区"。本区域的巫水是县内最大河流，向西北经会同至洪江汇入沅水。这一部分占全县土地总面积的 67.63%，耕地较少，森林密布，是重要的木材产区，也是境内苗、侗、瑶族聚居区。北部（实际为东北角）为资江流域，俗称"北五区"。本区域的武阳河是县内第二大河流，向东北经洞口注入资江。这一部分占全县土地总面积的 32.37%，地势较平，耕地较多，人口密集，是县内重要的粮油产区，基本为汉族聚居。

绥宁县在春秋时属楚国黔中郡地，秦为象郡（析黔中郡地置）地。西汉为武陵郡（改秦黔中郡置）镡成县。唐贞观十一年（637），始名徽州，系经制州，宋元丰四年（1081）在原徽州地置莳竹县，以飞凤徽城（今绥宁县在市镇）为县治，隶荆湖南路邵州，后改隶荆湖北路的诚州。崇宁元年（1102）易名为绥宁县（寓"绥之以宁"之意），隶邵州，后改隶荆湖南路的武冈军。元至元十四年（1277），隶湖广行省武冈路。明洪武三年

（1370）改隶靖州。清因之。民国二年（1913），湖南省废府、州、厅，留道、县建制。绥宁县（民国三年）隶辰沅道。1949年后，绥宁县隶湘西行政公署会同专署，1953年10月，县治迁长铺镇至今。1958年7月，绥宁改隶邵阳专署。1986年元月，国务院批准撤消邵阳地区建置，实行市管县体制，绥宁县隶属邵阳市。

1950年11月，全县编为8个区，分辖152个村农民协会。1951年6月，第8区划归通道县，其他7个区调整为10个区（今民间所谓"南五区""北五区"的说法来源于此），辖120个村农民协会。1990年，绥宁县辖26乡（其中民族乡17个）和4个建制镇。今全县现辖7个镇、18个乡，其中有14个民族乡。

二、绥宁民族与人口构成

2000年第五次全国人口普查，县境居住着20个民族，总人口339 235人，其中汉族138 091人，占40.71%。少数民族19个，共计201 144人，占总人口的59.29%。苗族是主体民族，有184 784人；侗族是第二大少数民族，有13 973人。2013年，户籍总人口38.33万，其中少数民族人口占总人口数的62.3%。

绥宁县自古以来是少数民族聚居之地。战国时期，三苗后裔中弱小的一支由洞庭、苍梧大量西迁，进入武陵山区。秦汉时期，他们和当地土著被泛称为"武陵蛮"。东汉时期，由于不堪朝廷的多次征剿，一些人被迫溯沅江而上，进入五溪地区，史称"五溪蛮"，聚居于雄溪（今巫水）中游的"蛮民"即今绥宁县苗族的先民。唐时朝廷在西南少数民族地区广泛推行羁縻州县制，在原"五溪蛮"地建立诚州、徽州，这样，"五溪蛮"又改称"诚、徽州蛮"。贞观二十二年，其酋长杨同外、杨剑松"皆受官秩"，杨氏成为"诚、徽州蛮"中的蛮族大姓，"散掌州峒"。唐末，"诚、徽州蛮"又被称为"飞山蛮"，其后裔与唐宋元明迁入的苗民后裔融合，成为县境今日的苗族。清《高宗（乾隆）实录·三十二年》称绥宁县为"苗疆"，道光版《宝庆府志·形胜纪二》载："绥宁民居十之四，苗居十之六。"可见，自古以来，苗族是绥宁境内的主体民族。

侗族系古越人中骆越人后裔。战国时期，骆越人被迫由江浙沿海迁徙至岭南一带，其中一支翻越南岭向北进入湘西南，在雄溪（今巫水）流域一带居住。明、清两朝，县境内有罗岩、石驿、扶蓉、扶城4侗为侗族主要聚居区（1951年和1957年划归通道侗族自治县管辖），其后裔多从绥宁旧管辖地迁入散居在全县各乡。汉族大部分系北宋建县后，或为官做宦，或征战屯田，或做工经商，或避难逃荒，或搬迁移民而陆续迁入境内。县境内的民族分布也大致体现了"大杂居、小聚居"的特点，从西南到东北，大体呈现生苗（含侗瑶）——熟苗（含侗瑶）——汉族的分布规律。

三、绥宁语言概况

绥宁民族构成复杂，语言资源也十分丰富。县内语言主要有汉语、苗语、侗语、瑶语4种。语言的分布状况为县境南北边境使用比较纯净的苗语、侗语、瑶语；中东部以关峡苗族乡为中心的地区使用一种在语言面貌上已是汉语但无法与周边其他汉语方言沟通且系属未定的"关峡平话"；其余大部地区均使用汉语。

（一）绥宁汉语方言概况及研究现状

绥宁汉语方言（不包括关峡平话）的内部分歧较大，尤其是南北差异很大。当地老百姓凭语感把当地汉语方言划为"北片"（旧"北五区"所辖范围）和"南片"（旧"南五区"所辖范围）。半个多世纪以来，学界对绥宁汉语方言的研究不断深入并取得了一些比较重要的成果。

最早对绥宁汉语方言进行研究的是赵元任先生。杨时逢（1974）整理出版的《湖南方言调查报告》（以下简称《报告》）中的绥宁方言由赵元任先生调查记音。发音合作人是当时就读于长沙第一师范来自绥宁阳武、桃坪的两位青年学生。绥宁"桃坪"位于绥宁东北部，现已归属红岩镇管辖；绥宁"阳武"则不见有此地名，估计为今绥宁县"武阳"镇名之误。《报告》有"并定从崇澄船群等浊母仄声字大部分送气，小部分不送气"[1]这样的记载。《报告》将绥宁方言归入第一区，"第一区范围最大……可以说是典型的湖南话"。

湖南师范学院《湖南省汉语方言普查总结报告》（以下简称《总结》）（1960）记录了绥宁南部的在市镇（旧县治所在地）音系，其中谈

---

① 杨时逢. 湖南方言调查报告［M］台北："中央研究院历史语言研究所"印行. 1974.

到"绥宁（在市镇）古浊塞音、塞擦音声母，多为不送气清声母"① 的特点。《总结》将绥宁方言划入"西南方言"。

周振鹤、游汝杰《湖南省方言区画及其历史背景》（《方言》1985 年第 4 期）参照数学上的集群方法，根据杨时逢整理的《报告》中的材料将绥宁方言划为"第三片湘语南片"，但文中提到"湘语南片只有新化和绥宁两县无浊音，这说明受赣语侵蚀比他县更为严重"。②

鲍厚星、颜森《湖南方言的分区》（1986）将绥宁南部划为"湘语长益片"，绥宁北部划为"赣语区洞绥片"。《中国语言地图集》（1989 年版）采纳了此观点。

李蓝《湖南方言分区述评及再分区》（1994）里也把绥宁划入湘语区，指出绥宁"就整个音系来看仍属湘语、但都不纯粹"。③

《绥宁县志·语言》（1997）介绍："县境的汉语方言大体可以分为两大类：一类是南部沅水流域方言，比较接近长沙话和西南官话，属新湘语系统，当地人称为大河话；另一类是北部资水流域方言，语音比较复杂，更多地保留了湘语的特点，属老湘语系统，当地人称山话。南部沅水流域方言又可划出长铺子话、东山话、麻塘话三种次方言；北部资水流域方言也可划出黄土矿话、武阳话、金屋塘话三种次方言。"④

吴启主、鲍厚星等主编的《湖南方言研究丛书·代前言》（1998）将绥宁南部调整划入湘语的娄邵片，绥宁北部仍属赣语的洞绥片。《湖南省志·方言志》（2001 年版）沿用了这种划分，把绥宁南部归入保留古全浊声母的湘语区娄邵片，绥宁北部属赣语区。

笔者 2002 年对绥宁汉语方言南北语音特点及过渡地带语音状况进行了普查和专项调查，撰写了《绥宁曾家湾话音韵考察——兼论湘语、赣语过渡地带的语音特征》一文，认为处于南北过渡地带的曾家湾话既具有湘语的底层又由于受赣语的冲击因而带有赣语的色彩。

龙薇娜《绥宁湘语语音研究》（2004，硕士论文）以其母语绥宁县城长铺话为重点对象，描写了长铺话的声韵调系统并提供了同音字表。该文对绥宁湘语进行了内部分片，提出根据内部差异，结合地理位置以及当地

① 湖南师范学院中文系. 湖南省汉语方言普查总结报告 [M]. 长沙：湖南师范学院内部石印. 1960.
② 周振鹤，游汝杰. 湖南省方言区画及其历史背景 [J]. 方言，1985（4）.
③ 李蓝. 湖南方言分区述评及再分区 [J]. 语言研究，1994（2）.
④ 绥宁县志编纂委员会. 绥宁县志 [M]. 北京：方志出版社. 1997.

人的语感等因素，可将境内的湘语大致分为东鹅片、长在片、麻河片、武李片等四个小片。

鲍厚星、陈晖《湘语的分区（稿）》（2005）将绥宁南部划为湘语"娄邵片"之"绥会小片"。认为："绥会小片是娄邵片中一个非常特殊的小片，从其语言底层来看，湘语特征还是比较明显的，但是其受外方言的影响又较大，混合性特征较多。不少地方阴平、阳平及上声的调值与湘语其他片不一样，古入声有部分字归上声，这也是不同于湘方言其他点的。"①

陈晖、鲍厚星《湖南省的汉语方言（稿）》（2007）将绥宁县城在内的南部地区划为娄邵片绥会小片，将绥宁县北部划为赣语洞绥片。

拙著《湘西南汉语方言语音研究》（2007）描写了绥宁南部湘语代表点鹅公岭话的音系，其中声母 19 个，韵母 35 个，单字调 6 个，在该书第十章提供了 1100 个日常用字的字音材料。

李康澄的博士论文《绥宁汉语方言音韵比较研究》（2011）对绥宁汉语方言进行了全面调查与研究。该文选取了长铺、在市、东山、河口、联民、武阳、红岩、黄土矿、金屋塘九个方言点，提供了比较细致的音系描写，探讨了绥宁汉语方言语音的共时类型和历时演变，比较了南北湘语和赣语的异同，并将绥宁湘语与其他湘语、绥宁赣语与江西赣语进行了外部比较，结合绥宁的人文、历史、地理状况，探讨了绥宁汉语方言的语言接触情况。

（二）关峡及关峡苗族平话概况

关峡苗族乡位于绥宁县东南部边缘。东南接城步苗族自治县，西邻长铺子苗族乡和县堡子岭林场，北连武阳镇和白玉乡。乡政府驻地关峡村，距县城 17 公里。全乡总面积 32.3 万亩，其中耕地面积 2.3 万亩，森林面积 22.69 万亩。

关峡苗族乡地处雪峰山南端余脉，乡内地势为东北高，西南低，属山地地形。在东南边界上横亘着铁坑岭、大界上、三门岭、大界坡等海拔在1000 米以上的山峰，西北边境上有雷公田、猴子形等高峰。巫水从城步苗族自治县入境，流经南部的花园角、梅口、石江坪、岩脚田和兰溪五个村，全长 15 公里。岚溪水则自北向南纵贯全境，在兰溪村汇入巫水。其

---

① 鲍厚星，陈晖. 湘语的分区（稿）[J]. 方言，2005（3）.

西面的高山猴子形被岚溪水切割成南北两半，溪岸悬崖，壁立千仞——天然关隘，为历代兵家必争之地，关峡由此得名。宋代的关峡砦，清代的关峡堡均指此地。

关峡苗族乡现辖 19 个行政村和一个农科站。据 2005 年底统计，全乡共 5782 户，22961 人；少数民族 22272 人，占总人口的 97%，其中苗族 22189 人，侗族、瑶族、回族共 83 人。全乡以杨、苏、李三大姓为主，另有少量周姓、龚姓、喻姓等土著姓氏。一个自然村大多是同一姓氏甚至是同一家族居住，少有杂姓。

1. 平话的他称与自称

"平话"［$pe^{22}o^{44}$］是绥宁关峡苗族群众对自己所持语言的自称，因其无法与周边语言沟通，又因语言持有者是苗族，因此本地区非平话持有人都称平话为"苗话"，这一他称也得到了持平话人的认可。本文为了叙述方便，将关峡苗族乡群众使用的日常语言"平话"简称为"关峡平话"。

2. 平话的分布与使用人口

平话在绥宁县的分布主要集中在关峡苗族乡以及长铺子苗族乡的少数几个村，具体分布及使用人口如下：

①关峡苗族乡：合计 19279 人，主要分布在高坪、茶江、岩头、文家、插柳、关峡、大元、四甲、南庙、凤凰、鸟塘、梅口、花园角、石脉、兰溪、岩脚田、石江坪等 17 个行政村。

②长铺子苗族乡：合计 3297 人，主要分布在李家团、田心、荣岩等 3 个行政村。

因此，全县使用该方言的人有 2 万多人。

然而，平话的流行区域不限于绥宁一县，在相邻的城步苗族自治县，新宁县以及广西壮族自治区东北部与湘接壤的龙胜、资源等县也有群众（以苗族为主体，含少量瑶族）使用该方言，不过自称有所不同，例如，城步县苗族群众的自称多为"人话"，新宁县黄金、麻林两乡的瑶族群众自称为"峒话"。当然也有自称形式与关峡一致的，如城步羊石。据笔者 2014 年的调查统计，平话在整个湘西南及桂北地区的使用人口数量在 8 万以上。

虽然平话的使用人口不少，但是平话的分布却是呈碎片状散布在大山阻隔的湘西南地区，被分隔成各自独立的小片，没有形成一个完全密集的平话人聚居区。例如关峡平话，南北被湘语、赣语包围，东南虽与城步羊石接壤，却被县境边界上横亘着的高山阻隔，最终形成了一个"平话"的方言孤岛。

3. 关峡平话的内部差异

关峡平话的地域差异主要体现在语音上，但分歧不大，无沟通障碍。这里分别在平话分布范围内的南、北、西三方各取一个方言点为代表进行比较，其中南以李家团为例，北以茶江为例，西以梅口为例，看看它们之间的差异：

①效摄开口一等字，茶江、梅口读［ei］韵，李家团读［ao］韵。

	刀	脑	早	草	高	好
茶江	tei⁴⁴	nei⁵³	tsei⁵³	tsʻei⁵³	kei⁴⁴	xei⁵³
梅口	tei⁴⁴	nei⁵³	tsei⁵³	tsʻei⁵³	kei⁴⁴	xei⁵³
李家团	tao⁴⁴	nao⁵³	tsao⁵³	tsʻao⁵³	kao⁴⁴	xao⁵³

②梗摄开口二等部分阳声韵日常用字，梅口读［an］韵，茶江、李家团读［aŋ］韵。

	生	梗	坑	硬
茶江	saŋ⁴⁴	kaŋ⁵³	kʻaŋ⁴⁴	ŋaŋ⁴⁴
梅口	san⁴⁴	kan⁵³	kʻan⁴⁴	ŋan⁴⁴
李家团	saŋ⁴⁴	kaŋ⁵³	kʻaŋ⁴⁴	ŋaŋ⁴⁴

③梗摄开口三、四等部分阳声韵日常用字，茶江、梅口读［(i)e］韵，李家团读［iaŋ/in］韵。

	病	镜	井	清	轻
茶江	pe⁴⁴	tʃie⁴⁴	tse⁵³	tsʻe⁴⁴	tʃʻie⁴⁴
梅口	pe²¹³	tʃie³³	tse⁵³	tsʻe⁴⁴	tʃʻie⁴⁴
李家团	pin⁴⁴	tʃin³³	tsiaŋ⁵³	tsʻin⁴⁴	tʃʻiaŋ⁴⁴

④浊上、浊去的归并有差异。如表1-1所示：

表 1-1　梅口、茶江、李家团浊上、浊去比较表

调类 地点	平		上			去			入		
	清	浊	清	次浊	全浊	清	次浊	全浊	清	次浊	全浊
梅口	阴平 44	阳平 21	上声 53	去声 33		阴平 44		阴入 213	阴入 213		阳入 312
茶江	阴平 44	阳平 22	上声 53	去声 33		阴平 44			阴入 213		阳入 312
李家团	阴平 44	阳平 11	上声 53	去声 33	阳入 312	去声 33	阴平 44		阴入 213		阳入 312

如表可见，三者的差异主要表现在浊上和浊去的归并上：

第一，清上读上声，次浊上和全浊上都归去声，属于这种情况的有茶江、梅口。清上读上声，次浊上归去声，全浊上归阳入，属于这种情况的只有绥宁李家团。例如：瓦 o^{33}、五 ŋ^{33}、祸 = 活 xəu^{312}、坐 = 浊 tsəu^{312}。

第二，清去读去声，浊去归阴平，属于这种情况的有茶江，李家团。例如茶江：边清平 = 病浊去 pe^{44}、兜清平 = 豆浊去 tao^{44}、装清平 = 状浊去 tsəu^{44}、让 iəu^{44}。清去读去声，全浊去归阴入，次浊去归阴平，属于这种情况的只有梅口。例如：对 tei^{33}，病 pe^{213}，望 məu^{44}。

也许，有人会提出疑问，为什么不说是李家团的阳入归到浊上呢？我们认为这要根据具体的情况来判断。从目前整个关峡平话的语音面貌来看，多数方言点的入声调类是保持独立的，而且李家团附近即绥宁县境内的茶江、梅口等方言点入声均分阴阳，相反浊上在平话中则是比较活跃的，独立性不强。因此，我们认为李家团的入声是分阴阳的，而全浊上则较早失去独立的调位，归并到阳入中去了。

关峡平话的新老差异主要体现在年龄层次上，下面以茶江在声母、声调和词汇上的新老差异为例进行说明。

⑤泥来母洪音字老派有别，新派已部分混淆。如：

老派　男 no^{22} ≠ 蓝 lo^{22}　　难 no^{22} ≠ 兰 lo^{22}

新派　男 lo^{22} = 蓝 lo^{22}　　难 lo^{22} = 蓝 lo^{22}

⑥ 入声老派分阴阳，新派阳入并到阴入，只有一个入声调。

老派　　　百 po^{213}≠白 po^{312}　　桌 tsəu^{213}≠浊 tsəu^{312}

　　　　　乙 ie^{213}≠食 ie^{312}　　剥 pəu^{213}≠薄 pəu^{312}　抹 mo^{213}≠麦 mo^{312}

新派　上述对立的字组都同音，声调为213。

　　关于上述入声老派分阴阳，新派入声合并的现象，笔者已有专文讨论，参见附录。

　　⑦ 词汇上的新老差异，如表1-2，写不出的字用方框"□"表示，全书同。

表1-2　平话老派和新派词汇比较表（一）

书面语	1 母亲	2 父亲	3 穿肉绳	4 尿布	5 火柴	6 煤油	7 杯子
老派	阿姐	爹爹/伯伯（少）	□哩[ie^{53}·le]	贴裙	洋火	洋油	瓯哩
新派	妈妈	爸爸	索子	尿布	火柴	煤油	杯子

表1-3　平话老派和新派词汇比较表（二）

书面语	8 衙役	9 历书	10 织布梭	11 芝麻	12 西红柿	13 浪花	14 放学
老派	差□[kuai^{53}]哩	新书	飙老鼠	油麻仔	洋辣子	水巴掌	散学
新派	（无）	年历	织布梭	芝麻	西红柿	水花/浪花	放学

四、关于关峡苗族平话的研究

　　《绥宁县志·语言》（1991）载："（绥宁）少数民族使用汉语又分3种情况：第一种是在当地本民族内部的日常交往中操比较纯净的本民族语言如黄桑坝哪苗语、多龙侗语、小黄瑶语，但与外地人对话时则改操汉语；第二种是日常使用以汉语为基础、保留部分民族语言成分如关峡平话，与外地人对话时则改操较纯净汉语；第三种是使用夹有少量本民族语言成分的汉语如东山话、长铺话，可与外地人直接对话。本章把第三种情况归入汉语，将第二种情况的语言归入少数民族语言。"①该书记录了关峡

---

① 绥宁县志编纂委员会. 绥宁县志 [M]. 北京：方志出版社，1997：662-668.

平话的语音系统，声母 18 个（零声母除外），韵母 31 个（包括自成音节的 ŋ），单字调 5 个（阴平 44、阳平 22、上声 45、去声 33、入声 213），同时列举了关峡平话的部分常用词汇。

李蓝《湖南城步青衣苗人话》（2004）指出青衣苗人话主要分布在湖南省城步苗族自治县，此外与城步毗连的关峡乡和长铺子乡（即本书所指的关峡平话）、广西龙胜的三江乡、资源的车田乡苗族也说青衣苗人话。同时，李蓝认为："青衣苗人话应属'民汉语'范畴，是一种少数民族汉语。'民汉语'的基本含义为：语言的总体面貌已是汉语了，但语言持有者不是汉族，语言的深层还保留着一些原语言的成分。"① 同时，该书在附录一提供了 23 个青衣苗人话方言点的字音、词汇对照表，绥宁李家团、岩头是其中的 2 个点。

贺福凌、李艳玲（2008）提出了 15 条关峡平话底层词，认为其中 5 条来自侗台语，9 条来自苗瑶语，有 7 条也见于其他湖南方言。该文认为："关峡平话的真正的底层语言是一种苗瑶语，从语言本身看并不能确定就是苗语。关峡平话和湖南的汉语方言有着久远的关系。"② 笔者认为该文提出的 15 条词语很有价值，但对其中部分词语能否定性为苗瑶语或侗台语底层词持保留意见。

笔者自 2003 年对关峡平话进行调查始，断断续续持续了十年之久，期间也陆续发表了系列论文如《绥宁（关峡）苗族平话的代词》（2004）、《试论绥宁关峡平话的系属》（2005）、《离散式音变的方言新证——以关峡平话 ou 韵的来源为例》（2005）、《绥宁（关峡）苗族平话入声变异研究》（2010）等。2009 年获国家社科基金项目资助，着手对以湖南城步苗族自治县为中心同时辐射到周边新宁县、绥宁县以及广西壮族自治区的龙胜县、资源县的苗瑶平话进行了较为全面深入的调查、研究，其中绥宁关峡平话是该课题的一个重要方言代表点。在上述数次调查的基础上，笔者于 2014 年再度来到绥宁县关峡苗族乡茶江村苏家塝（苏姓聚居地）寻找当年发音合作人③及其亲属④逐一核对，补充词汇、语法等语料，以上数

---

① 李蓝. 湖南城步青衣苗人话 [M]. 北京：中国社会科学出版社. 2004：240.

② 贺福凌，李艳玲. 湖南绥宁关峡苗族平话的民族语底层词 [J]. 云梦学刊，2008（6）.

③ 第一发音合作人：苏成英，绥宁关峡苗族乡茶江村苏家塝人，1941 年生，小学文化，农民.

④ 其他发音合作人：苏瑞青，男，1984 年生，文化程度：大专，公职人员. 苏媛菊，女，1980 年生，文化程度：本科，公职人员. 苏必峰，男，1997 年生，大学生. 上述发音人的出生地和籍贯均为绥宁县关峡苗族乡茶江村苏家塝.

次调查所得材料即为本书写作的根据。

五、本书使用的音标符号

（一）辅音

本书所用的辅音符号见下表：

表1-4　辅音表

发音方法 ＼ 发音部位			双唇	唇齿	舌尖前	舌叶	舌面	舌根
塞音	清	不送气	p		t			
		送气	p'		t'			
塞擦音	清	不送气			ts	ʧ	tɕ	k
		送气			ts'	ʧ'	tɕ'	k'
鼻音			m		n		ɲ	ŋ
边音					l			
擦音				f	s	ʃ	ɕ	x

表中的舌面音〔tɕ tɕ' ɲ ɕ〕是在说明发音特点时用的，〔ŋ〕自成音节时写作〔ŋ̍〕。

（二）元音

本书所用的元音符号见下图

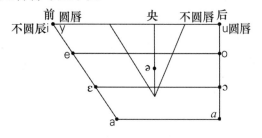

图1-1 舌面元音舌位图

除元音舌位图上的元音外，还有2个舌尖元音ɿ、ʅ。

第二章　关峡苗族平话音系

一、声韵调分析

（一）声母

关峡平话声母包括零声母在内，共有 19 个。

p	p'	m	f
t	t'	n	l
ts	ts'	s	
ʧ	ʧ'	ʃ	
k	k'	ŋ	x
ø			

下面按声母顺序分别举例：

[p] 疤 po⁴⁴ 补 pu⁵³ 稗 pa⁴⁴ 宝 pei⁵³ 饱 pəu⁵³ 盘 puan²² 宾 pin⁴⁴ 笔 pi²¹³

[p'] 比 p'i⁵³ 普 p'u³³ 配 p'ei³³ 旁 p'aŋ²² 拍 p'o²¹³ 雹 p'ao³³

[m] 眉 mi²² 买 ma³³ 庙 mie⁴⁴ 帽 mao⁴⁴ 民 min²² 闷 min³³ 麦 mo³¹²

[f] 苦 fu⁵³ 坏 fa⁴⁴ 肺 fei⁵³ 坟 fin²² 血 fei²¹³

[t] 度 tu⁵³ 代 ta⁴⁴ 淡 to³³ 刀 tei⁴⁴ 等 taŋ⁵³ 直 ti³¹²

[t'] 图 t'u²² 炭 t'o³³ 天 t'e⁴⁴ 偷 t'ao⁴⁴ 拖 t'əu⁴⁴ 探 t'an⁵³ 踢 t'io²¹³

[n] 男 no²² 年 ne²² 尿 nie⁴⁴ 肉 niəu³¹²

[l] 兰 lo²² 郎 ləu²² 莲 le²² 浓 loŋ²² 力 li²¹³

[ts] 纸 tsʅ⁵³ 茶 tso²² 酒 tsiəu⁵³ 井 tse⁵³ 赠 tsin⁵³ 脊 tsio²¹³

[ts'] 瓷 ts'ʅ²² 刺 ts'i³³ 菜 ts'a³³ 千 ts'e³³ 彩 ts'ai³³ 吵 ts'əu⁵³ 寸 ts'oŋ³³ 拆 ts'o²¹³

[s] 西 si⁴⁴ 三 so⁴⁴ 笑 sie³³ 瘦 sao³³ 新 sin⁴⁴ 生 saŋ⁴⁴ 笋 soŋ⁵³ 色 se²¹³

[ʧ] 朝 ʧiao²² 钟 ʧioŋ⁴⁴ 鸡 ʧi⁴⁴ 贵 ʧy³³ 抓 ʧya⁴⁴ 见 ʧie³³ 经 ʧin⁴⁴ 炙 ʧio²¹³ [tʃʻ] 超 tʃʻiao⁴⁴ 铳 tʃʻioŋ³³ 溪 tʃʻi⁴⁴ 吹 tʃʻy⁴⁴ 丘 tʃʻiəu⁴⁴ 蠢 tʃʻyn⁵³ 尺 tʃʻio²¹³

[ʃ] 稀 ʃi⁴⁴ 肺 ʃy³³ 筛 ʃia⁴⁴ 小 ʃie⁵³ 船 ʃye²² 形 ʃin²² 伤 ʃiaŋ⁴⁴ 石 ʃio³¹²

[k] 哥 ka⁴⁴ 家 ko⁴⁴ 拳 kue²² 关 kuan⁴⁴ 广 kuaŋ³³ 角 kəu²¹³

[kʻ] 课 kʻo⁵³ 圈 kʻue⁴⁴ 货 kʻəu³³ 宽 kʻuan⁴⁴ 矿 kʻuaŋ⁵³ 掐 kʻa²¹³

[ŋ] 丫 ŋo⁴⁴ 哀 ŋai⁴⁴ 鱼 ŋei²² 牛 ŋao²² 硬 ŋaŋ⁴⁴ 月 ŋei³¹²

[x] 鞋 xa²² 好 xei⁵³ 房 xəu²² 汉 xan⁵³ 风 xoŋ⁴⁴ 客 xo²¹³ 黑 xai²¹³

[ø] 衣 i⁴⁴ 矮 a⁵³ 远 ue³³ 瓯 ao⁴⁴ 秧 iəu⁴⁴ 引 in³³ 横 uaŋ²² 用 ioŋ⁴⁴ 约 io²¹³ 屋 u²¹³

声母的主要特点有：

①古泥来母老派无论洪细均分；新派洪音混，细音分，在细音前［n］的实际音值是［n̠］。

②舌叶音［tʃ、tʃʻ、ʃ］在［i、y、ie、ye］等前高元音构成的韵母前，其音值接近［tɕ、tɕʻ、ɕ］。

③零声母字以［u］开头的音节带有明显的唇舌同部位摩擦。

（二）韵母

关峡平话的韵母共 35 个，包括自成音节的［ŋ̍］。

ɿ	i	u	y
a	ia	ua	ya
o	io		
e	ie	ue	ye
ai		uai	
ei		uei	
ao	iao		
əu	iəu		
an	ian	uan	yan
in		un	yn
aŋ	iaŋ	uaŋ	
oŋ	ioŋ		
ŋ̍			

下面按韵母的顺序分别举例：

[ɿ] 字 tsɿ⁴⁴ 纸 tsɿ⁵³ 词 tsʻɿ²² 师 sɿ⁴⁴ 时 sɿ²² 十 tsɿ³¹²

[i] 皮 pi²² 脾 pʻi²² 眉 mi²² 尾 mi³³ 你 ni³³ 气 tʃʻi³³ 骨 ki²¹³ 直 ti³¹² 急 tʃi²¹³

[u] 妇 pu³³ 涂 tʻu²² 树 tsu⁴⁴ 锄 tsu²² 苏 su⁴⁴ 裤 kʻu³³ 毒 tu³¹² 屋 u²¹³

[y] 橱 tʃy²² 岁 sy³³ 嘴 tsy⁵³ 水 ʃy⁵³ 味 y⁴⁴ 率 ly²¹³

[a] 排 pa²² 坏 fa⁴⁴ 带 ta³³ 解 ka⁵³ 踏 tʻa²¹³ 瞎 xa²¹³

[ia] 姐 tsia⁵³ 筛 ʃia⁴⁴ 夏 ʃia⁵³ 假 kia⁵³ 押 ia²¹³

[ua] 怪 kua³³ 夸 kʻua⁴⁴ 快 kʻua³³ 刮 kua²¹³

[ya] 抓 tʃya³³ 啄 tʃya²¹³

[o] 疤 po⁴⁴ 爬 po²² 骂 mo⁴⁴ 淡 to³³ 散 so³³ 牙 ŋo²² 哑 ŋo⁵³ 杂 tso³¹² 白 po³¹²

[io] 斜 tsio²² 遮 tʃio⁴⁴ 茄 tʃio²² 夜 io⁴⁴ 壁 pio²¹³ 石 ʃio³¹²

[e] 边 pe⁴⁴ 天 tʻe⁴⁴ 年 ne²² 尖 tse⁴⁴ 线 se³³ 颈 ke⁵³ 北 pe²¹³ 耳 e³³

[ie] 鞭 pie⁴⁴ 庙 mie⁴⁴ 挑 tʻie⁴⁴ 燃 nie²² 桥 tʃie²² 结 tʃie²¹³ 食 ie³¹²

[ue] 拳 kue²² 赶 kue⁵³ 圈 kʻue⁴⁴ 沿 ue²² 远 ue³³

[ye] 旋 tsye⁴⁴ 砖 tʃye⁴⁴ 缺 tʃʻye²¹³ 船 ʃye²²

[ai] 米 mai³³ 弟 tai³³ 贷 tai⁵³ 梯 tʻai⁴⁴ 泥 nai²² 接 tsai²¹³ 墨 mai²¹³

[uai] 乖 kuai⁴⁴ 会~计 kʻuai⁵³ 歪 uai⁴⁴

[ei] 保 pei⁵³ 陪 pei²² 毛 mei²² 费 fei⁵³ 桃 tei²² 草 tsʻei⁵³ 鱼 ŋei²² 血 fei²¹³

[uei] 罪 tsuei⁵³ 翠 tsʻuei⁵³ 随 suei²² 桂 kuei⁵³

[ao] 帽 mao⁴⁴ 豆 tao⁴⁴ 头 tao²² 走 tsao⁵³ 瘦 sao³³ 厚 xao³³

[iao] 表 piao³³ 描 miao²² 孝 ʃiao⁵³ 招 tʃiao⁴⁴

[əu] 饱 pəu⁵³ 网 məu³³ 多 təu⁴⁴ 糯 nəu⁴⁴ 蒜 səu³³ 角 kəu²¹³ 学 xəu³¹²

[iəu] 猪 tiəu⁴⁴ 墙 tsiəu²² 求 tʃiəu²² 秧 iəu⁴⁴ 肉 niəu³¹² 熟 ʃiəu³¹²

[an] 饭 pan⁴⁴ 丹 tan⁴⁴ 肩 kan⁴⁴ 眼 ŋan³³ 汉 xan⁵³

[ian] 店 tian⁵³ 建 tʃian²² 雁 ian⁵³

[uan] 乱 luan⁴⁴ 官 kuan⁴⁴ 宽 kʻuan⁴⁴ 还 uan²²

[yan] 专 tʃyan⁴⁴ 权 tʃyan²²

[in] 丁 tin⁴⁴ 银 nin²² 新 sin⁴⁴ 城 tʃʻin²² 剩 ʃin³³ 滚 kin⁵³

[un] 困 kʻun⁵³ 瘟 un⁴⁴ 闻 un²² 问 un³³

[yn] 军 tʃyn⁴⁴ 准 tʃyn⁵³ 蠢 tʃʻyn⁵³ 顺 ʃyn³³

[aŋ] 灯 taŋ⁴⁴ 桶 tʻaŋ⁵³ 层 tsaŋ²² 硬 ŋaŋ⁴⁴ 航 xaŋ²²

[iaŋ] 弄 niaŋ⁴⁴ 章 tʃiaŋ⁴⁴ 昌 tʃʻiaŋ⁴⁴ 享 ʃiaŋ³³ 阳 iaŋ²²

[uaŋ] 广 kuaŋ³³ 旷 kʻuaŋ⁵³ 横 uaŋ²²

[oŋ] 本 poŋ⁵³ 朋 pʻoŋ²² 梦 moŋ⁴⁴ 寸 tsʻoŋ³³ 裙 koŋ²² 温 oŋ⁴⁴

[ioŋ] 穷 tʃioŋ²² 凶 ʃioŋ⁴⁴ 用 ioŋ⁴⁴

[ŋ̩] 人 ŋ̩²² 五 ŋ̩³³ 日 ŋ̩³¹²

韵母的主要特点是：

① ［e］的实际音值为［ɛ］。有部分年青人的［e］与［ie］已经合并，多读为［ie］，例如边 pie⁴⁴ = 鞭 pie⁴⁴，但老派的［e］与［ie］是对立的两个音位，如边 pe⁴⁴ ≠ 鞭 pie⁴⁴。

② ［an、ian、uan、yan］中的韵尾不太稳定，有时带较明显的鼻化色彩。

③ ［un、yn］韵的中间有极短暂的过渡音［I］。

④ ［u］韵或以［u］为介音的韵母在与零声母相拼的时候带有明显的唇舌同部位摩擦。

（三）声调

关峡平话的声调系统：单字调 6 个，不包括轻声。

阴平	44	疤装糠骂豆饭汗帽
阳平	22	爬床房麻浮含
上声	53	把~~走火酒写~字 苦药~ ｜ 志巨器被~套
去声	33	坝罩马柱老~头 被~子 表写~生 苦辛~
阴入	213	百桌合抹割甲~乙 十值~班
阳入	312	白浊学麦十值~钱

注：字下加单下划线，表示白读音；字下加双下划线，表示文读音，全书同。

声调的主要特点是：

①去声是个中平调，单念时容易与阴平相混，常需要比字方可区分。

②关峡平话的入声有新老之别，老派入声分阴阳，新派入声合并。老派阴入和阳入都是曲折调，调型接近，但阴入的尾部比起调略高，而阳入的尾部比起调略低。如，老派：百 po²¹³ ≠ 白 po³¹²。同时，老派入声还有文白之别，即部分阳入字白读为阳入调，文读为阴入调。如：值~钱 ti³¹²/值~班 tʃi²¹³。新派则入声合并，如：百 po²¹³ = 白 po²¹³。

③有部分来源古去声的字今读上声调，有部分来源古上声的字今读去声调，均为文读。

（四）连读变调与轻声

1. 连读变调

（1）阳平变调

在两字组连调中，阳平处在前字是阴平、阳平、上声、去声的两字组中的后一个音节位置时，由原来的低平调22变成低降调21，音程也较原调值要短，但均限于偏正式结构。例如：

阴平+阳平　　　猪牢　　　　　　烟鱼　　　　　　灯笼

　　　　　　　　tiəu⁴⁴lao²²⁻²¹　　ie⁴⁴ŋei²²⁻²¹　　taŋ⁴⁴laŋ²²⁻²¹

阳平+阳平　　　红云　　　　　　田螺　　　　　　羊毛

　　　　　　　　xoŋ²²oŋ²²⁻²¹　　te²²ləu²²⁻²¹　　iəu²²mei²²⁻²¹

上声+阳平　　　水田　　　　　　水蛇　　　　　　斧头

　　　　　　　　ʃy⁵³te²²⁻²¹　　ʃy⁵³ʃio²²⁻²¹　　fu⁵³tao²²⁻²¹

去声+阳平　　　菜园　　　　　　臭虫　　　　　　后门

　　　　　　　　tsʻa³³ue²²⁻²¹　　ʧʻiəu³³tin²²⁻²¹　　xao³³maŋ²²⁻²¹

如果是动宾、动补、主谓等结构就不变。例如：

犁田 lai²²te²²　　　　沤肥 o³³fei²²　　　　看人 kʻo³³ŋ²²　　　　开蒙 kʻue⁴⁴məu²²

眼红 ŋan³³xoŋ²²　　　　提前 tai²²tse²²　　　　天晴 tʻe⁴⁴tse²²

（2）入声（前字）变调

平话入声分阴、阳入，调值分别是阴入213、阳入312。当入声字位于两字组的前字时，无论何种结构，阴入、阳入均由曲折调变成低降调21。如：

入声+阴平　　铁钉　　　菊花　　　　石灰　　　　出风

　　　　　　　tʻai²¹³⁻²¹te⁴⁴　　ʧy²¹³⁻²¹xo⁴⁴　　ʃio³¹²⁻²¹fei⁴⁴　　ʧʻy²¹³⁻²¹xoŋ⁴⁴

入声+阳平　　竹床　　　脚盆　　　　学堂　　　　食茶

　　　　　　　tiəu²¹³⁻²¹tsəu²²　　ʧiəu²¹³⁻²¹poŋ²²　　xəu³¹²⁻²¹təu²²　　ie³¹²⁻²¹tso²²

入声+上声　　竹板　　　屋顶　　　　墨水　　　　拍手

　　　　　　　tiəu²¹³⁻²¹pan⁵³　　u²¹³⁻²¹te⁵³　　mai³¹²⁻²¹ʃy⁵³　　pʻo²¹³⁻²¹ʃiəu⁵³

入声+去声　　客气　　　尺寸　　　　白菜　　　　绿豆

　　　　　　　xo²¹³⁻²¹ʧʻi³³　　ʧʻio²¹³⁻²¹tsʻoŋ³³　　po³¹²⁻²¹tsʻa³³　　liəu²¹³⁻²¹tao⁴⁴

入声+入声　　蜡烛　　　　　　黑白　　　　　　落雪

　　　　　　　lo³¹²⁻²¹ʧiəu²¹³　　xai²¹³⁻²¹po³¹²　　ləu³¹²⁻²¹sei²¹³

（3）重叠变调

关峡平话的重叠变调主要来自阳平、去声和入声，其他调类的重叠一般不变调。如尖尖 tse⁴⁴tse⁴⁴、顶顶 te⁵³te⁵³等。

阳平的重叠变调，前字不变，后字由低平调变成次高平调。

婆婆 pəu²²pəu²²⁻⁴⁴　　　　　　　牌牌 pa²²pa²²⁻⁴⁴

笼笼 laŋ²²laŋ²²⁻⁴⁴   锤锤 ʧy²²ʧy²²⁻⁴⁴

团团 təu²²təu²²⁻⁴⁴   坪坪 pe²²pe²²⁻⁴⁴

头头_{领导}tao²²tao²²⁻⁴⁴   筒筒 toŋ²²toŋ²²⁻⁴⁴

毛毛 mei²²mei²²⁻⁴⁴   槽槽 tsei²²tsei²²⁻⁴⁴

皮皮 pi²²pi²²⁻⁴⁴   笋笋 ləu²²ləu²²⁻⁴⁴

芽芽 ŋo²²ŋo²²⁻⁴⁴   盆盆 poŋ²²poŋ²²⁻⁴⁴

去声的重叠变调，前字不变，后字由中平调变成次高平调。

罩罩 tsəu³³tsəu³³⁻⁴⁴   盖盖 kue³³kue³³⁻⁴⁴

架架 ko³³ko³³⁻⁴⁴   □□_{尖状突起物}ts'ʅ³³ts'ʅ³³⁻⁴⁴

套套 t'ao³³t'ao⁴⁴   罐罐 kuan³³kuan⁴⁴

入声的重叠变调，前字由曲折调变低降调，后字由曲折调变次高平调。

脚脚 ʧiəu²¹³⁻²¹ʧiəu²¹³⁻⁴⁴   盒盒 xəu²¹³⁻²¹xəu²¹³⁻⁴⁴

壶壶 fu²¹³⁻²¹fu²¹³⁻⁴⁴   角角 kəu²¹³⁻²¹kəu²¹³⁻⁴⁴

叶叶 ie³¹²⁻²¹ie³¹²⁻⁴⁴   壳壳 k'əu²¹³⁻²¹k'əu²¹³⁻⁴⁴

缺缺_{缺口}ʧ'ye²¹³⁻²¹ʧ'ye²¹³⁻⁴⁴   搭搭 ta²¹³⁻²¹ta²¹³⁻⁴⁴

夹夹 ka²¹³⁻²¹ka²¹³⁻⁴⁴   挖挖 ua²¹³⁻²¹ua²¹³⁻⁴⁴

□□_{塞子}ʧy²¹³⁻²¹ʧy²¹³⁻⁴⁴   格格 ke²¹³⁻²¹ke²¹³⁻⁴⁴

2. 轻声

关峡平话的轻声音高未加区别，一律用轻声圆点"·"表示，标在轻声音节的前面。例如：

构哩 kao³³·le   挂罩哩 ko³³tsəu³³·le   风停呱 xoŋ⁴⁴tin²²·ko

常见的轻声字是名字后缀、助词和语气词等，如：哩·le、呱·ko、滴·ti、嘅·ke。

二、声韵调配合关系

（一）声韵配合关系

关峡平话的声韵配合关系如表2-1。表中把韵母分成开齐合撮四类，声母分六组。空格表示声韵不相配合。

从表中可以看到各组声母和韵母的配合关系有以下特点：

①〔p p'm〕只拼开口呼、齐齿呼、合口呼三呼，不拼撮口呼。〔f〕只拼开口呼、合口呼，不拼齐齿呼和撮口呼。整个这一组拼合口呼时，除

[u] 韵外，还有 [uan] 韵。

②[t t'n] 拼开口呼、齐齿呼、合口呼，不拼撮口呼。[l] 拼开、齐、合、撮四呼。

③[ts ts's] 拼开、齐、合、撮四呼。

④[tʃ tʃ'ʃ] 拼齐齿呼、撮口呼，不拼开口呼、合口呼。

⑤[k k'ŋ x] 拼开口呼、齐齿呼，[k k'x] 可拼合口呼，其中 [x] 拼合口呼限 [ue]。

表 2-1　声韵配合关系表

	开口呼	齐齿呼	合口呼	撮口呼
p p'm f	巴怕妹芳	壁偏苗	盘谱瞒哭	
t t'n l	打炭南蓝	猪跳你李	肚土努路	率
ts ts's	灾草腮	酒千线	树催栓	嘴脆岁
tʃ tʃ'ʃ		九轻石		砖春水
k k'ŋ x	哥掐眼鞋	归归恩亨	锅枯　灰	
∅	阿	衣	屋	雨

（二）声韵调配合表

关峡平话的声韵调配合表见表 2-2 至表 2-10。表中同一横行表示声母相同，同一竖行表示韵母和声调相同。空格表示没有声韵调配合关系。有意义而无适当字可写的，表里用圈码表示，并在表下加注。另有一些需要说明的黑体字也在表下加注。

表 2-2　声韵调配合表之一

	ɿ						i						u						y					
	阴平 44	阳平 22	上声 53	去声 33	阴入 213	阳入 312	阴平 44	阳平 22	上声 53	去声 33	阴入 213	阳入 312	阴平 44	阳平 22	上声 53	去声 33	阴入 213	阳入 312	阴平 44	阳平 22	上声 53	去声 33	阴入 213	阳入 312
p p' m f							鼻 批	皮 脿	彙 ② 眉	被 屁 尾	笔 辟 蜜		步 铺 呼	苦 扶	补 谱 苦	妇 铺 敷	扑 哭							
t							低	蹄	抵	第	敌	值	徒		肚		犊	毒						

续表

	ʅ						i						u						y					
	阴平44	阳平22	上声53	去声33	阴入213	阳入312	阴平44	阳平22	上声53	去声33	阴入213	阳入312	阴平44	阳平22	上声53	去声33	阴入213	阳入312	阴平44	阳平22	上声53	去声33	阴入213	阳入312
tʻ										替	③			图	土	兔								
n							二	尼	腻	你	逆			奴	努									
l							利	离	历	李	粒		路	炉	垆	卤				驴			律	率
ts	资	迟	纸	至		士	姐	齐		祭	耷		树	锄	祖	做	足				嘴	醉		
tsʻ		慈	齿	①						刺	七		粗			醋		族	趋		取	脆		
s	思	时	屎	是			西			细	熄		苏		数	漱	缩	俗	须	徐	序	岁	恤	
tʃ							鸡	骑	止	徛	急	侄							朱	锤	主	贵	菊	
tʃʻ							期	其	起	气	蛰								吹	蕖		处	屈	出
ʃ							稀		死	湿	室	食							尿	肥	水	肺		
k							归		鬼		骨		锅		古	过	谷							
kʻ													枯		苦		跍							
ŋ																								
x																								
∅							衣	移	椅	以	一		乌	黄	碗	雨	屋		味	围	预	雨		域

①tsʻʅ³³ ~~：尖状突起物　　　　铺 pʻu⁴⁴ ~路

②pʻi⁵³ 麻~：女阴　　　　　　　铺 pʻu³³ 店~

③tʻi²¹³ ~狗咬了：被狗咬了　　　苦 fu⁵³ 药~

被 pi³³ ~子：盖被　　　　　　　苦 kʻu⁵³ 辛~

姐 tsi⁴⁴ 阿~：对母亲的面称　　　跍 kʻu²¹³ 蹲

徛 tʃi³³ 站　　　　　　　　　　 尿 ʃy⁴⁴ ~桶，息遗切。

一 i²¹³ 单独做数字或为基数词

表 2-3　声韵调配合表之二

	a						ia						ua						ya					
	阴平44	阳平22	上声53	去声33	阴入213	阳入312	阴平44	阳平22	上声53	去声33	阴入213	阳入312	阴平44	阳平22	上声53	去声33	阴入213	阳入312	阴平44	阳平22	上声53	去声33	阴入213	阳入312
p	稗	排	霸	拜	八				摆															
p'																	啪							
m	妈	埋	瓣	买																				
f	坏	华	发		发	罚																		
t	代	抬	打	带	答												嗲							
t'					踏												脱							
n			捺	奶	奈																			
l	癞	来	燃		①						④													
ts	灾	财		载	铡				姐															
ts'	差	查		菜	插																			
s	腮														耍									
tʃ							斋	柴	假	夹														
tʃ'							差		⑤										抓					啄
ʃ							筛	霞	夏	晒	杀												⑧	
k	哥		解	锯	夹					假			怪				刮							
k'				掐									夸		跨	快								
ŋ		②	压	眼																				
x	鞋		蟹	瞎	狭																			
ø	阿		③				鸦	爷	⑥	研	押			⑦	猾	袜	滑		⑨					

①la²¹³ 小

②ŋa²² 碾压或挤压：~米，~手

③a⁵³ 水坑

④lia²¹³ 累

⑤tʃ'ia⁵³ 跨

⑥ia⁵³ 迈步

⑦ua²² ~水：游水

⑧ʃya²¹³：骗

⑨ya⁴⁴ ~口：张嘴

瓣 ma⁵³ 一~柑哩：一瓣柑子

锯 ka³³ 动词：~木

眼 ŋa³³ ~死：睡觉

发 fa⁵³ ~财

发 fa²¹³ 头~

懒 la³³ 烫

阿 a⁴⁴ ~姐：对母亲的面称，简称为~

摆 pia⁵³ ~席

嗲 tia²¹³ ~□ʧʻia⁴⁴：形容女人妖气

姐 tsia⁵³ 姑表~

假 ʧia³³ 放~

差 ʧʻia⁴⁴ ~kuai⁵³哩：旧时衙役

假 kia³³ 真~

爷 ia²² ~~：祖父

表 2-4　声韵调配合表之三

	o						io						e						ie					
	阴平44	阳平22	上声53	去声33	阴入213	阳入312	阴平44	阳平22	上声53	去声33	阴入213	阳入312	阴平44	阳平22	上声53	去声33	阴入213	阳入312	阴平44	阳平22	上声53	去声33	阴入213	阳入312
p	疤	爬	把	坝	百	白	坡				壁		边	平	扁	变		北	鞭				⑫	
pʻ	坡			怕	拍							劈	偏			片	迫							避
m	骂	麻	马		抹	麦							面	棉	外		灭		庙	苗				
f													县				⑨							
t	担	①	胆	淡	搭	②					④		癫	田	点	钉	得		雕	调	鸟	吊		
tʻ	瘫	坛	毯	炭	塌						⑤	踢	天			听			挑			跳	铁	
n		男	诺		难		沾	娘	⑥	惹	虐					年	⑩	碾	尿			捏	业	热
l	罗	蓝		裸	烙	辣	亮			略	舔	⑦	栋	莲			哩		撩				料	猎
ts	渣	茶	爪	③	摘	择	谢	斜	姐	借	聋	席	尖	前	剪	箭	责	绝	焦				哲	
tsʻ	差			岔	擦								千			浅	策							
s	沙			伞	散	刷					写	泻	仙		癣	线	色					谢	笑	
ʧ							遮	茄			炙								朝	桥	捡	见	结	
ʧʻ							车			扯	尺								轻			欠		
ʃ							射	蛇	舍	上	腋	石							烧		少	扇		舌
k	家		假	架	各								⑪		颈	嘅	格							
kʻ	科		课	看	扩						⑧						刻							
ŋ	丫	牙	哑			额																		
x	花	河	喊	下	客												黑							
ø	话	俄	握	瓦	鸭		夜	爷		野	约			二	耳				腰	赢	⑬	要	乙	食

①to²² ~~：篾制品　　　　　　　　②to³¹²叠起放

③tso³³声音高 　　　　　　　　　　择 tso³¹²~菜

④tio³³惹人生气。~死你：气死你 　　差 ts'o⁴⁴~钱

⑤t'io³³~颈：上吊 　　　　　　　　架 ko³³~子。

⑥nio⁵³~出来：吐出来 　　　　　　谢 tsio⁴⁴花~了

⑦lio²¹³~哩：瘸子 　　　　　　　　爷 io²²亲~：干爹

⑧k'io⁴⁴~下：动作，指用棍子或其 　外 me³³后年：大后年

　他工具把覆盖物左右或上下挪开 　钉 te³³动词

　以腾出空间 　　　　　　　　　　楝 le⁴⁴苦~树

⑨fe³³鞋~哩：鞋楦子 　　　　　　　嘅 ke³³语气助词

⑩ne⁵³~~：父之妹 　　　　　　　　调 tie²²~勺

⑪ke⁴⁴细~哩：男孩 　　　　　　　　尿 nie⁴⁴~床，奴吊切

⑫pie⁵³~：在手里把玩 　　　　　　谢 sie⁵³~~

⑬ie⁵³火~了：火熄了 　　　　　　　朝 ʧie⁴⁴今~

担to⁴⁴动词，表示"拿""给予" 　　食 ie³¹²~饭：吃饭

难no³³遭~

表 2-5　声韵调配合表之四

	ue						ye						ai						uai					
	阴平44	阳平22	上声53	去声33	阴入213	阳入312	阴平44	阳平22	上声53	去声33	阴入213	阳入312	阴平44	阳平22	上声53	去声33	阴入213	阳入312	阴平44	阳平22	上声53	去声33	阴入213	阳入312
p													①		败	鳌								
p'													排	派										
m																	米	墨						
f													兄	怀										
t													呆	提	底	弟	滴							
t'													梯	苔	态	剃	铁							
n														泥										
l													②	犁		赖	拉							
ts							**旋**	全	转					寨	宰		接				**拽**			
ts'		存												材	踩	彩	切	贼						
s									选				腮		洗	细	虱		衰			帅		

续表

声母	ue 阴平44	ue 阳平22	ue 上声53	ue 去声33	ue 阴入213	ue 阳入312	ye 阴平44	ye 阳平22	ye 上声53	ye 去声33	ye 阴入213	ye 阳入312	ai 阴平44	ai 阳平22	ai 上声53	ai 去声33	ai 阴入213	ai 阳入312	uai 阴平44	uai 阳平22	uai 上声53	uai 去声33	uai 阴入213	uai 阳入312
tʃ							砖		赚		决													
tʃʻ							穿		串		缺													
ʃ							坴	船			雪													
k		拳	赶	盖	蕨								该		界	改			乖		⑤怪	拐		
kʻ		圈		劝												楷					忲			
ŋ													哀		隘	蔼	③							
x	灰												④	孩	海		黑							
ø	冤	沿	远	越						翼		月				爱			歪		崴	外		

①pai^{44}女阴

②lai^{44}～：质差，次

③ŋai^{213}剁

④xai^{44}玩

⑤kuai^{53}男阴

旋 tsye^{44}发～

灰 xue^{44}～色

拽 tsuai^{53}～：拉

崴 uai^{53}～脚：扭脚

表 2-6 声韵调配合表之五

声母	ei 阴平44	ei 阳平22	ei 上声53	ei 去声33	ei 阴入213	ei 阳入312	uei 阴平44	uei 阳平22	uei 上声53	uei 去声33	uei 阴入213	uei 阳入312	ao 阴平44	ao 阳平22	ao 上声53	ao 去声33	ao 阴入213	ao 阳入312	iao 阴平44	iao 阳平22	iao 上声53	iao 去声33	iao 阴入213	iao 阳入312
p	菢	陪	宝	报									褒	②	堡	刨			标		婊	表		
pʻ	胚		沛	配												炮			飘	瓢	漂	票		
m	霉	煤		妹	①								帽	毛	冒	冇				描	谬	牡		④
f	灰	回	肺	会	血																			
t	刀	桃	倒	道			堆	队		对			豆	投	稻	斗			刁					
tʻ	推			退						退			偷	陶	敨	透				调		跳		

续表

	ei						uei						ao						iao					
	阴平44	阳平22	上声53	去声33	阴入213	阳入312	阴平44	阳平22	上声53	去声33	阴入213	阳入312	阴平44	阳平22	上声53	去声33	阴入213	阳入312	阴平44	阳平22	上声53	去声33	阴入213	阳入312
n			脑	恼										柔		闹						⑤		
l		雷	老	类						类				牢	老	漏	络			燎	了	料	撂	
ts	糟	槽	早	灶	吸		椎	垂		最			糟	愁	走	找			蕉					
ts'			草				催	锤		翠			操	③	造	凑								
s	骚		嫂	扫	雪			随	水	隧			搜		臊	瘦			宵					
tʃ																			娇	潮	诏	绞		
tʃ'																			超			窍		
ʃ																			嚣	韶	姣	小		
k	高			告			规			桂			沟		狗	构			教		教			
k'	开			去			盔	逵		愧			敲		考	扣			⑥					
ŋ		鱼		愿		月								牛		凹								
x			好	很										喉	口	厚								
ø							威	围	胃	为			瓯		呕	沤			妖	摇	耀	绕		

① mei²¹³ ~个：那个

② pao²² 甲状腺肿大，俗称大脖子

③ ts'ao²² ~ kuai⁵³ ·le：妻弟

④ miao²¹³ 带有挑衅性质的碰触别人身体

⑤ niao³³ 皱纹

⑥ k'iao⁴⁴ 表动作：指通过某种媒介把高处或远处的物品移到身边或手上

报 pei³³ 告诉

灰 fei⁴⁴ ~尘

去 k'ei³³ 仅用于"去年"一词

冇 mao²¹³ 否定词

敁 t'ao⁵³ ~下：休息

瓯 ao⁴⁴ 茶~：茶杯

教 kiao⁴⁴ ~书

教 kiao⁵³ ~室

表 2-7　声韵调配合表之六

声母	əu 阴平44	əu 阳平22	əu 上声53	əu 去声33	əu 阴入213	əu 阳入312	iəu 阴平44	iəu 阳平22	iəu 上声53	iəu 去声33	iəu 阴入213	iəu 阳入312	an 阴平44	an 阳平22	an 上声53	an 去声33	an 阴入213	an 阳入312	ian 阴平44	ian 阳平22	ian 上声53	ian 去声33	ian 阴入213	ian 阳入312
p	包	婆	饱	半		薄							饭		板	板					便	贬		
pʻ				破									潘		瓶				编			骗		
m	①	磨	网			木								蛮	馒	慢					面	免		
f													欢	环	犯	贩								
t	多	糖	斗	断			猪	场	长	丈	竹		丹		蛋							店		
tʻ	拖	投						长			③		贪	潭	探	毯								
n	糯		暖				让	④	女		肉			难						年		验		
l	露	锣	陋			落	亮	凉	六	两	绿			栏	览					连	练	恋		
ts	状	床	奏	坐	桌	浊	就	墙	酒	酱	嚼		沾	蝉	盏									
tsʻ	搓	绸	吵	错			秋		抢	雀			参	残	铲	产								
s	酸		锁	蒜	索		箱		想	相	削		山		善	疝								
tʃ							姜	球	掌	舅	脚								坚			建		
tʃʻ							枪	酬	厂	唱	着								谦	钳	欠	歉		
ʃ							休	仇	手	受	粟	熟							掀			献		
k	教		进	个	角	②				绞	⑤		肩		竿	王								
kʻ	窠		叩	货	壳						⑥		龛		肯									
ŋ	饿	鹅	咬	我									安		案	眼								
x	糠	房	火	犯	合	学							顸	闲	汉	旱								
ø	欧		藕				秧	羊	养	有	药								燕	宣	雁	掩		

①məu^{44}~头：抬头 　　　　③tʻiəu^{213}~：丢失

②kəu^{312}蛋 　　　　　　　④niəu^{22}笨拙

⑤kiəu²¹³ ~头：炕头　　　　　　　　　着 tʃʻiəu²¹³ ~：被

⑥kʻiəu²¹³ ~：捉泥鳅的工具　　　　　板 pan⁵³ 竹~

磨 məu²² 动词　　　　　　　　　　　板 pan³³ 老~

长 tiəu⁵³ 生~　　　　　　　　　　　干 kan³³ ~□ŋa⁵³□xa³³：干什么

长 tʻiəu²² ~铺子：今绥宁县治所在地　燕 ian⁴⁴ 姓氏

女 niəu³³ ~哩家：多指未婚女子

表2-8　声韵调配合表之七

	uan						yan						in						un					
	阴平44	阳平22	上声53	去声33	阴入213	阳入312	阴平44	阳平22	上声53	去声33	阴入213	阳入312	阴平44	阳平22	上声53	去声33	阴入213	阳入312	阴平44	阳平22	上声53	去声33	阴入213	阳入312
p	搬	盘											宾		并	饼								
pʻ													拼	贫	品	囧								
m		瞒													民	囵								
f													婚	魂	粪	粉								
t			锻										丁	澄	邓	重			敦		顿			
tʻ													伸	庭						豚				
n														宁										
l	乱		圈	卵										轮	仝	檩				仑		论		
ts	钻												争	松	甑	净			尊					
tsʻ													亲	秦	亲	趁			村	纯				
s	栓												新	旬	省	信						损		
tʃ							砖	全					经	芹	紧	近								
tʃʻ									权				称	城	庆	称								
ʃ							宣		旋				身	膳	查	剩								
k	柑		冠	惯									耕		滚						棍	滚		
kʻ	宽		款																昆			困		
ŋ													恩											
x													亨	恒										
ø	湾	还	碗				冤	园	怨	远			阴	仁	应	引			瘟	文		问		

圈 luan²² 圆　　　　　　　　　　　　重 tin³³ 轻~

松 ʦin²² ~树 称 ʧʻin⁴⁴动词

亲 ʦʻin⁴⁴ ~人 称 ʧʻin³³名词

亲 ʦʻin⁵³ ~家 塍 ʃin²² 田~头：田埂

省 sin⁵³ ~哩：知晓

表 2-9 声韵调配合表之八

	yn 阴平44	yn 阳平22	yn 上声53	yn 去声33	yn 阴入213	yn 阳入312	aŋ 阴平44	aŋ 阳平22	aŋ 上声53	aŋ 去声33	aŋ 阴入213	aŋ 阳入312	iaŋ 阴平44	iaŋ 阳平22	iaŋ 上声53	iaŋ 去声33	iaŋ 阴入213	iaŋ 阳入312	uaŋ 阴平44	uaŋ 阳平22	uaŋ 上声53	uaŋ 去声33	uaŋ 阴入213	uaŋ 阳入312
p							帮		绑	榜			②											
pʻ							乓	滂																
m							蚊	忙	莽															
f							芳	凰	放	晃														
t							灯	藤	等	动			③											
tʻ									桶	痛														
n													弄	娘										
l							聋	狼	浪	冷				量	谅	量								
ʦ							争	层	藏															
ʦʻ							撑															状		
s							甥	偿	①	送												撞		
ʧ	军		准										章	常	酱	进								
ʧʻ	春	群	蠢										昌	强		欠								
ʃ		绳		顺									乡	嫌	项	享								
k							根		梗										光		广			
kʻ							坑		孔	埂									筐	狂	旷	矿		
ŋ							硬																	
x										行														
∅	润		运	永									秧	阳					汪	横	望	旺		

①saŋ⁵³背~：后面　　　　　　　量 liaŋ²²~长短

②p'iaŋ⁴⁴象声词　　　　　　　　量 liaŋ³³数~

③tiaŋ⁴⁴表动作：指短暂提、拿的手　　阳 iaŋ²²~：姓

部动作。　　　　　　　　　　撞 ts'uaŋ⁵³~滴：碰见

表 2-10　声韵调配合表之九

	oŋ						ioŋ						ŋ̍						
	阴平 44	阳平 22	上声 53	去声 33	阴入 213	阳入 312	阴平 44	阳平 22	上声 53	去声 33	阴入 213	阳入 312	阴平 44	阳平 22	上声 53	去声 33	阴入 213	阳入 312	
p	崩	猵	本																
p'	喷	朋	捧																
m	梦	盟	孟	猛															
f																			
t	中	同	冻	懂															
t'	通	同																	
n	嫩	脓																	
l	聋	龙		拢															
ts	宗	庄	总	圳															
ts'	聪		冲	寸															
s	孙	丛	笋	搡															
tʃ							钟	穷	种	众									
tʃ'							冲			铳									
ʃ							胸	熊	嗅										
k	公	裙	①	菌															
k'	空		控	孔															
ŋ																			
x	分	红	粉	缝															
ø	温	云	稳	颈			用	荣					人		耳			旦	

①koŋ⁵³～黄：形容程度高   冲 ts'oŋ⁵³～喉头：酒烈

獴 poŋ²²～猪：种猪   㩐soŋ³³～鼻涕：捏住鼻子，用气排

同 toŋ²²～年   出鼻涕

同 t'oŋ²²～学   缝 xoŋ³³一条～

圳 tsoŋ³³：灌溉稻田的自然水道   颂 oŋ³³淹没

三、语音特点

（一）音系特点

1. 声母特点

①古全浊声母今逢塞音、塞擦音时，无论平仄多读不送气清音。

平声：菩 pu²² 藤 taŋ²² 床 tsəu²² 裙 koŋ²² 求 tʃiəu²²

仄声：步 pu⁴⁴ 动 taŋ³³ 状 tsəu⁴⁴ 菌 koŋ³³ 舅 tʃiəu³³ 白 po³¹²

但也有个别口语常用的全浊平声字读送气清音的，如长 t'iəu²²、坛 t'o²²。另外，一些书面用字如"绸、凭、乘、棠、群、秦"等字读同部位的送气清音，应是受外方言或普通话的影响。

②老派泥、来母无论洪细均不混，如南 no²²≠蓝 lo²²、你 ni³³≠李 li³³；新派泥、来母逢洪音混，如南 lo²²=蓝 lo²²；逢细音分，如你 ni³³≠李 li³³。

③晓匣母合口和非组有相互混淆的情况。例：

风﹙非母﹚xoŋ²² 房﹙奉母﹚xəu²² 婚﹙晓母﹚fin⁴⁴ 血﹙晓母﹚fei²¹³ 胡﹙匣母﹚fu²²

还有晓母字白读为［x］声母，文读为［f］声母的。如：

灰﹙晓母﹚xue⁴⁴～色 灰﹙晓母﹚fei⁴⁴～尘

④分尖团。古精组字与见组字在细音前有区别。

精组：精 tsin⁴⁴ 焦 tsie⁴⁴ 酒 tsiəu⁵³ 西 si⁴⁴

见组：经 tʃin⁴⁴ 轿 tʃie⁴⁴ 九 tʃiəu⁵³ 稀 ʃi⁴⁴

⑤古非组今大部分读［f、x］声母或［Ø］声母，一部分日常用字读［p］、［m］。如：

网 məu⁴⁴ 忘 məu³³ 望 məu³³ 蚊 maŋ⁴⁴

饭 pan⁴⁴ 浮 pei²² 尾 mi³³ 獴 poŋ²² 妇﹙新～﹚pu³³

但有少数蟹合三废韵和止合三微韵的非组字白读为［ʃ］声母，如：

	肺	飞	肥	痱
白读	ʃy³³猪～	ʃy⁴⁴～起来	ʃy²²～肉	ʃy³³沙～子

文读　　　fei⁵³ ~病　　　fei⁴⁴ ~机　　　　　fei²² ~胖　　　　fei⁵³ ~子粉

⑥知组三等字今有一部分日常用字读 [t]，如：

猪 tiəu⁴⁴　长 生~ tiəu⁵³　丈 tiəu³³　胀 tiəu³³　着 ~衣 tiəu²¹³

直 ti³¹²　　竹 tiəu²¹³　　虫 tin²²　中 当~ toŋ⁴⁴　重 轻~ tin³³

⑦一部分溪母字读成 [f、x] 声母。例如：

苦 fu⁵³　哭 fu²¹³　糠 xəu⁴⁴　客 xo²¹³　口 xao⁵³

2. 韵母特点

①蟹摄开口一、二等韵，韵尾 –i 消失，读单元音 [a]。如："抬、戴、来、排、埋、斋、败、解、矮、鞋"等字韵母均读为 [a]。蟹摄四等齐韵部分字韵母为 [ai]，如"米、梯、涕、洗、细、泥、犁"等，

②假摄元音高化为 [o]，如"疤、麻、骂、茶、假、写、葱、野、瓦、花"等字韵母皆为单元音 [o]。

③止摄合口三等部分白读字念撮口呼韵母。如：

嘴 tsy⁵³　吹 tʃʻy⁴⁴　醉 tsy³³　水 ʃy⁵³　飞 ʃy⁴⁴　肥 ʃy²²　贵 tʃy³³

④效摄一等豪韵主要元音高化，与二等肴韵还有区别。

一等豪韵为 [ei]：如　草 tsʻei⁵³　　早 tsei⁵³　　保 pei⁵³

二等肴韵为 [əu]：如　吵 tsʻəu⁵³　　罩 tsəu³³　　饱 pəu⁵³

⑤流摄部分日常生活用字白读为 [ao]，如"偷、豆、楼、勾、口、原、呕、抽、瘦、牛"等，文读则为 [əu]。

⑥中古音的鼻韵尾 –m 在关峡平话中已消失，无塞音韵尾，大部分阳声韵有鼻音韵尾脱落读如阴声韵的现象。例如：

咸开一、二：[o] 蚕男胆担蓝三喊杉咸，[əu] 含

咸开三、四：[e] 尖签甜点，[ie] 盐剑

山开合一、二：[o] 单难看汗散烂端绊，[u] 官碗，[əu] 鼾酸算蒜断

山开合三、四：[e] 煎钱剪线鲜天田典先，[ie] 缠燃扇见烟，[ye] 船串渊

宕开合一、三：[(i)əu] 汤郎仓桑墙长装羊，[u] 光黄皇蝗

江摄开口、二等：[əu] 双江巷讲

梗开三、四：[e] 井晴颈姓星病钉零青

⑦梗摄开口二等白读和通摄合口一等白读合流读 [aŋ]，例如：

梗摄：冷 laŋ⁵³　生 saŋ⁴⁴　坑 kʻaŋ⁴⁴　硬 ŋaŋ⁴⁴

通摄：桶 t'aŋ⁵³　　笼 laŋ²²　　送 saŋ³³　　痛 t'aŋ³³

⑧臻摄合口一、三等白读和通摄合口一、三等部分字合流读 [oŋ]，例如：

臻摄：本 poŋ⁵³　寸 ts'oŋ³³　笋 soŋ⁵³　菌 koŋ³³　粉 xoŋ⁵³　云 oŋ²²

通摄：篷 poŋ²²　红 xoŋ²²　冬 toŋ⁴⁴　风 xoŋ⁴⁴　梦 moŋ³³　中 toŋ⁴⁴

⑨咸山宕江摄存在"阳入同变"的现象。例如：

咸摄　男 no²²/腊 lo³¹²　含 xəu²²/合 xəu²¹³　盐 ie²²/叶 ie³¹²　甜 te²²/叠 te²¹³

山摄　兰 lo²²/辣 lo³¹²　伞 so⁵³/萨 so⁴⁴　肝 kəu⁴⁴/割 kəu²¹³　扇 ʃie/舌 ʃie³¹²　见 tʃie³³/结 tʃie²¹³　元 ye²²/月 ŋei³¹²

宕摄　桑 səu⁴⁴/索 səu²¹³　姜 tʃiəu⁴⁴/脚 tʃiəu²¹³　羊 iəu²²/药 iəu²¹³

江摄　双 səu⁴⁴/捉 tsəu²¹³　讲 kəu⁵³/角 kəu²¹³

3. 声调特点

①平声分阴阳。

②古全浊上今多并入去声。

③部分浊去日常用字读阴平调，如"步、鼻、字、自、树、芋、癞、骂、话、放、汗、味、夜、射、画、面、代、用、饭、让、就、豆"等。试比较：边 pe⁴⁴=病 pe⁴⁴、兜 tao⁴⁴=豆 tao⁴⁴、装 tsəu⁴⁴=状 tsəu⁴⁴。

④入声分阴阳。

（二）文白异读

文白异读是语言接触的产物，是语言竞争的一种典型的表现方式。王福堂先生（2005）较详细地阐述了文白异读产生的过程：在语言接触中，一个方言从具有权威性的某方言——地区性的权威方言或全国性的权威方言——借用词语，一般是自觉地借入成批的词语，这就使异读大量进入方言，构成异音类。由于借入的词语起初大多自觉用在较为正式的交际场合，和本方言的口语词有不同的风格，因此异音类就被看成读书音，方言中原有的音类相对成为口语音，读书音和口语音构成文白异读。

王洪君（1992）、徐通锵（1991）、陈忠敏（2003）、王福堂（2005）等先生均认为文白异读的"异"不是词的"异"，而是词中的某一个音类的"异"。即"文"与"白"的对应是以音节中的声母、韵母或声调为单位的，因此文白异读的差异可以体现在声母中，可以体现在韵母或声调中，甚至可以表现为整个字音的声、韵、调都不同。文读与白读不是同一层次上的音变关系，而是属于不同层次之间的竞争关系，因此，文读音可以称为文读层，白读音可以称为白读层。这样一些只有文读音或者只有白读音的字可以归纳在文白异读的系统里来分析和研究。为了讨论的方便，我们现在定义"同组式文白异读"和"同字式文白异读"两个概念。这两个概念借自辛世彪（2004）但略有改动。辛世彪（2004）把中古同声调同清浊的字按书面和口语两分，两类字不同声调称作"同组式文白分调"，把同一个字文读与白读不同声调称作"同字式文白分调"。接下来我们将按照同声调同清浊或者异声异调但同韵摄等标准来讨论声母、韵母和声调的"同组式文白异读"或"同字式文白异读"。"同组式文白异读"表现为按某一音韵特征划分为一类的字中有日常口语用字和书面常用字，这两组不同的字音体现为不同的层次，一为文读层，一为白读层。"同字式文白异读"表现为同一个字在口语词和书面词中有不同的读音，形成文白异读。

1. 声母的文白异读

①来自古非敷奉微的字，文读音是唇齿音声母或零声母，白读音是双唇声母。如表 2-11 所示：

表 2-11　非组的同字式文白异读（一）

	文读音	白读音
尾微	尾气 uei^{33} tʃ'i^{33}	尾巴 mi^{33} po^{44}
浮奉	浮力 fu^{22}li^{213}	浮伙哩毛头 小伙 pei^{22}xəu^{53}·le
妇奉	妇（女）fu^{53}	新妇新媳妇 sin^{44}pu^{33}
饭奉	饭馆 fan^{53}kuan^{33}	食饭吃饭 ie^{21}pan^{44}
蚊微	蚊香 un^{22}ʃiəu^{44}	蚊哩蚊子 maŋ^{44}·le
网微	网吧 uaŋ^{33}pa^{44}	（鱼）网哩 məu^{33}·le
望微	希望 ʃi^{44}uaŋ^{53}	打望张望 ta^{53}məu^{44}
忘微	忘性 uaŋ^{53}ʃin^{33}	忘滴忘记 məu^{44}·ti

但是，少数来自蟹合三及止合三的非组字，文读为唇齿音声母，白读为舌叶清擦音。如表 2-12 所示：

表 2-12 非组的同字式文白异读（二）

	文读音	白读音
肺_敷	肺病 fei⁵³pe⁴⁴	猪肺 tiəu⁴⁴ʃy³³
飞_非	飞机 fei⁴⁴tʃi⁴⁴	飞（起）ʃy⁴⁴
痱_非	痱子粉 fei⁵³tsʅ³³fin³³	沙痱哩 so⁴⁴ʃy³³·le
肥_奉	化肥 fa⁵³fei²²	肥肉 ʃy²²niəu³¹²

②下面我们来讨论古全浊声母今逢塞音塞擦音时文白异读的情况。关峡平话古全浊声母今逢塞音塞擦音时，无论平仄一般读为不送气清音，但古全浊声母阳平字存在着"同组式文白异读"的情况。根据是否为口语常用字我们把来自古全浊声母今逢塞音塞擦音的阳平字分为 A 类字（口语常用字）和 B 类字（书面常用字）。A 类字有婆、爬、茶、斜、菩、抬、才、排、柴、提、齐、皮、棋等，B 类字有查_{调~}、渠、苔、题、脾、瓷、磁等。A 类字今读不送气清音，而 B 类字多读送气清音。举例如表 2-13：

表 2-13 古全浊声母平声字今逢塞音塞擦音时同组式文白异读

A 类字	婆	抬	槽	锄	床	拳	求
白读音	pəu²²	ta²²	tsei²²	tsu²²	tsəu²²	kue²²	tʃiəu²²
B 类字	脾	苔	曹	查_{调~}	绸	权	仇_姓
文读音	pʻi²²	tʻai²²	tsʻao²²	tsʻa²²	tsʻəu²²	tʃʻyan²²	tʃʻiəu²²

③部分古溪母字文读读塞音，白读为擦音。举例如表 2-14：

表 2-14 古溪母的同字式及同组式文白异读

A 类字	苦_{~李树}	糠	客_{~人}	孔_{碓~}	口
白读音	fu⁵³	xəu⁴⁴	xo²¹³	xəu⁵³	xao⁵³
B 类字	苦_{辛~}	康	客_{~车}	孔_姓	叩
文读音	kʻu³³	kʻaŋ⁴⁴	kʻe²¹³	kʻoŋ³³	kʻəu⁵³

2. 韵母的文白异读

①果摄的文白异读

果摄合口一等有三种读音〔u〕、〔əu〕、〔o〕。〔u〕和〔əu〕属于白读层，〔o〕属于文读层。读〔u〕韵的字不多，仅三个，都是口语中极常用字，如：锅 ku⁴⁴、过 ku³³、禾 u²²。读〔əu〕韵的也基本是口语常用字

（A 类字），读［o］韵的则为书面用字（B 类字），因此形成了同一韵摄的同组式文白异读。举例如表 2-15：

表 2-15　果摄字的同组式文白异读

A 类字	婆	胳	坐	窠	蓑	货
白读音	pəu^{22}	ləu^{22}	tsəu^{33}	k'əu^{44}	səu^{44}	k'əu^{33}
B 类字	玻~璃	骡	座	科	唆~哪~	课
文读音	po^{44}	lo^{22}	tso^{33}	k'o^{44}	so^{44}	k'o^{53}

我们认为［o］韵是文读音，［u］韵是早期白读音，［əu］韵是晚期白读音，由高元音［u］复元音化而来。

②假摄的文白异读

假摄白读的主元音为［o］，假摄文读的主元音二等开口为［a］，三等开口为［e］，三等合口为［a］，主要表现为同组式文白异读。举例如下：

表 2-16　假摄的同组式文白异读

A 类字	巴	渣	假真~	写	斜	扯	瓜
白读音	po^{44}	tso^{44}	ko^{53}	sio^{53}	tsio^{22}	tʃ'io^{53}	ko^{44}
B 类字	芭	查调~	假~期	谢~~	邪	社	夸
文读音	pa^{44}	ts'a^{22}	tʃia^{53}	sie^{53}	sie^{22}	ʃie^{53}	k'ua^{44}

假摄的同字式文白异读不多，如：家娘~［ko^{44}］、家国~［tʃia^{44}］；谢花~［tsio^{44}］、谢~~［sie^{53}］；也者~［ie^{33}］、也~是［io^{33}］。

③遇合三鱼虞韵的读音比较复杂，初步判断，该韵摄读［y］韵的多为书面用字（B 类字，知章组字除外）。如：徐 sy^{22}、除 tʃ'y^{22}、居 tʃy^{44}、虚 ʃy^{44}、取 ts'y^{53}、句 tʃy^{53}、于 y^{22}。知章组字读［y］的有日常用字，如：书 ʃy^{44}、薯白~ ʃy^{33}、柱 tʃy^{33}、主 tʃy^{53}、输 ʃy^{44}。这些字的韵母读音虽然和上例相同，但应该是属于不同的层次，知章组读［y］韵属于白读层。

其他日常用字（A 类字）的读音比较复杂，但都属于白读层，应是来自不同的历史层次。如：

蛆 ts'iəu^{44}　　猪 tiəu^{44}　　须胡~ siəu^{44}　　车~马炮 tiəu^{44}　　锯名词 ka^{33}

锯动词 kei^{33}　　去来~ ʃi^{33}　　鱼 ŋei^{22}　　雨 u^{33}　　鼠 sʅ^{53}　　树 tsu^{44}

④蟹摄开口一、二等字的白读音主要为单元音［a］，或者［ia］，文读音则为复元音［ai］，形式主要也表现为同组式文白异读。举例如下：

表 2-17　蟹摄开口一、二等的同组式文白异读

A 类字	戴	鳃	带	戒	粺	晒	鞋
白读音	ta^{33}	sa^{44}	ta^{33}	ka^{33}	pa^{44}	ʃia^{33}	xa^{22}
B 类字	贷	赛	泰	届	派	寨	隘
文读音	tai^{53}	sai^{53}	tʻai^{53}	kai^{53}	pʻai^{53}	tsai^{53}	ŋai^{53}

⑤蟹摄开口四等的文读音为［i］，白读音为［ai］。举例如下：

表 2-18　蟹摄开口四等的同组式文白异读

A 类字	米	提	弟	泥	洗	细	砌
白读音	mai^{33}	tai^{22}	tai^{33}	nai^{22}	sai^{53}	sai^{33}	tsʻai^{33}
B 类字	迷	题	第	礼	西	剂	齐
文读音	mi^{22}	ti^{22}	ti^{33}	li^{33}	si^{44}	tsi^{33}	tsi^{22}

⑥止摄合口三等的白读音为［i］或［y］，文读音为［ei］或［uei］，举例如下：

表 2-19　止摄合口三等的同字式文白异读

口语词	飞~起	肥~肉	痱沙~子	味~道	贵很~	归~去	围~墙
白读音	ʃy^{44}	ʃy^{22}	ʃy^{33}	y^{44}	tʃy^{33}	ki^{44}	y^{22}
书面词	飞~机	肥~料	痱~子粉	味~精	贵~妃	归当~	围~巾
文读音	fei^{44}	fei^{22}	fei^{53}	uei^{53}	kuei^{53}	kuei^{44}	uei^{22}

⑦效摄一、二等的文白异读。效摄一等白读音为［ei］，二等白读音为［əu］。白读效摄一、二等有别，但文读一二等同音，为［ao］。举例如下：

表 2-20　效摄一、二等的同组式文白异读

	一等				二等			
A 类字	桃	倒	灶	草	饱	茅	罩	吵
白读音	tei^{22}	tei^{33}	tsei^{33}	tsʻei^{53}	pəu^{53}	məu^{22}	tsəu^{33}	tsʻəu^{53}
B 类字	陶	岛	考	豪	貌	抄	交~通	教~室
文读音	tʻao^{22}	tao^{33}	kʻao^{53}	xao^{22}	mao^{53}	tsʻao^{44}	tʃiao^{44}	kiao^{53}

⑧效摄三、四等的白读音为［ie］，文读音为［iao］。见下例：

表 2-21　效摄三、四等的同组式文白异读

	三等				四等			
A 类字	庙	焦	腰	桥	雕	尿	鸟	叫
白读音	mie⁴⁴	tsie⁴⁴	ie⁴⁴	tʃie²²	tie⁴⁴	nie⁴⁴	tie⁵³	tʃie³³
B 类字	秒	蕉	妖	侨	刁	缴	了	窍
文读音	miao³³	tsiao⁴⁴	iao⁴⁴	tʃiao²²	tiao⁴⁴	tʃiao⁴⁴	liao³³	tʃʻiao³³

⑨流摄（含三等庄组字）的白读音为［ao］，文读音为［əu］。举例如下：

表 2-22　流摄的同组式文白异读

A 类字	头	豆	狗	瓯杯子	喉	愁
白读音	tao²²	tao⁴⁴	kao⁵³	ao⁴⁴	xao²²	tsao²²
B 类字	投	逗	苟	欧	猴	骤
文读音	təu²²	təu⁵³	kəu³³	əu⁴⁴	xəu²²	tsəu⁵³

⑩咸山摄开口一、二等舒声韵白读音为［o］或［əu］，文读音为［an］。例字如下：

表 2-23　咸山摄开口一、二等舒声韵的同组式文白异读

	咸摄				山摄			
A 类字	含	胆	蚕	含	单	炭	拦	汗
白读音	xəu²²	to⁵³	tso²²	xəu²²	to⁴⁴	tʻo³³	lo²²	xo⁴⁴
B 类字	函	毯	参	函	丹	叹	栏	汉
文读音	xan²²	tʻan³³	tsʻan⁴⁴	xan²²	tan⁴⁴	tʻan⁵³	lan²²	xan⁵³

⑪咸山摄开口三、四等舒声字白读音为［e］或［ie］，文读音为［ian］。例字如下：

表 2-24　咸山摄开口三、四等舒声韵的同组式文白异读

	咸摄				山摄			
A 类字	尖	盐	点	甜	棉	箭	天	烟
白读音	tse⁴⁴	ie²²	te⁵³	te²²	me²²	tse³³	tʻe⁴⁴	ie⁴⁴
B 类字	歼	炎	店	谦	免	践	电	燕姓
文读音	tʃian⁴⁴	ian²²	tian⁵³	tʃʻian⁴⁴	mian³³	tʃian⁵³	tian⁵³	ian⁴⁴

⑫山摄合口一等舒声字白读音为［əu］或［u］，文读音为［uan］。例字如下：

表2-25　山摄合口一等舒声韵的同组式文白异读

A类字	满	断	暖	酸	官	碗
白读音	məu³³	təu³³	nəu³³	səu⁴⁴	ku⁴⁴	u⁵³
B类字	瞒	锻	卵	钻动词	观参~	腕
文读音	muan²²	tuan³³	luan³³	tsuan⁴⁴	kuan⁴⁴	uan³³

⑬山摄合口三等舒声字白读音为［ye］或［ue］，文读音为［yan］，见下例：

表2-26　山摄合口三等舒声韵的同字式文白异读

口语词	旋头~	园菜~	冤申~	愿许~
白读音	tsye⁴⁴	ue²²	ue⁴⁴	ue³³
书面词	旋~风	园~丁	冤~枉	愿~望
文读音	ʃyan⁵³	yan²²	yan⁴⁴	yan⁵³

⑭臻摄合口一、三等舒声字白读音为［oŋ］，文读音为［in］、［un］或［yn］。见下例：

表2-27　臻摄合口一、三等舒声韵同组式文白异读

A类字	本	寸	孙	温	笋	獭	裙
白读音	poŋ⁵³	tsʻoŋ³³	soŋ⁴⁴	oŋ⁴⁴	soŋ⁵³	poŋ²²	koŋ²²
B类字	笨	村	损	瘟	旬	坟	群
文读音	pin⁵³	tsʻun⁴⁴	sun³³	un⁴⁴	ʃyn²²	fin²²	tʃʻyn²²

⑮宕江摄的舒声字白读音合流读［(i)əu］，文读音为［(i)aŋ］。

表2-28　宕江摄舒声韵的同组式文白异读

	宕摄					江摄		
A类字	糖	郎	香	羊	忘	双	讲	巷
白读音	təu²²	ləu²²	ʃiəu⁴⁴	iəu²²	məu⁴⁴	səu⁴⁴	kəu⁵³	xəu⁴⁴
B类字	唐	狼	乡	疡	妄	窗	港	项
文读音	taŋ²²	laŋ²²	ʃiaŋ⁴⁴	iaŋ²²	uaŋ⁵³	tsʻaŋ⁴⁴	kaŋ⁵³	ʃiaŋ⁵³

⑯曾摄开口一等、梗摄开口二等、通摄合口一等舒声字白读音合流读 [aŋ]，文读音曾梗摄为 [in]，通摄为 [oŋ]。例字如下：

表 2-29　曾、梗、通摄舒声韵同组式文白异读

	曾摄		梗摄			通摄		
A 类字	灯	层	冷	生	坑	桶	痛	送
白读音	taŋ⁴⁴	tsaŋ²²	laŋ³³	saŋ⁴⁴	kʻaŋ⁴⁴	tʻaŋ⁵³	tʻaŋ³³	saŋ³³
B 类字	登	曾姓	省节~	更~加	羹	通	冻	聪
文读音	tin⁴⁴	tsin⁴⁴	sin³³	kin⁵³	kin⁴⁴	tʻoŋ⁴⁴	toŋ³³	tsʻoŋ⁴⁴

⑰梗摄开口三、四等舒声字白读音为[(i)e]，文读为音 [in]。

表 2-30　梗摄开口三、四等舒声韵的同字式文白异读

口语词	平~话	镜~子	影~子	情人~	青~色	定~金
白读音	pe²²	tʃie³³	ie⁵³	tse²²	tsʻe⁴⁴	te⁴⁴
书面词	平水~	镜眼~	影电~	情~人	青年~	定决~
文读音	pʻin²²	tʃin⁵³	in³³	tsin²²	tsʻin⁴⁴	tin⁵³

3. 声调的文白异读

关峡平话声调的文白异读集中在古上声、去声和来源于古浊声母入声字上。古清上字今白读上声，文读去声。古全浊上字和古清去字今白读为去声，文读为上声。古浊入字今白读为阳入，文读为阴入。

下面我们就关峡平话上声、去声、阳入的文白异读情况举例如下：

①古清上字今白读为上声，文读为去声。

表 2-31　上声的同字式文白分调

口语词	苦~李树	保~人	本__	板~子
白读音	fu⁵³	pei⁵³	poŋ⁵³	pan⁵³
书面词	苦辛~	保~护	本~事	板老~
文读音	kʻu³³	pao³³	pin³³	pan³³

表 2-32 上声的同组式文白分调

A 类字	宝	倒颠~	陡	狗	纺	桶	肿
白读音	pei⁵³	tei⁵³	tao⁵³	kao⁵³	xəu⁵³	tʻaŋ⁵³	tʃin⁵³
B 类字	堡	岛	抖	苟	仿	懂	种~类
文读音	pao³³	tao³³	təu³³	kəu³³	faŋ³³	toŋ³³	tʃioŋ³³

②古全浊上和古清去字今白读为去声，文读为上声。

表 2-33 去声的同字式文白分调

口语词	过~来	快~点	罩~子	妇新~
白读音	ku³³	kʻua³³	tsəu³³	pu³³
书面词	过~错	快~乐	罩~衣	妇~女
文读音	ko⁵³	kʻuai⁵³	tsao⁵³	fu⁵³

表 2-34 去声的同组式文白分调

A 类字	坝	背	待	酵	妇新~	断
白读音	po³³	pei³³	ta³³	kəu³³	pu³³	təu³³
B 类字	霸	辈	怠	教~室	负	锻
文读音	pa⁵³	pei⁵³	tai⁵³	kiao⁵³	fu⁵³	tuan⁵³

③古浊入字今白读为阳入，文读为阴入。

表 2-35 入声（浊入）的同字式文白分调

口语词	绝~代	月~光	薄厚~	食~饭	择~菜	独~子
白读音	tsei³¹²	ŋei³¹²	pəu³¹²	ie³¹²	tso³¹²	tu³¹²
书面词	绝~对	月~饼	薄~情	食~物	择选~	独~身
文读音	tʃye²¹³	ye²¹³	po²¹³	ʃi²¹³	tse²¹³	tu²¹³

表 2-36 入声（浊入）的同组式文白分调

A 类字	直	薄	择~菜	白	狭窄	读
白读音	ti³¹²	pəu³¹²	tso³¹²	po³¹²	xa³¹²	tu³¹²
B 类字	值~班	泊	泽	帛	峡	牍
文读音	tʃi²¹³	po²¹³	tsʻe²¹³	po²¹³	ʃia²¹³	tu²¹³

四、同音字表

说明:

(1) 同音字表按照老派关峡平话音系排列,先以韵母为序,同韵的字以声母为序,同韵同声的字以声调为序。

(2) 字下加双线"="表示文读音,加单线"—"表示白读音。一个字有几个读音又不属于文白异读的,在字的右下脚加注又音,例如:爹 又tie⁴⁴。

(3) 方框"□"表示写不出字的音节。

(4) 注文中的"~"号代替所注的字,例如:眼~死:睡觉。

ๅ

ts [44]资姿咨自字[22]迟[53]纸指紫子籽稚志痔痣治[33]只~有翅至肆[312]十

ts' [22]慈瓷辞词祠持磁饲池弛[53]齿此赐次伺[33]□尖状突起物

s [44]撕斯私思豉~丝师狮尸事柿虱[22]时莳[53]屎驶市示视誓逝嗜[33]四始试世是势

i

p [44]鼻背~书[22]皮琵枇[53]表姑~臂蓖币毕弊必妣蔽[33]譬闭被~子[213]笔碧璧

p' [44]批披[22]皮调~脾疲[53]比□麻~:女阴[33]屁庇痹□用手~猫背[213]僻辟撇痞

m [22]眉迷谜[33]尾米[213]蜜密弥

t [44]低地爹满~:叔父,又tie⁴⁴[22]提堤题蹄[53]抵踮~脚[33]递第[213]笛敌[312]直值~钱

t' [33]替[213]□~:被

n [44]二初~[22]尼疑泥水~[53]腻匿艺~人[33]你[213]逆~境

l [44]利锋~[22]离梨璃厘[53]利历厉痢立[33]礼榴李里理鲤泪栗立[213]粒笠力

ts [44]椒辣~,又tsie⁴⁴花~姐阿~:母亲,又tsia⁵³,又tsio⁵³[22]齐脐糍[33]祭剂[213]绩耆积迹鲫辑集缉即

ts' [33]砌刺[213]七漆膝戚

s [44]西[33]细[213]熄息媳锡夕惜习袭

tʃ [44]鸡之芝知蜘饥肌基几机讥支枝[22]骑旗[53]□~哩:山羊纪计继技冀既[33]季寄记妓倚站激[213]仝~日值~班及植殖执汁急级极织职[312]侄

tʃ' [44]欺溪期[22]其奇[53]契器弃汽起~头[33]暌气[213]蛰

ʃ [44]稀希牺[53]饰死喜[33]去来~,又k'ei³³湿适释系[213]席主~

室息食猪~,又ʃie²¹³石土[312]识实

k [44]归口~~:竹编的篓子,可捕鱼[53]鬼
[213]骨~头

Ø [44]医衣依一后接数目或量词[22]移
姨[53]椅伊第三人称艺易亿忆抑益
译[33]以意[213]旦~本一

u

p [44]步不口~丝mo³³:蜘蛛[22]蒲菩
脯[53]补部~队怖[33]部~~车
妇新~布簿

p' [44]铺~路捕[53]谱[33]普
铺店~[213]扑

f [44]呼夫肤幅[22]糊胡湖狐扶
浮符芙[53]富户斧府俯甫苦药~
付互负妇~女[33]腐敷护傅虎 浒
忽[213]壶佛福服伏哭斛

t [22]徒屠[53]度妒朵肚猪~、人~
[33]赌堵肚~皮[213]犊椟独~身
[312]毒独~食读

t' [22]涂图途[53]土吐[33]兔突

n [22]奴[33]努

l [44]路露~水,又ləu⁴⁴[22]炉驴奴庐
[53]赂[33]虏卤鲁

ts [44]租树[22]锄[53]祖煮铸助
[33]组做作~孽[213]足卒

ts' [44]粗初[33]醋处~暑[312]族

s [44]梳苏输~水[53]素塑数[33]
素~菜嗽诉[213]缩[312]俗续赎

k [44]锅姑箍孤估观~音光月 宜
[53]牯股鼓古故固锢顾[33]
过~来[213]谷骨~牌

k' [44]枯[53]苦辛~库[33]裤

[213]跍蹲

Ø [44]乌巫诬污芋雾口后加成分,表示程
度高:热哩[22]和~尚糊米 黄~豆禾
胡~子皇蝗王阎 吴蜈[53]碗恶
口~子:结实[33]枉雨捂侮舞武午
五[213]屋物勿

y

l [22]驴[33]旅吕律[213]率

ts [53]嘴聚[33]醉

ts' [44]趋[53]取娶[33]脆趣
口冇~你:不理你

s [44]须需[22]徐[53]序绪[33]
岁絮[213]恤

tʃ [44]朱珠柜居拘[22]橱厨锤槌
[53]主举蛀据巨住注具剧拒距
剧[33]贵柱句矩[213]菊局
口~~:塞子

tʃ' [44]吹炊区[22]渠除储[53]处
[33]杵屈[213]出

ʃ [44]飞~虫书虚嘘输~赢吁舒
尿①~桶:尿桶,又nie⁴⁴[22]肥~肉[53]
水竖税术许暑[33]薯肺猪~痱许

Ø [44]味淤入~伏[22]围~端愉榆喻
于鱼~金[53]预誉遇裕御疫育玉
狱浴[33]喂雨~衣[213]域

a

p [44]芭琶巴稗败[22]排牌[53]
把~戏霸罢~工[33]爸拜[213]伯

———

① 尿:"尿"有两个反切,平话对应有两读。
一读为[ʃy⁴⁴],如"~桶",息遗切,《古今字音对照
手册》(丁声树·李荣)安排在"止合三平脂心";
一读为[nie⁴⁴],奴吊切,其音韵地位是"效开四去
啸泥",如"~床"。

八扒

m [44]妈[22]埋麻~将[53]□~fu²¹:脏瓣一~柑哩：一瓣柑子[33]买卖外大门~下:大门外。又me³³:~后年:大后年[213]□表否定的副词

f [44]坏花~生糖[22]华中华华华山法[53]发~财化[213]发头[312]罚

t [44]□~东西:拿东西代袋大[22]抬台[53]打[33]带戴待[213]答

t' [213]踏

n [53]奶~娘捺[33]奶乳耐[213]奈

l [44]癞[22]来[53]辣□表小，用于亲属称谓。又la²¹³[33]懒[213]喇□表小,用于事物或人

ts [44]灾栽扎~人[22]财裁材身~[33]再载在~实[213]铡杂扎~实

ts' [44]猜差~出[22]荼查调~[33]菜彩~礼铲~勺[213]察插

s [44]腮鳃

k [44]哥街阶~基[53]解改□~哈:为什么[33]戒锯名词[213]夹

k' [213]掐

ŋ [22]□~米:碾米崖[53]压[33]眼~死:睡觉

x [22]鞋[33]还~有蟹哈傻[213]瞎[312]狭

ø [44]阿~姐:母亲[53]矮□凹,水坑

ia

p [53]摆~桌哩

p' [213]啪

t [213]嗲

t' [213]脱

l [213]□累

ts [53]姐姑表~，又tsi⁴⁴，又tsio⁵³

tʃ [44]斋[22]柴□~~:铲子[33]假~期[213]夹

tʃ' [44]差当~[53]厦偏~□跨

ʃ [44]筛[22]霞瑕[53]夏[33]晒[213]峡杀

k [33]架~势:留神假放~，又ko⁵³

ø [44]鸦[22]爷祖父，又io²²[53]亚□迈步[33]砑[213]押压

ua

s [33]耍

k [33]怪[213]寡刮

k' [44]夸[53]跨[33]快块垮□树~~:树枝

ø [22]□~水:游水娃[53]蛙猾[213]袜挖[312]滑

ya

tʃ [44]抓[213]啄~雨:淋雨

ʃ [213]□骗

ø [44]□□:张嘴

o

p [44]玻波巴疤叭背~篓包又pəu⁴⁴[22]耙爬螃~蟹[53]把__[33]坝绊半又pəu³³[213]泼百柏拔薄~菏薄~情剥驳帛泊[312]白□曾祖父

p' [44]颇坡[33]怕破[213]拍

m [44]骂望中~:好看[22]麻魔模[33]马码蚂亩又məu³³母晚[213]

木枫~，又məu²¹³ 抹末又məu²¹³[312]麦

t [44]耽单端担动词当~家，又təu⁴⁴[22]
□~~: 篾制品[53]胆剁[33]躲淡
担名词朵[213]搭[312]
□~起：叠起放的意思

t' [44]瘫滩[22]坛[53]毯
□~里：中间低，两边高的地方[33]炭妥椭
托[213]塌獭

n [22]男难~关南[53]诺[33]
难遭~

l [44]啰~嗦烂拉~尿[22]骡圈兰蓝
拦[33]裸缆卵~石牯懒[213]
落~花生乐烙[312]腊辣蜡

ts [44]渣[22]茶搽蚕[53]爪
盏小酒杯[33]座□声音高炸□~水：
溅水[213]眨摘扎~耳朵[312]择~菜
杂

ts' [44]又掺差~钱[33]岔拃[213]
擦拆

s [44]唆莎沙纱三杉萨[53]伞
[33]散[213]刷

k [44]家枷痂郭[53]过假真~[33]
果裹驾嫁价架衣~~挂枷[213]各
鸽廓角又kəu²¹³

k' [44]科窠蜂~煤[53]课括[33]看
[213]扩

ŋ [44]鸦丫[22]牙芽鹅又ŋəu²²[53]
哑[312]额逆

x [44]虾花画方地~扯~发喘蒿蒿
[22]河和连词咸[53]祸喊或惑
[33]□敞下夏~至：节气放~流星，又xəu³³，~羊
[213]吓客鹤霍划活~生~

Ø [44]窝芛阿~公话安放坳厨[22]
俄[53]握卧[33]瓦轭牛~
沤~肥，又ao³³瓮水缸[213]鸭恶

io

p [44]坡~上□山~~：山坳坳[213]壁

p' [213]劈

t [33]□~死你：气死你，指生气

t' [33]□~颈：上吊[213]踢

n [44]娘~哩家：女人家拈黏捏
[22]娘亲~[53]□~出来：吐出来，撵出来
[33]惹[213]滤虐□~板鞋：拖鞋肏

l [44]亮又liəu⁴⁴溜~肩头[53]略[33]
舔~舌头：伸出舌头辆[213]绿黄皮~舌
栎~哩树□~哩：瘌子

ts [44]谢花~[22]斜邪~气[53]
姐~夫[33]借[213]脊屋~[312]
席~子

s [53]写想又siəu³³[33]泻

tʃ [44]遮□~个：哪个[22]茄又tʃiəu²²，洋
~哩：西红柿[213]只量词炙

tʃ' [44]车□~下：掉下去[53]扯[33]
□喷~[213]鹊赤尺撮吃~亏

ʃ [44]稀~泥巴赊射畲荒~[22]蛇
[53]舍[33]上又ʃiəu³³[213]腋
学~生[312]石

k' [44]□~下：动作，指用棍子或其他工具把覆
盖物左右或上下挪开以腾出空间来

Ø [44]夜□~水：洒水[22]爷亲~：干爹
[33]野也~是嗜阉[213]约

e

p [44]边病[22]便~宜平坪[53]扁
匾饼[33]变[213]北

p' [44]篇偏[33]片[213]迫

m [44]面命[22]棉明名[33]外_后年，又 ma^{33} [213]灭

f [44]县[33]□鞋_哩:鞋楦子

t [44]癫颠□咯~:这里 定_金 钉名词[22]甜田填[53]点顶□咯~:这些,这里[33]簟钉动词[213]得德叠碟蝶谍

t' [44]添天厅_屋[33]听

n [22]年阎[53]□~~:父之妹[33]碾念

l [44]楝苦_树[22]连~衣:缝衣 镰零_钱 莲怜[33]哩词缀

ts [44]尖煎晴精~肉[22]前晴情人_钱[53]剪井[33]箭[213]则责择

ts' [44]车签千青清侵_冷[53]浅请~客[213]测泽择策册

s [44]仙家_鲜籼先星~哩:星子 腥醒[53]癣[33]线姓[213]色

k [44]□细~哩:男孩[53]颈[33]嘅①语气助词[213]格革隔

k' [213]刻克客_气

x [213]核黑_板

ø [53]二[33]儿哎叹词 耳_银~

ie

p [44]飙鞭辫膘□蹦跳[53]□ 放在手里把玩

p' [213]避_祸

m [44]庙[22]苗描

t [44]爹父亲 雕[22]条调~勺 □抽屉 田[53]鸟[33]钓吊调~动

t' [44]挑[33]掉~头;转头 跳[213]特铁磁~

n [44]粘~米 尿又 $\int y^{44}$[22]燃[33]捏[213]业[312]孽热

l [22]撩[33]料里[213]列猎烈裂劣

ts [44]焦椒花~[213]哲

s [22]邪~教[53]谢[33]笑些

tʃ [44]朝今 轿_子正_月 金_定[22]荞桥缠[33]藠照叫剑见镜□~~:刚刚[53]颈捡拣[213]睫荚结洁折节~约

tʃ' [44]轻起直~:~床[33]欠哈~,又 $t\int'ie^{33}$

ʃ [44]烧声现_饭[53]小少社闪[33]鳝扇欠哈~,又 $t\int'ie^{33}$[213]设摄涉折食猪~盆,又 $\int i^{213}$[312]舌

ø [44]腰烟噎[22]窑赢盐檐研墨~盘[53]□~哩:穿肉绳 □火~了:熄了 影[33]也者 舀要燕蚓[213]乙日朝~花:朝~花[312]叶食~饭

ue

ts' [22]存

k [22]拳[53]赶[33]盖[213]国蕨

k' [44]圈开又 $k'ei^{44}$[33]劝

x [44]灰~色

ø [44]冤申~[22]园菜_沿铅完丸袁原缘圆源猿[33]爱远怨愿许~,又 $ɥei^{33}$[213]越粤

---

① 有人把"嘅"读作[kə³³]。

ye

ts [44]旋发~[22]全[33]转

s [53]选

tʃ [44]砖[33]赚[213]决绝~对

tʃ' [44]川穿牵[33]串券鹊[213]缺

ʃ [44]喧靴宣~判县[22]船[213]雪节气

ø [53]翼[213]月~饼岳

ai

p [44]□女阴[53]败[33]摆打~哩[[213]别区~憋鳖卜

p' [22]排~球[53]派□袋子□一~:两臂平伸两手伸直的长度

m [33]米[312]默墨脉篾□~人去:凹进去

f [44]兄[22]怀槐

t [44]呆[22]提[53]底怠殆贷带海~[33]弟[213]滴□~门关上:把门关上

t' [44]梯[22]苔台讲~[53]太泰态[33]剃涕[213]贴铁~钉

n [22]泥~巴

l [44]□次,差[22]犁来~由[33]赖癞[312]拉

ts [53]塞崽再[33]在宰[213]接节过~□~水:鸡发情

ts' [22]才材财[53]踩[33]砌睬彩[213]切[312]贼~拐哩:贼

s [44]□看腮~腺[53]赛洗[33]细~ke⁴⁴哩:男孩[213]虱狗

k [44]该皆[53]概届械界[33]改

疥

k' [33]楷凯慨

ŋ [44]哀[53]隘[33]蔼[213]□剁

x [44]□玩[22]孩[33]海害[213]黑~色

ø [33]爱

uai

ts [53]拽

s [44]衰[53]帅蟀率~领

k [44]乖[53]□男阴[33]怪[213]拐

k' [53]快块会~计

ø [44]歪[53]崴~脚[33]外~孙

ei

p [44]碑背~诵菢~小鸡[22]陪赔浮~伙哩[53]贝倍辈保~人宝[33]喷-tʃ'io³³:喷嚏背后~报告诉

p' [44]胚[53]沛[33]配

m [44]霉□~颠:那里□~腐烂[22]媒煤眉梅毛茅[33]每昧妹[213]□~个:那个

f [44]灰~尘韭恢妃辉飞~机[22]肥化~回~门[53]废肺~病费痱[33]会贿[213]血

t [44]刀堆碓[22]桃淘[53]倒打~[33]在~屋里倒~水盗队兑道~士

t' [44]推[33]退褪

n [33]脑恼

l [22]雷[53]类[33]老~大垒~起:把东西摞起□~哩:脱谷壳的工具

ts [44]糟酒~ [22]槽石~ [53]枣早
□牛骑~:牛发情 [33]灶皂 [213]吸
[312]绝~种

ts' [53]草

s [44]骚馊 [53]嫂 [33]扫碎
□东西脆 [213]雪

k [44]高膏篙糕 [33]丐告锯动词

k' [44]开 [33]去~年,又ʃi³³

ŋ [22]鱼~仔 [33]愿又ue³³ [312]
月~光

x [53]好 [33]很

uei

t [44]堆 [53]队 [33]对兑

t' [33]退

l [53]类

ts [44]椎 [22]垂 [53]最罪

ts' [22]锤槌 [53]翠 [33]催崔

s [22]随 [53]隧穗 [33]水~泥

k [44]闺规归 [53]桂贵剑

k' [44]盔亏窥揩 [22]逵 [53]愧

ø [44]威煨 [22]阳太~危桅围腰~
[53]味~精卫位胃 [33]为□量
尾~气

ao

p [44]褒苞包 [22]袍□肿大,突出的部
位 [53]报报告暴脾气~ [33]暴凸刨爆
堡保豹

p' [33]炮泡帕跑雹

m [44]帽猫 [22]毛~笔 [53]冒茂贸
貌 [213]冇否定词:没有

t [44]豆兜兜 [22]头投~水□小坑,
酒~:酒窝 [53]陡稻到报~道~路 [33]
岛斗~~米□件:一~衣

t' [44]偷涛韬 [22]陶 [53]讨敲休息
[33]透套

n [22]柔 [33]闹

l [44]漏捞~轻:表程度 [22]楼牢痨劳
[53]络 [33]老~师佬

ts [44]遭糟~糕 [22]愁 [53]走~跑
罩~衣 [33]找

ts' [44]操㧅~尿抄 [22]曹□~kuai³³:妻
弟 [53]燥造 [33]凑躁

s [44]搜 [53]臊 [33]嗽瘦

k [44]勾钩沟 [53]狗告广~ [33]搞
构~哩:冰

k' [44]敲 [53]考 [33]靠扣铐

ŋ [22]牛熬鳌抚量 [33]凹咬

x [22]喉毫豪 [53]口号 [33]厚后

ø [44]瓯茶杯 [53]呕奥 [33]
沤浸在水里,又o³³怄

iao

p [44]标 [53]婊 [33]表

p' [44]飘 [22]瓢 [53]漂 [33]票

m [22]瞄描 [53]谬 [33]牡秒
[213]□有~:我:带有挑逗性地在别人身上碰触

t [44]刁貂雕

t' [22]条油调~羹 [53]调~皮跳~舞

n [33]□皱纹

l [44]撂扔出去,~头:摇头 [22]燎疗
[53]料材~ [33]了

ts [44]蕉

s [44]萧宵

tʃ [44]交~通招翘~气昭沼娇骄浇缴
轿~车 [22]侨翘~代潮 [53]诏赵兆

召照执[33]狡绞饺□~用:开支 叫

tʃʻ [44]超[33]窍

ʃ [44]嚣萧消[22]韶~山[53]孝
校邵[33]少小~满:节气

k [44]交~钱教~书[53]教~室

kʻ [44]□表动作:指通过某种媒介把高处或远处的东西
移到身边或手上

ø [44]妖邀[22]摇饶[53]耀[33]绕

əu

p [44]包又po⁴⁴[22]婆[53]饱[33]
半~份,又po³³[312]薄衣~

pʻ [33]破剖

m [44]□~起头:抬起头蟆蛤~忘望看,
又mo⁴⁴[22]磨魔~芋茅蓼蒙开~[33]
满~月网亩又mo³³往~年磨名词[213]
末又mo²¹³木~耳,又mo²¹³

t [44]多都当~兵,又to⁴⁴[22]驮堂糖
塘砣团[53]剁短逗斗~争[33]抖
断昼~朝头:早晨荡~墨

tʻ [44]拖[22]头慢~投~篮

n [44]糯[33]暖

l [44]露又lu⁴⁴[22]锣箩胹[53]陋丑
[312]落~雨

ts [44]装状桩量词肠[22]床藏~人
[53]奏宙骤[33]走~之旁坐左座
肘壮罩[213]桌卓捉凿作~田
[312]浊

tsʻ [44]搓仓疮囟[22]绸稠筹
[53]吵[33]错

s [44]蓑桑双酸霜丧送~:送葬□~箕
[53]锁[33]算蒜[213]索

k [44]哥大~歌跤教~伊:教会他肝钢

干~湿江河,茶~:河名略~te⁴⁴这里[53]讲
购杆水烟~构够[33]架打~个~人醉
稿苟[213]角又ko²¹³割葛咯~个:这个
[312]□鸡蛋

kʻ [44]塞鸟~[53]叩□同意[33]
货~物[213]壳

ŋ [44]饿[22]蛾鹅又ŋo²²[53]咬
[33]我

x [44]欢~喜鼾巷荒糠汗哈~欠方~~
[22]和~面含房荷侯猴寒伤~[53]
火纺孔碓~,又kʻaŋ⁵³,鼻~[33]放~羊
孝~衣犯[213]合盒[312]学~堂
活~的

ø [44]欧[33]藕

iəu

t [44]猪车~马炮丢张量词[22]
场赶~:赶集[53]长生~涨[33]丈
□~气:生气[213]着~衣:穿衣竹~子

tʻ [22]长~短[213]着打:被打。又tʃʻiəu²¹³
□尝试□丢失

n [44]让[22]□口~:口笨[33]女
[312]肉虐

l [44]辆溜~滑亮又lio⁴⁴晾[22]留硫
凉流馏[53]六[33]两柳[213]
绿~豆六

ts [44]匠□橱柜就浆[22]墙[53]酒
桨[33]袖酱像[213]嚼

tsʻ [44]枪秋蛆[53]抢[33]雀

s [44]须胡~箱厢羞[53]想锈绣
[33]秀相像[213]削

tʃ [44]擎洲州纠姜生~旧粥[22]求
球茄又tʃio²²强~盗[53]掌九久韭

□~骨:颧骨 [33] 舅 救 仗 帐 叚扭
[213] 脚 角~钱 竹字头 烛

tʃʻ [44] 丘 鳅 抽~水 [22] 酬 仇姓 [53]
厂 [33] 唱 臭 畜 [213] 着被，又 tiəu²¹³

ʃ [44] 休 收 香 修 □簟:晒谷席 [22] 仇
尝 [53] 手 首 守 售 寿 [33] 上 又 ʃiɔ³³
受 尚和~ [213] 粟 [312] 熟 赎 勺

k [33] 绞~边 [213] □~头:炕头

kʻ [213] □:捉泥鳅的工具

Ø [44] 秧 优 样 右 又 [22] 揉 羊 油 游
杨 阳~卦 [53] 幼 养 痒 [33] 友 有
诱 [213] 药

an

p [44] 办 饭 班 斑 颁 般 [53] 板竹~ 蚌
坢 [33] 板老~

pʻ [44] 潘 攀 [53] 瓣

m [22] 蛮 [53] 馒 满~爹 [33] 慢
滿小~:节气

f [44] 帆 翻 欢喜~ [22] 环 凡 [53]
反 犯 饭~馆 [33] 贩

t [44] 丹 □~起:掀起 [53] 蛋~糕

tʻ [44] 贪 [22] 潭 谈 谭 弹~性 [53] 探
[33] 毯

n [22] 难困~

l [22] 栏 蓝姓 [33] 览

ts [44] 沾 □橱柜 [22] 蝉 禅 [53] 站 暂
盏 赞

tsʻ [44] 参 餐 [22] 残 惭 [53] 铲
[33] 产

s [44] 珊 山 三 [53] 善 [33] 疝 散~步

k [44] 干~净 杆栏 肩 间 艰 甘 泔 奸
[53] 竿 杆秤~ 敢 减 监 梗 干~部 [33]

干~ŋa⁵³xa³³:干什么

kʻ [44] 龛 □量词:一~米 [53] 肯 □量词：
一~砖

ŋ [44] 安~全 鞍 [53] □~脚:硌脚 按案
[33] 眼~睛 暗 晏 雁

x [44] 苋 [22] 函 闲 寒 韩 [53] 汉~族
限 [33] 汉懒~ 陷 旱 害

ian

p [53] 便随~ [33] 贬

pʻ [44] 编 [53] 骗 遍 片

m [53] 面~子 [33] 免

t [53] 店 电

n [22] 年同~ [33] 验

l [22] 连~襟 [53] 练 链 [33] 恋 脸

tʃ [44] 坚 [53] 建 荐 贱 践

tʃʻ [44] 谦 迁 [22] 钳 [53] 欠 [33] 歉

ʃ [44] 掀 仙~人掌 [22] 嫌 [53] 献 现

Ø [44] 燕姓 [22] 言炎 [53] 雁 [33]
掩

uan

p [44] 搬 伴 [22] 盘

m [22] 瞒

t [33] 锻 缎

l [44] 乱 [22] 圆 弯 [33] 卵

ts [44] 钻动词

s [44] 栓闩

k [44] 柑 关 棺 官 观~参 [53] 冠 [33]
惯 灌 罐 馆

kʻ [44] 宽 [53] 款

Ø [44] 弯 湾 万 豌 旺 [22] 还~钱 完~蛋
[33] 碗 腕 晚

yan

ʧ [44]专砖 [22]全泉

ʧʻ [22]权颧传

ʃ [44]宣[53]旋~风

Ø [44]冤~枉[22]袁员圆~规园幼儿~[53]愿~望怨[33]远院

in

p [44]冰宾彬兵槟奔[53]并笨[33]饼本

pʻ [44]喷拼[22]平贫瓶凭[33]品

m [22]民[33]闷

f [44]昏婚分荤芬纷[22]魂坟[53]喷奋粪混[33]粉藕~

t [44]丁登丁砧[22]虫亭停澄□~里:里面[53]定邓顶[33]重轻~

tʻ [44]伸~手[22]庭腾誊

n [22]宁银~哩:银子能

l [22]龙背~骨零~分轮伦林临铃灵龄陵翎菱[53]令[33]檩岭

ts [44]精晶津瞔筝遵争曾姓征[22]寻憎松~树[53]镇静靖赠憎[33]净浸

tsʻ [44]青年~亲~人侵[22]秦曾~经[53]亲~家衬[33]渍~贴趁~早

s [44]森参人~新心辛薪生学~僧[22]旬[53]醒省~哩:知道[33]信省~长雀~钱

ʧ [44]蒸令~年经京惊针真斤筋金珍侦终 [22]澄橙辰臣沉成情感~陈勤芹□~哩:柚子[53]襟枕境紧郑政证症镇静镜靖肿[33]正整阵劲近警敬

ʧʻ [44]称动词冲~头田[22]城诚程琴乘承丞[53]庆伸~展[33]称名词

ʃ [44]盛身升深星~期[22]塍田~形刑神型行[53]审胜幸肾查[33]圣兴剩性

k [44]耕更五~根扯~菜羹跟脚后~庚[53]滚更~加拱~桥

ŋ [44]恩

x [44]亨[22]痕恒

Ø [44]因婴阴刃认殷[22]仁人仙~掌银~杏[53]应~该任[33]任姓映印引忍影应答~蚁蚂~

un

t [44]敦[53]顿盾

tʻ [22]屯臀豚

l [22]仑轮伦[53]论

ts [44]尊遵

tsʻ [44]村[22]纯

s [33]损笋

k [53]棍[33]滚

kʻ [44]昆坤[53]困

Ø [44]瘟[22]文纹闻[33]问

yn

ʧ [44]军君均钧[53]准

ʧʻ [44]椿春[22]群[53]蠢

ʃ [22]绳[33]顺

Ø [44]晕润闰[53]运韵熨[33]永勇泳

aŋ

p [44]幫梆 [53]蚌绑□等到榜地名:苏家~棒谤磅[33]榜

pʻ [44]乓乒~球[22]旁庞

m [44]蚊[22]忙门氓[33]莽蟒

f [44]芳慌坊[22]凰黄~连[53]放~假[33]访仿晃谎□~落:小产

t [44]到灯当应~[22]藤誊唐[53]等戥[33]动凳

t' [53]桶[33]痛

l [44]聋[22]笼□~~人:小孩 狼廊[53]浪[33]朗冷

ts [44]甑增争睁桩[22]层常[53]藏~西

ts' [44]撑铛烧水的锅窗

s [44]生~熟甥僧[22]偿[53]□背~:后面[33]送嗓

k [44]根树~跟~我来钢冈[53]梗港

k' [44]□嗽:咳嗽康坑[53]孔鼻~,又xəu53[33]埂田间小路

ŋ [44]硬

x [22]行航

iaŋ

p' [44]□象声词

t [44]□动词:指短暂的提的动作。

n [44]弄□~~:祖母□做[22]娘奶~

l [22]良~心量~长短粮[53]谅[33]量数~

tʃ [44]江长~章樟将~军张姓姜姓[22]常□~日:昨天[53]降酱~油[33]进~台□抓

tʃ' [44]昌眶匡[22]强场[33]欠~点,又ʃie33

ʃ [44]商伤乡香~菇[22]嫌祥详[53]项象~棋[33]享

Ø [44]秧~歌[22]杨阳姓疡

uaŋ

ts [53]状形

ts' [53]撞~滴伊:碰见他。又tsoŋ44

k [44]光电~[33]广逛

k' [44]筐[22]狂[53]旷况[33]矿

Ø [44]汪[22]横王姓[53]望妄忘[33]枉旺网~吧往来~

oŋ

p [44]帮崩□~土:培土[22]棚盆篷獴蓬膨[53]本

p' [44]喷水~□灰[22]彭朋[53]捧

m [44]梦[22]盟蒙~古[53]孟[33]懵猛

t [44]墩冬东中当~[22]同~年铜筒桐蒿□~~:形容时间短暂[33]懂董[53]冻栋

t' [44]吞通[22]同~学

n [44]嫩[22]脓

l [44]聋[22]龙[33]拢

ts [44]宗棕撞~车,又ts'uaŋ53中~国忠[22]床量词[53]总中~望:好看□都[33]圳

ts' [44]聪囱葱[53]冲~喉头:酒烈[33]寸

s [44]孙[22]怂[53]笋[33]擤~鼻涕磢

k [44]公工功攻缸咯~滴:这么[22]裙[53]滚~黄:形容程度高[33]菌棍汞供

k' [44]空[53]控空~缺[33]孔姓

x [44]分轰封风枫疯丰蜂[22]弘红洪鸿虹缝~衣机[53]恨粉米~

[33]缝—条~ □鸡~鸡冠　　　　　∫　[44]胸凶□~哩:鸡冠[22]熊雄

Ø　[44]温[22]云匀[53]稳[33]颈淹　　　　　[33]嗅
io ŋ

　　　　　　　　　　　　　　　　Ø　[44]用[22]荣融

ʧ　[44]钟终中~风[22]穷[53]　　　　　ŋ

种~类[33]众　　　　　　　　　　Ø　[22]人[33]耳~朵五伍午~时

ʧ'　[44]冲充[33]铳　　　　　　　　日今~月一个~[312]入~去:进去日~头

五、关峡平话音系与北京音比较

（一）声母的比较

绥宁关峡平话有 19 个声母，北京话有 22 个声母。其中 15 个声母的音值大体相同，它们是 [p、p'、m、f、t、t'、n、l、ts、ts'、s、k、k'、x、Ø]。

另外，关峡平话有 4 个声母是北京话没有的，即 [ʧ、ʧ'、∫] 和 [ŋ]。反过来，北京话的 [tʂ、tʂ'、ʂ、ʐ] 是关峡平话没有的。

下面再从每个声母所辖字的情况进行比较，可以进一步看出两种话的差异。

比较时，先列平话音，再列北京音，最后举例。

p　p　鼻步拜疤壁病宝表板帮

　　p'　皮菩牌爬坡平盘棚

　　f　妇浮饭獭

p'　p　比痹雹避

　　p'　疲批谱偏派配票潘庞喷

m　m　眉面命妈麦抹煤帽慢瞒梦

　　Ø　尾网望忘蚊

f　f　夫斧福发罚飞肺贩芳晃

　　ç　县血

　　x　呼湖虎华坏怀会环

　　k'　哭

t　t　第赌读得钉吊叠打答单刀盗豆头断丹定动冬

　　t'　提徒屠田抬桃糖藤同

　　n　鸟

　　tʂ　直值猪竹丈张长生~重轻~中当~

t'	t	掉
	t'	图土踢特天跳踏炭梯剃推偷透拖谈庭痛通
	tʂ'	长~短
	ʂ	伸
n	n	你努奶男南虐年泥脑糯嫩脓
	ʐ	柔肉热燃
	ø	银业
l	t'	舔
	l	梨泪力路卤率来兰腊略肋莲拉老劳栏乱林聋粮
ts	ts	资租足嘴载杂择则糟早走宗
	ts'	财蚕槽层
	tʂ	纸助渣转寨状争撞
	tʂ'	翅锄茶愁程
	ʂ	十树
	tɕ	姐祭聚借脊焦尖井绝接酒嚼精
	tɕ'	齐前晴钱全
	ɕ	斜邪旋吸像
ts'	ts	族贼燥造
	ts'	慈刺粗差策草凑参村聪寸
	tʂ'	齿叉岔窗吵产
	tɕ'	砌戚趋取千请切秋雀亲
s	s	撕思苏鳃伞散赛骚蓑酸送孙
	ʂ	师是事屎驶始梳沙虱瘦霜山栓
	ɕ	西熄续须岁先星笑雪洗宵箱新心
tʃ	tʂ	植珠柱斋抓遮砖招娇洲竹章钟
	tʂ'	橱锤尺常
	tɕ	鸡见镜叫结决就经近
	tɕ'	骑桥全求穷
	k	柜
tʃ'	tʂ'	吹除车超厂诚称春昌
	tɕ'	期其起区轻枪欠强
	ɕ	溪

ʃ	f	飞肥肺
	s	死
	ʂ	饰湿石书水筛杀射蛇烧扇邵手熟身顺商
	ç	稀夏霞现小休掀旋兴乡胸嗅
k	k	归锅谷哥寡鸽革赶国改高勾肝竿关广公
	tç	街解夹家假颈皆交讲角肩
	tç'	拳裙菌
k'	k'	枯夸看刻亏扣窠宽康筐空
	tç'	掐圈劝敲
ŋ	n	逆牛
	Ø	压眼额牙愿月哀鱼饿我安恩
x	f	放方房分风缝
	x	花河喊核灰孩黑好后汗害航很红
	ç	鞋瞎巷孝学闲苋
	k'	客糠
Ø	f	放
	tç'	铅
	x	禾黄皇话
	Ø	衣乌屋味矮爷袜鸭夜烟要叶远越歪瓯羊万晕用

（二）韵母的比较

关峡平话与北京话韵母的不同主要表现在以下几个方面：

1. 关峡平话韵母 36 个，北京话韵母 39 个，从韵母总数来看，两者差异似乎不大，并且还有一大批韵元音值也大体一致。这些韵母是：

开尾韵：ʅ、i、u、y、a、ia、ua、o、ie、ye

元音尾韵：ai、uai、ei、uei、ao、iao、əu、iəu

鼻音尾韵：an、ian、uan、yan、in、uən、yn、aŋ、iaŋ、uaŋ、oŋ、ioŋ

上述韵母中少数韵母的音值有差异，例如 ao、iao 韵尾比北京话的 au、iau 的韵尾的开口度略大，发音较松弛。

2. 关峡平话的 ya、io、e、ue 这 4 个韵母北京话没有。而北京话中的 ʅ、ɤ、ər、uo、əŋ、iŋ、uəŋ 这 7 个韵母，关峡平话没有。

3. 北京话 ŋ 只做韵尾，关峡平话的 ŋ 既可做韵尾，也可做声母，还可自成音节。

4. 关峡平话与北京话每个韵母所辖的字更是不同。

下面再从每个韵母所辖字的情况进行比较，可以进一步看出两种话的差异。

比较时，先列平话音，再列北京音，最后举例。

ɿ	ɿ	资自字慈刺撕四思
	ʅ	纸指<u>迟</u>齿师事柿是试时
i	i	鼻皮笔脾迷低离齐七鸡溪起稀衣
	ei	<u>背</u>被眉泪
	uei	尾鬼
	u	<u>骨</u>
	ɿ	刺<u>食</u>
	ʅ	直植织<u>石</u>
	ie	姐<u>起</u>
	iao	椒
u	u	步补谱斧徒土路粗苏谷枯乌胡物
	uo	锅过
	uaŋ	<u>黄皇王</u>柱
	y	雨
y	y	率徐趋区预
	uei	嘴醉脆锤吹水<u>味围</u>柜贵
	u	书朱橱主柱
	ei	<u>飞肥肺</u>痱
a	a	芭八妈插踏
	ai	<u>牌排埋</u>改癞腮菜灾矮
	uai	坏
	ɤ	哥
	ia	压掐瞎狭
	ian	眼
	ie	街鞋解戒
ia	ie	姐爷
	ia	假霞峡押夏亚
	a	杀

	ai	筛晒
ua	uai	怪快袜
	ua	寡刮跨垮夸
ya	ua	抓
	uo	啄
o	a	巴<u>爬</u>骂坝抹搭渣<u>茶</u>杂沙
	ai	百白麦摘
	o	破<u>坡</u>颇朵
	an	单胆坛炭男<u>蓝</u>伞喊<u>安</u>
	ia	家痂嫁牙丫
	aŋ	方<u>放</u>
	ɤ	各课客额河俄恶
	ua	刷挂话爪花画
	uo	罗落裹祸
io	o	<u>坡</u>
	i	壁劈踢
	y	滤
	ye	虐略学约
	ian	舔
	ie	斜借泻写茄夜野
	ɤ	遮车扯射舍
	ɿ	炙尺石
e	ian	边变面天尖千鲜线年
	iŋ	病平饼明命钉听星姓颈
	ɤ	色得德则责核格
	o	迫
	ie	碟叠蝶
	ei	<u>黑</u>
	ər	<u>耳</u>
ie	ian	鞭辫见
	iŋ	镜轻赢
	i	避<u>起</u>

	iao	庙苗调鸟钓吊挑掉桥轿叫悄腰要
	ie	爹孽结叶
	ɤ	热社舌
	ao	朝照烧少
	an	缠扇闪燕
	ɿ	食
ue	uən	存
	yan	拳劝园冤远圆怨愿
	an	敢完
	ai	盖爱
	o	国
	uei	灰
	ian	铅沿
	ye	越粤
ye	yan	旋全喧
	uan	转砖赚串穿川
	ye	决绝月
	ian	牵
ai	i	米泥犁洗提弟
	ie	憋鳖篾接皆界械
	ai	派呆彩宰赛该改孩哀贼
	uai	怀
	o	默墨
	ɿ	虱
	ei	黑
uai	uai	拽乖拐快歪
ei	ai	在
	ei	陪配霉妹非飞类
	u	浮
	au	保宝毛刀桃脑老糟早草高好
	uei	灰辉堆队推
	i	吸

	y	鱼
	ye	雪
uei	uei	最翠随桂亏威卫
ao	au	褒炮帽稻遭操潮超毫奥
	a	帕
	əu	豆头偷柔搜勾扣瓯
	iəu	牛
	iau	敲
iao	iau	标表票蕉宵嚣妖
	au	赵照
	u	牡
əu	au	包饱薄吵罩
	o	磨破
	uo	多拖锣桌糯坐锁索果火
	uan	断酸算
	əu	都投叩侯猴
	u	木
	uaŋ	网装床疮霜双荒望
	ɤ	歌饿个窠壳合
	an	半肝鼾
	aŋ	堂纲房
	iaŋ	讲江巷
	iau	角
	ye	学
iəu	u	猪竹熟
	aŋ	张场唱厂掌
	əu	臭肉洲仇手受
	ye	虐
	iaŋ	两墙箱姜抢枪样羊
	iəu	六就酒秋羞舅救休右
	iau	削脚药
an	an	饭板潘贩丹贪栏沾山龛寒安

	aŋ	蚌
	uan	环
	ai	害
	əŋ	生铛梗
	ian	减肩闲眼晏
	iŋ	硬
ian	ian	骗电坚谦掀言
uan	an	般搬盘瞒柑
	uan	锻乱栓关宽弯
yan	uan	专砖
	yan	旋袁园愿
in	in	宾民品银林亲心劲进勤
	iŋ	平定宁令精净庆醒婴映
	nɛ	伸镇认笨恩衾坟
	uən	轮滚昏魂
	uŋ	重轻~松冲
	əŋ	郑整称剩羹耕
un	uən	论尊村损棍困问
yn	yn	军君
	uɛn	春椿准顺
	yŋ	永勇泳
aŋ	aŋ	帮忙芳嗓行银~康
	nɛ	门
	uən	蚊
	uŋ	桶痛聋送
	əŋ	灯冷层甥
iaŋ	uŋ	弄
	iaŋ	良姜姓乡阳
	aŋ	章常昌商
	uaŋ	框匡
	ian	嫌
uaŋ	uaŋ	广狂矿汪

	əŋ	横
oŋ	ən	盆本嫩恨粉
	əŋ	篷梦风
	uŋ	冬懂通脓宗聪钟众空
	uən	笋孙稳温
	yn	裙菌云
ioŋ	yŋ	穷胸凶用
	uŋ	荣
	iəu	嗅
	uŋ	冲
ŋ̍	ən	人
	ər	耳
	u	五伍午入
	ɻ̍	日

（三）声调的比较

从调类来看，关峡平话有 6 个调类，而北京话只有 4 个。关峡平话入声调类分阴阳；北京话入声消失，今读阴平、阳平、上声、去声。

从调值看，关峡平话与北京话调类相同的，调值都不一样。关峡平话阴平的调值为 44，北京话为 55；关峡平话阳平的调值为 22，北京话为 35；关峡平话的上声为 53，北京话为 214；关峡平话去声的调值为 33，北京话为 51。二者在调型、调值上的差异很大。

关峡平话与北京话的对应关系如表 2-37 所示，表中有两种字体，大的表示基本情况，小的表示少数读法。

表 2-37 关峡平话和北京话声调比较表

关峡＼北京	阴平 55	阳平 35	上声 214	去声 51
阴平 44	资猪砖千 芭夫圈冬	蚊鼻	姐阿~	事树骂病 地话轿嫩

续表

关峡 ＼ 北京	阴平 55	阳平 35	上声 214	去声 51
阳平 22		皮菩埋来 斜平拳羊		
上声 53			纸补主打 走宝写鸟	<u>被妇道巨</u> <u>亿助卫赵</u>
去声 33			尾雨马老 <u>走矩产馆</u>	被妇菌动 醉变菜怕
阴入 213	哭屋拍抹 搭刷削黑	集急答霞 叠<u>学薄</u>格	笔百雪脚 血谷尺	吓客壁迫 六药越<u>且</u>
阳入 312		十直独白 石<u>学薄</u>熟		麦肉<u>且</u>热 逆腊篾<u>月</u>

从表中可以看到关峡平话与北京话的声调对应关系。

关峡平话阴平的来源主要有二：来自古平声清声母字的在北京话中也是阴平，来自古去声浊声母字的在北京话中为去声。

关峡平话阳平中来源于古平声全浊声母和次浊声母字的在北京话中也是阳平。

关峡平话上声中来自古上声清声母的字在北京话中也是上声。来源于上声古全浊声母的字在北京话中为去声，平话则文读为上声，白读为去声。来源于古去声的字在北京话中为去声，平话则文读为上声，白读为去声或阴平。

关峡平话去声中来源于古上声次浊声母的字在北京话中为上声；来源于古上声全浊声母的字和古去声清声母的字在北京话中也是去声；来源于古上声清声母的字在北京话中为上声，在关峡平话中则白读为上声，文读为去声。

　　关峡平话阴入中来源于古入声清声母的字在北京话中分别读阴平、阳平、上声、去声。来源于古入声浊声母的字在北京话中读阳平和去声，在平话中则文读为阴入，白读为阳入。

　　关峡平话阳入中来源于古入声全浊声母的字在北京话中读阳平，来源于古入声次浊声母的字在北京话中读去声。

六、关峡平话音系与中古音比较

（一）声母的古今比较

　　所谓中古音或古音是指《切韵》《广韵》所代表的中古音系，也就是《方言调查字表》的语音系统。今音，在这里就是指关峡平话音系。比较是从中古音系出发，看从古到今关峡平话语音的演变。

　　关峡平话与古音声母的比较请看表2-38。现逐一说明如下：

　　帮母字今读［p］。读［pʻ］的有"谱、痹、庇、迫"。

　　滂母字今读［pʻ］。读［p］的有"玻、坡、怖、譬、泼"。

　　並母字今读［p］。读［pʻ］的有"捕、脾、避、疲、贫、瓶、旁、庞、跑、瓢"。读［m］的有"瓣"。

　　明母字今读［m］。

　　非母字今读［f］。读［ʃ］的有"飞、痱"，读［x］的有"分、粉、方、放、风、枫"。

　　敷母字今读［f］。读［ʃ］的有"肺"，读［x］的有"纺、丰"。

　　奉母字今读［f］、［p］。读［ʃ］的有"肥"，读［x］的有"房"。

　　微母字今读［Ø］。读［m］的有"尾、蚊、网、望"。

　　端母字今读［t］。

　　透母字今读［tʻ］。读［t］的有"贷"。

　　定母字今读［t］。读［tʻ］的有"图、途、涂、投、谈、潭、弹、庭、掉"。

　　泥母字今读［n］。

　　来母字今读［l］。

　　精母字今读［ts］。读［tsʻ］的有"躁、雀"。

表2-38　声母的古今比较表①

	清	全浊 平	全浊 仄	次浊	清	全浊 平	全浊 仄
帮组	**帮**包 pou^{44} **滂**铺 p'u^{44}	**並**排 pa^{22}	稗 pa^{44}	**明**骂 ma^{44}			
非组	**非**福 fu^{213} **敷**费 fei^{53}	**奉**符 fu^{22} 浮 pei^{22}	妇 pu^{33} 妇 fu^{53}	**微**网 mou^{33} 网 uaŋ^{33}			
端泥组	**端**刀 tei^{44} **透**挑 t'ie^{44}	**定**头 tao^{22}	豆 tao^{44}	**泥**南 no^{22} 尼 ni^{33} **来**蓝 lo^{22} 梨 li^{22}			
精组	**精**栽 tsa^{44} 嘴 tsy^{53} **清**精 ts'a^{44} 取 ts'y^{53}	**从**财 tsa^{22} 钱 tse^{22}	自 tsʅ^{44} 就 tsiou^{44}		**心**腮 sa^{44} 心 sin^{44}	**邪**斜 tsio^{22} 徐 sy^{22}	
知组 今洪	**知**罩 tseu^{33}	**澄**茶 tso^{22}	浊 tseu^{312}				
知组 今细	**知**株 tʃy^{44} 猪 tiou^{44}	**澄**除 tʃy^{22} 虫 tin^{22}	柱 tʃy^{33} 丈 tiou^{33}				旋 tsye^{44}

① 表中黑体字表示中古声纽。

续表

声母组	清	全浊·平	全浊·仄	次浊	清	全浊·平	全浊·仄
庄组	庄斋 tsa^{44} 初初 tsʰu^{44}	崇锄 tsu^{22}	状 tsəu^{44}		生梳 su^{44}		
章日组 今洪	章纸 tsʐ^{53} 昌齿 tsʰʐ^{44}		示 sʐ^{53}		书世 sʐ^{33}	禅常 tsaŋ^{22} 时 sʐ^{22}	树 tsu^{44} 是 sʐ^{33}
章日组 今细	章朱 tʃy^{44} 昌吹 tʃʰy^{44}	船臣 tʃin^{22} 神 ʃin^{22}	舌 ʃie^{312}	日惹 nio^{33} 如 y^{22}	书烧 ʃie^{44}	禅成 tʃin^{22} 尝 ʃiɐu^{22}	植 tʃi^{213} 受 ʃiɐu^{33}
见晓组 今洪	见姑 ku^{44} 溪苦 kʰu^{53} 苦 fu^{53} 口 xao^{53}	群裙 koŋ^{22}	菌 koŋ^{33}	疑牛 ŋɐu^{22}	晓呼 fu^{44} 火 xəu^{53}	匣湖 fu^{22} 红 xoŋ^{22} 黄 u^{22}	画 xo^{44} 县 fe^{44} 滑 ua^{312}
见晓组 今细	见鸡 tʃi^{44} 溪欺 tʃʰi^{44}	群奇 tʃi^{22}	柜 tʃy^{44}	疑摩 nie^{312} 兀 ye^{22}	晓稀 ʃi^{44}	匣形 ʃin^{22}	县 ʃye^{44}
影组	影矮 ŋa^{53} 衣 i^{44} 碗 u^{53}			云雨 u^{33} 有 iɐu^{33} 围 ʐ^{22}/uei^{22} 以移 i^{22} 阳 iɐu^{22}/uei^{22}			

清母字今读 [ts‘]。读 [ʧ‘] 的有"鹊"。

从母字今读 [ts]。读 [ts‘] 的有"瓷、慈、磁、造、惭、残、螓、贼"。读 [t] 的有"在~屋里"。

心母字今读 [s]。读 [ts‘] 的有"赐、伺、膝"。

邪母字今读 [ts]。读 [ts‘] 的有"辞、词、祠、饲",读 [s] 的有"谢、徐、随、隧、像"。

知母字今洪音读 [ts],读 [t] 的有"昼、中当~",细音读 [ʧ] 和 [t]。

彻母字今洪音读 [ts‘],细音读 [ʧ‘]。读 [ʧ] 的有"侦"。

澄母字今读 [ts] 和 [ʧ]。读 [ts‘] 的有"池、弛、持、锤、稠、绸、篅",读 [t‘] 的有"长~铺子①",读 [t] 的有"直、值、虫、重轻~"。

庄母字今读 [ts]。读 [ʧ] 的有"抓"。

初母字今读 [ts‘]。读 [s] 的有"厕"。

崇母字今读 [ts]。读 [ts‘] 的有"查调~、崇",读 [ʧ] 的有"柴",读 [s] 的有"士、仕、柿、事"。

生母字今读 [s]。读 [ʃ] 的有"筛、晒"。

章母字今洪音读 [ts],细音读 [ʧ]。

昌母字今洪音读 [ts‘],细音读 [ʧ‘]。

船母字今洪音读 [s],细音读 [ʧ] 和 [ʃ]。读 [t] 的有"盾",读 [Ø] 的有"食"。

书母字今洪音读 [s],细音读 [ʃ]。读 [ts] 的有"翅",读 [t‘] 的有"伸"。

禅母字今洪音读 [ts] 和 [s],细音读 [ʧ] 和 [ʃ]。读 [ts‘] 的有"纯",读 [ʧ‘] 的有"承、丞"。

日母字今读 [n] 和 [Ø]。

见母字今洪音读 [k],细音读 [ʧ]。读 [k‘] 的有"会~计、愧、括",读 [t] 的有"车~马炮"。

溪母字今洪音读 [k‘],细音读 [ʧ‘]。读 [f] 的有"苦、哭、恢",读 [x] 的有"口、糠、客",读 [ʃ] 的有"去来~"。

群母字今洪音读 [k],细音读 [ʧ]。读 [ʧ‘] 的有"渠、仇姓、钳、权、颧、强",读 [k‘] 的有"逵、狂"。

---

① 长铺子,地名,绥宁县今县治所在地。关峡平话今"长~铺子"读送气音应该是受周边方言的影响。

疑母字今洪音读 [ŋ]，细音读 [n] 和 [Ø]。自成音节的有"入
ŋ̍³¹²、人ŋ̍²²、日ŋ̍³¹²"。

晓母字今洪音读 [f] 和 [x]，细音读 [ʃ]。读 [kʻ] 的有"货、
况"，读 [ts] 的有"吸"。

匣母字今洪音读 [x] 和 [f]，部分匣母合口字读 [Ø]，细音读
[ʃ]。读 [k] 的有"械、汞"。

影母字今读 [ŋ] 和 [Ø]。

云母字今读 [Ø]。读 [m] 的有"往～年"。读 [ʃ] 的有"雄、熊"。

以母字今读 [Ø]。读 [n] 的有"阎"。

（二）韵母的古今比较

关峡平话与古音韵母的比较见表 2–39。表左和表右是古音十六摄。有
开、合口之分的摄，先开口后合口；有舒入相对的摄，所有的舒声在前，入
声在后。表头是一、二、三四等和古声母的系组。表中是例子和关峡平话的
读音。

1. 与古音比较，今关峡平话韵母的变化主要有两种情况：

（1）一个古韵今读作多个韵母。这种情况非常普遍，原因主要有三：

其一，与文白异读有关系。例如关峡平话今咸、山、宕、江、梗等阳
声韵白读的鼻音韵尾失落，读开尾韵或元音尾韵，凡今读鼻音韵尾的为文
读层次。

其二，与关峡平话韵母的离散式音变有关。所谓离散式音变，其概念
源于词汇扩散理论。该理论认为：语音的变化是突然的、离散的，但这种
突然的变化在词汇中是逐渐的、连续的。徐通锵先生则进一步指出"音变
在词汇中扩散的单位不是词，而是词中的一个音类"①。语言学家把这种以
音类为单位在词汇中的扩散称为离散式音变。

离散式音变由于采取逐个推移的方式实现音变的过程，需要经过一
定长度的时间，并且每个成员到达目的地的时间都不一样，有快有慢，
有先有后。例如以关峡平话的果摄字为例，其大部分果摄字今已读
[əu] 韵，但有几个例外字：哥 [ka⁴⁴]、锅 [ku⁴⁴]、禾 [u²²]，这几个
字在关峡平话中使用频率很高，因此也最"顽固"，它们至今还保留着
早期的语音形式。又如，关峡平话中有些日常用字在不同的词汇中有不

---

① 徐通锵. 历史语言学 [M]. 北京：商务印书馆，1991：283.

表2-39　韵母的古今比较表

	一等			二等				三、四等							
	帮系	端系	见系	帮系	泥组	知庄组	见系	帮系	端组	泥组	精组	庄组	知章组	日母	见系
果开		多 tou^{44} 大 ta^{44}	歌 kou^{44} 哥 ka^{44} 俄 o^{22}												茄 tʃio^{22}
果合	破 p'o^{33} 婆 pou^{22}	骡 lo^{22} 蓑 sou^{44}	锅 kue^{44} 火 xou^{53}												靴 ʃye^{44}
假开				巴 po^{44} 芭 pa^{44}		茶 tso^{22}	家 ko^{44} 嘉 tʃia^{44}	爹 tie^{44}	斜 tsio^{22} 邪 sie^{22}				扯 tʃ'io^{53}	惹 nio^{33}	夜 io^{44}
假合							瓜 ko^{44} 夸 k'ua^{44}								
遇合	菩 pu^{22}	赌 tu^{53} 都 tou^{44}	古 ku^{53}					斧 fu^{53}		庐 lu^{22} 旅 ly^{33}	姐 ts'iou^{44} 徐 sy^{22}	初 ts'u^{44}	猪 tiou^{44} 煮 tsu^{44} 书 ʃy^{44}	如 y^{22}	车 tiou^{44} 举 tʃy^{53} 鱼 ŋei^{22} 雨 u^{33}
蟹开	贝 pei^{53}	抬 ta^{22} 赛 sai^{33}	盖 kue^{33} 改 kai^{53}	拜 pa^{33} 派 p'ai^{53}	奶 na^{33}	斋 tsa^{44} 寨 tsai^{53}	街 ka^{44} 械 kai^{53}	米 mai^{33} 闭 pi^{33}	梯 t'ai^{44} 题 ti^{22}	泥 nai^{22} 礼 li^{33}	洗 sai^{53} 西 si^{44}		世 sʅ^{33}		鸡 tʃi^{44}
蟹合	陪 pei^{22}	推 t'ei^{44} 对 tui^{33}	会 fei^{33} 盔 k'uei^{53}				怪 kua^{33} 话 o^{44} 乖 kuai^{44}	肺 fʃy^{33}／fei^{53}			岁 sy^{33}		税 ʃy^{33}		桂 kuei^{53}

续表1

摄	一等 帮系	一等 端系	一等 见系	二等 帮系	二等 泥组	二等 知庄组	二等 见系	三、四等 帮系	三、四等 端组	三、四等 泥组	三、四等 精组	三、四等 庄组	三、四等 知章组	三、四等 日母	三、四等 见系
止开								皮 pʻi^{22} / 碑 pei^{44}	地 ti^{44}	尼 ni^{22}	资 tsʅ^{44} / 刺 tsʻɿ^{33}	师 sʅ^{44}	诗 sʅ^{44}	二 ni^{33} / 耳 e^{33}	饥 tʃiʔ^{44}
止合								飞 fei^{44}/fy^{44} / 尾 mi^{33}		类 luei^{53} / 泪 li^{33}	嘴 tsy^{53} / 随 suei^{22}	帅 suai^{53}	水 ʃy^{53} / 锤 tsʻuei^{22}		柜 tʃy^{44} / 归 ki^{44} / 葵 kuei^{22}
效开	保 pei^{53} / 袍 pao^{53}	刀 tei^{44} / 陶 tao^{22}	高 kei^{44} / 蒙 xao^{22}	饱 pəu^{53}	闹 nao^{33}	罩 tsəu^{33} / 抄 tsʻao^{44}	敲 kʻao	庙 mie^{44} / 表 piao^{33}	条 tie^{22}	尿 nie^{22} / 燎 liao^{22}	焦 tsie^{44} / 蕉 tsiao^{44}		朝 tʃie^{44} / 招 tʃiao^{44}	饶 iao^{22}	轿 tʃie^{22} / 浇 tʃiao^{44}
流开	剖 pʻəu^{33} / 贸 mao^{53}	头 tau^{22} / 奏 tsəu^{53}	狗 kao^{53} / 侯 xəu^{22}					富 fu^{53} / 谬 miao^{53}	丢 tiəu^{44}	流 liəu^{22}	酒 tsiəu^{53}	愁 tsəu^{22} / 傻 səu^{44}	抽 tʃʻəu^{44} / 搊 tsʻao^{53}	柔 ləu^{22}	牛 ŋao^{22} / 九 tʃiəu^{53}
咸舒开		胆 to^{53} / 贪 tan^{44}	含 xəu^{22} / 喊 xo^{53} / 龛 kʻan^{44}			杉 so^{44} / 站 tsan^{53}	咸 xo^{22} / 减 kan^{33}	貶 pian^{33}	甜 te^{22} / 店 tian^{53}	念 ne^{22} / 镰 li^{22}	尖 tse^{44}		沾 tsan^{44}		剑 tʃie^{22} / 嫌 ʃian^{22}
深舒开								品 pʻin^{33}		林 lin^{22}	浸 tsin^{33}	森 sin^{44}	深 ʃin^{44}	任 in^{33}	琴 tʃin^{22}
山舒开	办 pan^{44}	单 to^{44} / 餐 tsʻan^{44}	鼾 xəu^{44} / 看 kʻo^{33} / 寒 xan^{22}			山 san^{44}	眼 ŋa^{33}/ŋan^{33}	编 pe^{44}	田 te^{22} / 电 tian^{53}	年 ne^{22} / 练 lian^{33}	剪 tse^{44} / 荐 tʃian^{53}		缠 tʃie^{22} / 蝉 tsan^{22}	燃 nie^{22}	献 ʃie^{33} / 建 tʃian^{53}

续表2

韵摄	一等 帮系	一等 端系	一等 见系	二等 帮系	二等 泥组	二等 知庄组	二等 见系	三、四等 帮系	三、四等 端组	三、四等 泥组	三、四等 精组	三、四等 庄组	三、四等 知章组	三、四等 日母	三、四等 见系
山舒合	半 po^{33} 搬 puan^{44}	端 tʻoŋ^{44} 短 tau^{53} 乱 luan^{44}	官 ku^{44} 宽 kʻuan^{44}			栓 suan^{44}	关 kuan^{44}	饭 pan^{44}		恋 lian^{33}	旋 tsye^{44} 宣 ɕyan^{44}		穿 tɕʻye^{44}		县 ɕye^{44} /fe^{44} 远 ue^{33}
臻舒开		吞 tʻoŋ^{44}	眼 kaŋ^{44} /kin^{44} 根 xoŋ^{53}					宾 pin^{44}		邻 lin^{22}	新 sin^{44}		珍 tɕin^{44}	仁 in^{22}	巾 tɕin^{44}
臻舒合	本 poŋ^{53} 闷 min^{33}	嫩 noŋ^{44} 尊 tsun^{44}	稳 oŋ^{53} 困 kʻun^{53}					粉 xoŋ^{53} /fin^{33} 问 un^{33}		轮 lun^{22}	笋 soŋ^{53} 遵 tsun^{44}		春 tɕʻyn^{44}	润 yn^{44}	菌 koŋ^{33} 匀 yn^{22}
宕舒开	帮 paŋ^{44}	糖 təu^{22} 朗 laŋ^{33}	钢 kəu^{44} 康 kʻaŋ^{44}							凉 liaŋ^{22}	墙 tsiaŋ^{22}	装 tsaŋ^{44}	胀 tiaŋ^{33} 章 tɕiaŋ^{44}	让 niaŋ^{44}	姜 tɕiaŋ^{44}
宕舒合			光 ku^{44} 荒 xəu^{44} 广 kuaŋ^{33}					放 xo^{33} 网 məu^{44} 芳 faŋ^{44}							杨 iaŋ^{22}
江舒开	绑 paŋ^{44}					双 səu^{44} 窗 tsʻaŋ^{44}	江 kəu^{44} /tɕiaŋ^{44}								住 məu^{33} 筐 kʻuaŋ^{44}

续表3

韵摄	一等			二等				三、四等							
	帮系	端系	见系	帮系	泥组	知庄组	见系	帮系	端组	泥组	精组	庄组	知章组	日母	见系
曾舒开	朋 $poŋ^{22}$	灯 $taŋ^{44}$ 能 nin^{22}	肯 $k'aŋ^{53}$					冰 pin^{44}					澄 $tʃin^{22}$ 剩 $ʃin^{33}$		兴 $ʃin^{33}$
曾舒合			弘 $xoŋ^{22}$												
梗舒开				蚌 $paŋ^{53}$ 猛 $moŋ^{33}$	冷 $laŋ^{33}$	撑 $ts'aŋ^{44}$ 省 sin^{53}	硬 $ŋaŋ^{44}$ 耕 kin^{44}	病 pe^{44} 饼 pin^{53}	听 $t'e^{44}$	岭 lin^{33}	井 tse^{53} 晶 sin^{44}		声 $ʃie^{44}$ 程 $tʃ'in^{22}$		轻 $tʃ'ie^{44}$ 婴 in^{44}
梗舒合							横 $uaŋ^{22}$ 叟 $xoŋ^{44}$								兄 fei^{44} 荣 $ioŋ^{22}$
通舒合	蓬 $poŋ^{22}$	动 $taŋ^{33}$ 东 $toŋ^{44}$	孔 $k'aŋ^{53}$ 公 $koŋ^{44}$					风 $xoŋ^{44}$		浓 $noŋ^{22}$	松 sin^{22}	崇 $ts'oŋ^{22}$	重 tin^{33} 钟 $tʃioŋ^{44}$	绒 $ioŋ^{22}$	胸 $ʃioŋ^{44}$
咸入开	蜡 lo^{312} 答 ta^{213}		合 $xɐu^{312}$			眨 tso^{213} 插 $ts'a^{213}$	鸭 o^{213} 狭 xa^{312}	法 fa^{213}	帖 $t'ie^{213}$	猎 lie^{312}	接 $tsai^{213}$		涉 $ʃie^{213}$		叶 ie^{312}
咸入合															

续表4

摄	一等 帮系	一等 端系	一等 见系	二等 帮系	二等 泥组	二等 知庄组	二等 见系	三、四等 帮系	三、四等 端组	三、四等 泥组	三、四等 精组	三、四等 庄组	三、四等 知章组	三、四等 日母	三、四等 见系
深入开										粒 li^{213}	集 tsi^{213}		汁 $tɕi^{213}$		急 $tɕi^{213}$
山入开		獭 lo^{33}	割 $kəu^{213}$	八 pa^{213} 抹 mo^{213}		杀 $ʃia^{213}$	瞎 xa^{213}	别 pai^{213} 灭 me^{213}		烈 lie^{213}	节 $tsai^{213}$		舌 $ʃie^{312}$	热 nie^{312}	孽 nie^{312}
山入合	泼 po^{213}	夺 to^{213}	活 $xəu^{312}$ / xo^{213}			刷 so^{213}	刮 ko^{213}	发 fa^{213} 袜 ua^{213}		劣 lie^{213}					缺 $tɕʰye^{213}$ ye^{312} 月 $ŋei^{312}$ 越 ue^{213}
臻入开								笔 pi^{213}			七 $tsʰi^{213}$	虱 sai^{213}	侄 $tɕi^{213}$		一 i^{213}
臻入合	不 pu^{44}	突 tu^{33}	骨 ki^{213} / ku^{213} 核 xe^{213}					佛 fu^{213}		率 ly^{213}	恤 sy^{213}	蟀 $suai^{53}$	出 $tɕʰy^{213}$		屈 $tɕʰy^{33}$
宕入开	薄 $pəu^{312}$ 泊 po^{213} / lo^{213}	落 $ləu^{312}$ / lo^{213}	各 ko^{213}							略 lio^{213}	削 $siau^{213}$		着 $tiau^{213}$		脚 $tɕiau^{213}$ 约 io^{213}
宕入合			郭 ko^{213}												

续表 5

	一等			二等				三、四等							
	帮系	端系	见系	帮系	泥组	知庄组	见系	帮系	端组	泥组	精组	庄组	知章组	日母	见系
江入开	剥 po²¹³					桌 tsəu²¹³	学 xəu³¹²/ʃio²¹³								
曾入开	北 pe²¹³ 默 mɔu³¹²	鞁 ts'ai³¹²	刻 k'e²¹³ 黑 xai²¹³					逼 pi²¹³		力 li²¹³	熄 si²¹³	色 se²¹³	食 ie³¹²/ʃi²¹³		极 tʃi²¹³
曾入合			国 kue²¹³												域 y²¹³
梗入开				百 po²¹³ 麦 mo³¹²		拆 ts'o²¹³	客 xo²¹³ 格 ke²¹³	壁 pio²¹³ 碧 pi²¹³	踢 t'io²¹³ 笛 ti²¹³		脊 tsio²¹³/tsi²¹³		尺 tʃ'io²¹³		腋 ʃio²¹³ 易 i⁵³
梗入合							获 xo⁵³ 划 xo²¹³								疫 y⁵³
通入合	木 mɔu²¹³ 扑 p'u²¹³	读 tu³¹²	哭 fu²¹³					福 fu²¹³		六 lieu²¹³	足 tsu²¹³		烛 tʃ'ieu²¹³	肉 nieu³¹²	菊 tʃy²¹³

同的读音。例如：架_{衣~}[ko³³]、架_{打~}[kəu³³]、架_{~势}[kia³³]，这些都是离散式音变通过词汇扩散的例证。对此现象，徐通锵先生做了一个很形象的比喻，"犹如行进中的一行纵队，每个成员到达目的的时间不一样，有先有后，只有在相当长的时间后才能看出它演变的规律"。①

其三，与声母的发音部位有关。例如古遇摄合口一等模韵帮系今读[u]、[o]，与古声母的关系是：古明母字今读[o]，古帮、滂、并母读[u]。

（2）几个古韵今读一个韵母。最典型的一个例子就是今关峡平话读[əu]韵的来源，如表2-40所示：

表2-40　关峡平话[əu]韵的来源表

摄	韵②		中古拟构音③	今音	例字
果摄	歌韵		ɑ	əu	多 təu⁴⁴ 歌 kəu⁴⁴ 搓 tsʻəu⁴⁴
	戈韵		uɑ	əu	婆 pəu²² 糯 ləu²² 锁 səu⁵³ 裸 kʻəu⁴⁴ 火 xəu⁵³
效摄	肴韵		au	əu	包 pəu⁴⁴ 饱 pəu⁵³ 吵 tsʻəu⁵³ 罩 tsəu³³
咸摄	覃合		ɒm/ɒp	əu	含 xəu²² 合 xəu²¹³
山摄	寒曷		ɑn/ɑt	əu	干 kəu⁴⁴ 鼾 xəu⁴⁴ 割 kəu²¹³
	桓末		uɑn/uɑt	əu	短 təu⁵³ 酸 səu⁴⁴ 蒜 səu³³ 活 xəu³¹²
宕摄	开口	唐铎	ɑŋ/ɑk	əu	当 təu⁴⁴ 糠 kʻəu⁴⁴ 索 səu²¹³
		阳药	ïaŋ/iak	(i)əu	肠 tsəu⁴⁴ 羊 iəu²² 脚 tʃiəu²¹³
	合口	唐	uɑŋ	əu	荒 xəu⁴⁴
		阳	ïwaŋ	əu	房 xəu²² 网 məu³³ 往 məu³³
江摄	江觉		ɔŋ/ɔk	əu	双 səu⁴⁴ 桌 tsəu²¹³

从上表可以看出：

第一：关峡平话 əu 韵大约来自六个摄十多个韵，涵盖阴声韵、阳声韵、入声韵。

---

① 徐通锵. 历史语言学［M］.北京：商务印书馆，1991：291.

② 各韵举平以赅上去。

③ 中古音参照王力拟构音。

第二：从这些韵摄的中古拟构音看，它们的主元音主要是后低元音 [ɑ]、[ɒ]，其次是前低元音 [a]，仅江摄的主元音是后半低元音 [ɔ]。

2. 关峡平话 [əu] 韵的来源与演变

如上所述，关峡平话 [əu] 韵大约来自六个摄十多个韵，涵盖阴声韵、阳声韵、入声韵。那么，这些不同来源的韵是如何在关峡平话中发展、演变的呢？

（1）关峡平话果摄今读 [əu] 韵的原因。

关峡平话果摄今读 [əu] 韵与蟹假果摄的元音高化链变有关。

表 2-41 关峡平话蟹假果摄的今读

	果			麻二			蟹二		
	多	歌	火	疤	茶	牙	拜	牌	街
关峡	təu⁴⁴	kəu⁴⁴	xəu⁵³	po⁴⁴	tso²²	ŋo²²	pa³³	pa²²	ka⁴⁴

如表 2-41 所示，蟹摄 -i 尾脱落导致果、假系列元音高化，具体是蟹二 ai > a，引起麻二 a > o，麻二的高化挤占了果摄的位置，果摄继续高化为 u，但与模韵 u 发生冲突，只能继续裂变为复元音 əu 了，即 o > u > əu。

（2）其余五摄今读 [əu] 韵的原因。

下面我们来讨论其他五摄：效摄（二等）、咸摄、山摄、宕摄、江摄在关峡平话中今读 [əu] 韵的情况。为了便于分析，我们将关峡（茶江）与周边其他平话方言点的相同韵摄的读音来进行比较，拟从空间上的差异来探寻这一语音现象在时间上的演变轨迹。为了便于说明，我们在表 2-42 中采用发圈法的标调形式。

表 2-42 关峡平话今读 [əu] 韵的各摄与其他方言点的读音比较

		关峡(茶江)	关峡(文家)	城步(羊石)	城步(兰蓉)	城步(五团)
果摄		哥 ꜀ka 锅 ꜀ku 禾꜀u 我 ŋəu꜍	禾꜀u/ ꜀əu 锅 ꜀ku 我 ŋəu꜍	我 ŋo꜍ 锅 ꜀ko 禾꜀o	我 ꜀ŋa 锅 ꜀ko 禾꜀ho	我 ꜀ŋa 锅 ꜀ko 禾꜀o
效摄	二等	包 ꜀po/꜀pəu 罩 tsəu꜍	包 ꜀pəu 罩 tsəu꜍	包 ꜀po 罩 tso꜍	包 ꜀po 罩 to꜍	包 ꜀po 罩 tsəu꜍

续表

		关峡（茶江）	关峡（文家）	城步（羊石）	城步（兰蓉）	城步（五团）
咸摄	开一	男 ₋no 淡 to⁻ 含 ₋xəu	男 ₋no 淡 to⁻ 含 ₋xəu	男 ₋na 淡 ta⁻ 含 ₋xo	男 ₋na 淡 da⁻ 含 ₋ho	男 ₋nɑ 淡 dɑ⁻ 含 ₋ho
山摄	开一	单 ₋to 汗 xo⁻ 肝 ₋kəu	单 ₋to 汗 xəu⁻	单 ₋ta 汗 ho⁻	单 ₋ta 汗 ho⁻	单 ₋ta 汗 ho⁻
	合一	官 ₋ku 碗 u⁻ 活 xəu₋	官 ₋ku 碗 u⁻	官 ₋ku 碗 o⁻	官 ₋ko 碗 o⁻	官 ₋ko 碗 o⁻
宕摄	开一	汤 ₋tʰəu 郎 ₋ləu 糠 ₋xəu	汤 ₋tʰəu 郎 ₋ləu 糠 ₋xəu	汤 ₋tʰo 郎 ₋lo 糠 ₋ho	汤 ₋tʰo 郎 ₋lo 糠 ₋ho	汤 ₋tʰo 郎 ₋lo 糠 ₋ho
	开三	丈 tiəu⁻ 床 ₋tsəu 养 ⁻iəu	丈 tiəu⁻ 床 ₋tsəu 养 ⁻iou	丈 tʃa⁻ 床 ₋tsʰo 养 ⁻io	丈 dzo⁻ 床 ₋do 养 ⁻io	丈 dzio⁻ 床 ₋du/₋do 养 ⁻io
江摄		江 ₋kəu 讲 ⁻kəu	江 ₋kəu 讲 ⁻kəu	江 ₋ko 讲 ⁻ko	江 ₋ko 讲 ⁻ko	江 ₋ko 讲 ⁻ko

根据表 2-42 以及表中未能列出的字音材料，我们可以得出以下几点：

其一：上述韵摄从整体趋向看是一个由单元音向复元音演化的过程，但在向［əu］韵演变的过程中表现出参差性，其变化的速度不一，有快有慢，体现出离散式音变的特点。如表中关峡（茶江）一栏，果摄、宕摄"跑"得最快，它们中大部分的日常生活用字都读［əu］韵；江摄在关峡平话中用于日常用语的例字虽然少，但也都读［əu］韵；咸、山摄演变的速度相对而言较慢，多数日常用字停留在读单元音的阶段，只有少数见系字裂变为复元音［əu］。

其二：就关峡平话某一韵摄的内部表现来看，其演变也是不平衡的。例如山摄开口一等字今读多还停留在读单元音［o］的阶段，读［əu］韵的仅"干、肝、骭、割、旦"等字；咸摄开口一等字今读也多为单元音

[o]，只有"含、合、盒、礚"等少数字读 [əu] 韵。因为离散式音变的特点在于它不是要变一起变，而是先从少数特殊的词语开始，再扩及到整个有关的词语。总的趋势是非常用字先变，常用字后变。

其三：关峡平话的某些字音有几读，或者同一个字不同的说话者读音不同，也说明这是一个在"进行中"的音变。例如：

A：同一字在不同的词汇中读音不同。

关峡（茶江）

放 $\begin{cases} \text{xo}^{33} \text{放流星（一种游戏）} \\ \text{xəu}^{33} \text{放羊} \end{cases}$　　　方 $\begin{cases} \text{xo}^{44} \text{地方} \\ \text{xəu}^{44} \text{一方石料} \end{cases}$

B：同一个字两读音皆可。

关峡（茶江）

鹅 $\begin{cases} \text{ŋo}^{22} \\ \text{ŋeu}^{22} \end{cases}$　　包 $\begin{cases} \text{po}^{44} \\ \text{pəu}^{44} \end{cases}$　　当 $\begin{cases} \text{to}^{44} \\ \text{təu}^{44} \end{cases}$　　想 $\begin{cases} \text{sio}^{53} \\ \text{siəu}^{53} \end{cases}$

C：同一个字在同一方言小片中有内部差异。

碗 $\begin{cases} \ulcorner \text{əu} \text{ 关峡（石家坪村）} \\ \ulcorner \text{u} \text{ 关峡（文家村）} \end{cases}$　　锅 $\begin{cases} \ulcorner \text{ku} \text{ 关峡（茶江村）} \\ \ulcorner \text{kəu} \text{ 关峡（梅口村）} \end{cases}$

如果说关峡平话中的果摄演变读 [əu] 是蟹假果摄元音高化链在起作用，那么山、咸、宕、江这些阳声韵又是如何和果摄走到一起的？其实，不论是在关峡还是在城步，平话中阳声韵的鼻音韵尾失落（包括入声韵的塞音韵尾失落）转为阴声韵的情况非常普遍，当这些韵尾脱落后，只留下一个后低元音，于是就具备了和果摄一样的演变条件。

从表 2-42 还可以看出上述韵摄在地域上的差异性：关峡的茶江、文家已经复化为 [əu] 韵了，但城步的羊石、兰蓉、五团多还停留在单元音的阶段。这一现象也许可以用"占位"理论来解释：关峡平话的假摄高化读 [o] 韵，并且读音很稳固，于是它"逼迫"由其他韵摄高化而来的 [o] 韵继续迁移，所以果、宕等摄只好继续高化以求自存，但 [u] 的位置又被遇摄所占，最后不得不走复元音的道路。城步的果、宕等摄还没走到复元音这一步，是因为假摄在城步仍读 [a] 韵，因此城步的果宕类等摄的字可以在 [o] 韵的位置上"高枕无忧"了。

3. 下面按十六摄顺序先说明古今韵母的对应关系，后指出例外。

果摄　开合口一、二等 [əu] 白读，　[o] 文读，常用字"哥 [ka⁴⁴]"，白读 [a]，"锅 [ku⁴⁴]、过 [ku³³]、禾 [u²²]"，白读 [u]。

三、四等［io］白读，［ye］文读。

假摄　开口二等［o］白读，［a、ia］文读。合口二等［o］白读，［a、ua］文读。开口三等［io］白读，［ie］文读。"姐_{姑表~}［tsia⁵³］"属于白读。

遇摄　一等［u］文读。"露［ləu⁴⁴］、错［tsʻəu³³］"属于白读。三等［iəu、ei］白读，［u、y］文读，但云母"雨［u³³］"属于白读。

蟹摄　开口一、二等［a、ia、ue、ei］白读，［ai］文读。三、四等［ai］白读，［i］文读。合口一、二等［a、ua、o］白读，［ei、uei、uai］文读。三、四等［y］白读，［ei、uei］文读。

止摄　开口各韵［i］是白读，［ei、ɿ］是文读。合口［i、y］是白读，［uei、ei］是文读。

效摄　一等［ei］是白读，［ao］是文读。二等［əu］是白读，［ao］是文读。"抓［ʧya⁴⁴］""爪［tso⁵³］坳［o⁴⁴］"属于白读。三、四等白读［ie］，文读［iao］。

流摄　一等［ao］白读，［əu］文读。三等［ao］白读，［u，əu，iəu］文读。

咸摄_舒　开口一、二等［o、əu］白读，［an］文读；三、四等［ie］白读，［ian］文读。合口三等［an］文读。

深摄_舒　各组［in］均为文读。

山摄_舒　开口一等［o、əu］白读，［an］文读；二等［a］白读，［an］文读。三、四等［e、ie］是白读，［ian］文读。合口一等［o、u、əu］白读，［an、uan］文读；二等［uan］文读；三、四等［ye］白读，"圈［kʻue⁴⁴］""县［fe⁴⁴］"也属于白读，［an、ian、yan］文读。

臻摄_舒　开口一等［in］文读，［aŋ、oŋ］白读；三等［in］文读。合口一等［oŋ］白读，"门［maŋ²²］"属于白读，表中未列出，［in、un］文读；三等［oŋ］白读，"蚊［maŋ⁴⁴］"属于白读，表中未列出，［in、yn、un］文读。

宕摄_舒　开口一等［əu］白读，"当_{~家}［to⁴⁴］、螃_{~蟹}［po²²］"也属于白读，表中未列出，［aŋ］文读。开口三等［əu、iəu］白读，"娘_{亲~}［nio²²］、亮［lio⁴⁴］、想［sio⁵³］"也属于白读，表中未列出。［iaŋ］文读。合口各等［o、u、əu］白读，［aŋ、uaŋ］文读。

江摄_舒　［əu］白读，［aŋ、iaŋ］文读，"撞_{碰见}［tsʻuaŋ⁵³］"属于文

读，未在表中列出。

曾摄_舒 开口一等［aŋ］白读，"肯［k'an⁵³］也属于白读。［in］文读，"朋［p'oŋ²²］"属于文读。开口三等［in］文读。合口一等［oŋ］文读。

梗摄_舒 开口二等［aŋ］白读，［in、oŋ］文读。三、四等［e、ie］白读，［in］文读。合口二等［uaŋ］白读，［oŋ］文读。三等［ei］白读，［ioŋ］文读。

通摄_舒 一等［əu、aŋ］白读，［oŋ］文读。三等［in］白读，［oŋ、ioŋ］文读。

咸摄_入 开口一等端系［a］文读，［o］白读；见系［o］文读，［əu］白读。二等庄组［a］文读，［o］白读；见系［ia］文读，［a、o］白读。三等［ie］文读，［ai］白读。四等［e］文读。

深摄_入 各组［i］是文读。"十［tsʅ³¹²］"属于白读，表中未列出。

山摄_入 开口一等端系［a］文读，［o］白读；见系［əu］白读。二等［a、ia］文读，［o］白读。三、四等［e、ie］文读，［ai］白读。合口一等帮系、端系［o］文读，［ia］白读；见系［əu］白读，［o］文读。二等［ua］文读，［o］白读。合口三等精组、见系［ye、ue］文读，［ei］白读。

臻摄_入 开口三等［ai］白读，［i］文读。合口一等［i］白读，［u］文读；三等章组［y］白读，其余各组［u、y、uai］文读。

宕摄_入 开口一等［əu］白读，［o］文读；三等［io、iəu］白读，精组［ye］文读。

江摄_入 ［əu、iəu］白读，其余［o、io、ao、ye］文读。

曾摄_入 开口一等［ai］白读，［e］文读；三等［ie］白读，"翼［ye⁵³］"也属于白读，表中未列出。［i］文读。合口［ue、o］属于文读。

梗摄_入 开口二等［o］白读，［e］文读，三、四等［io］白读，［i］文读。

通摄_入 一、三等［əu、iəu］白读，［u、y］文读。

古今韵母比较也有不合规律的例外字，排列于下。舒声在前，入声在后。

假开二：蟆 məu⁴⁴

假开三：姐_{母亲}ʦi⁴⁴

遇合三：鼠 sʅ⁵³锯_{名词}ka³³去_{~皮}ʃi³³

蟹开一：害 xan³³

止开三：避 p'ie²¹³   山舒开一：赶 kue⁵³

效开一：到 taŋ⁴⁴   山舒开四：牵 tʃ'ye⁴⁴

效开一：蒿 xo⁴⁴   臻舒开一：很 xei⁵³

流开一：亩 mo³³   江舒开二：撞~车 tsoŋ⁴⁴

流开三：浮 pei²² 谬 miao⁵³   梗舒开二：打 ta⁵³

咸舒开一：柑 kuan⁴⁴   通舒合一：弄 nian⁴⁴

咸舒开二：赚 tʃye³³   咸入开一：拉 lai³¹²

咸舒开三：黏 nio⁴⁴   深入开一：吸 tse²¹³

咸舒开四：舔 lio³³   梗入开二：迫 p'e²¹³

深舒开四：今 tʃi²¹³   通入合一：卜 pai²¹³

（三）声调的古今比较

关峡平话与古音的声调比较见表2-43。表左是古调类，每个调类再依声母的清浊分成三种情况，表上方是今关峡平话的调类，表中是例字。大字表示基本情况，小字表示少数情况或文读现象。

表 2-43　古今声调比较表

古调	清浊	阴平 44	阳平 22	上声 53	去声 33	阴入 213	阳入 312
古平声	清	资多砖牵 蚊聋					
	次浊		棉兰人牙				
	全浊		皮甜船拳				
古上声	清			扁底掌赶	谮宰水果 马脑惹瓦 被动是菌		
	次浊						
	全浊			被道赵限			
古去声	清			霸贷趣课 贸利位 暴谢塞夏	变菜晒句		
	次浊	面路饿夜 饭豆树画					
	全浊						
古入声	清					笔雪刷黑 抹猎业月 十学独	麦辣热月 白独十学
	次浊						
	全浊						

古四声与关峡平话声调的对应关系如下：

古平声清声母字今读阴平，古平声次浊、全浊声母字今读阳平。少数几个读次浊平声字读阴平，如表所示。

古上声清声母字白读上声，文读去声；古上声次浊字读去声；古上声全浊声母字白读去声，文读上声。

古去声清声母字白读去声，文读上声；古去声次浊和全浊声母字白读阴平，文读上声。

古入声清声母字读阴入；古入声次浊声母字大部分读阳入，小部分读阴入；古入声全浊声母字白读阳入，文读阴入。

下面列举跟上述古今对应规律不相符的例外字：

例外字	音韵地位	照例读法	实际读法	注
薄	果合一去过並	po^{44}	po^{213}	~荷
耙	假开二去禡並	po^{44}	po^{22}	~田
蟆	假开二平麻明	mo^{22}	məu^{44}	蛤~
姐	假开三上马精	tsia^{53}	tsi^{44}	阿~
华	假合二去禡匣	fa^{44}	fa^{22}	~山
喻	遇合三去遇以	y^{33}	y^{22}	
蓖	蟹开四平齐帮	pi^{44}	pi^{53}	~麻
堤	蟹开四平齐端	ti^{44}	ti^{22}	
避	止开三去寘並	pi^{44}	pʻie^{213}	~祸
伊	止开三平脂影	i^{44}	i^{53}	
起	止开三上止溪	ʧʻi^{53}	ʧʻie^{44}	直~
馏	流开三去宥来	liəu^{33}	liəu^{22}	
枕	深开三去沁章	ʧin^{33}	ʧin^{53}	
任	深开三平侵日	in^{22}	in^{33}	
今	深开三平侵见	ʧin^{44}	ʧi^{213}	~日
捺	山开一入曷泥	na^{213}	na^{53}	
癞	山开一入曷来	la^{213}	la^{44}	
萨	山开一入曷心	so^{213}	so^{44}	
列	山开三入薛来	lie^{213}	lie^{53}	

辬	山开四上铣並	pie³³	pie⁴⁴	
括	山合一入末见	kʻo²¹³	kʻo⁵³	
猾	山合二入黠匣	ua³¹²	ua⁵³	
毕	臻开三入质帮	pi²¹³	pi⁵³	
一	臻开三入质影	i²¹³	i⁴⁴	量词前
论	臻合一平魂来	lun²²	lun⁵³	
不	臻合一入没帮	pu²¹³	pu⁴⁴	
突	臻合一入没定	tʻu³¹²	tʻu³³	
忽	臻合一入没晓	fu²¹³	fu³³	
律	臻合三入术来	ly²¹³	ly³³	
率	臻合三入术生	suai²¹³	suai⁵³	
蟀	臻合三入术生	suai²¹³	suai⁵³	
屈	臻合三入物溪	tʃʻy²¹³	tʃʻy³³	
托	宕开一入铎透	tʻo²¹³	tʻo³³	
诺	宕开一入铎泥	no²¹³	no⁵³	
娘	宕开三平阳泥	nio²²	nio⁴⁴	~家
肠	宕开三平阳澄	tsəu²²	tsəu⁴⁴	
略	宕开三入药来	lio²¹³	lio⁵³	
鹊	宕开三入药清	tsʻiəu²¹³	tʃʻye³³	
却	宕开三入药溪	tʃʻiəu²¹³	tʃʻio⁵³	
郭	宕合一入铎见	ko²¹³	ko⁴⁴	
雹	江开二入觉並	pʻəu²¹³	pʻao³³	
握	江开二入觉影	əu²¹³	o⁵³	
亿	曾开三入职影	i²¹³	i⁵³	
忆	曾开三入职影	i²¹³	i⁵³	
翼	曾开三入职以	ye²¹³	ye⁵³	
或	曾合一入德匣	xue²¹³	xo⁵³	
惑	曾合一入德匣	xue²¹³	xo⁵³	
剧	梗开三入陌群	tʃy³¹²	tʃy⁵³	
适	梗开三入昔书	ʃi²¹³	ʃi³³	

释	梗开三入昔书	$\int i^{213}$	$\int i^{33}$
益	梗开三入昔影	i^{213}	i^{53}
译	梗开三入昔云	i^{213}	i^{53}
易	梗开三入昔云	i^{213}	i^{53}
历	梗开四入锡来	li^{213}	li^{53}
激	梗开四入锡见	$t\int i^{213}$	$t\int i^{33}$
粥	通合三入屋章	$t\int i\partial u^{213}$	$t\int i\partial u^{44}$
育	通合三入屋以	$i\partial u^{213}$	y^{53}
玉	通合三入烛疑	y^{213}	y^{53}
浴	通合三入烛以	y^{213}	y^{53}

第三章　关峡平话的词汇特点

一、词汇特点

（一）与普通话词汇的差异

关峡平话与普通话比较，在词汇方面存在很多差异。

1. 词义的差异

（1）词形同而词义不同

关峡平话中有些词与普通话用字相同，但意义和普通话有差异。例如：

方言例词	方言词义	普通话词义
房 [xəu²²]	单间的	整栋的
屋 [u²¹³]	整栋的	单间的
壮 [tsəu⁴⁴]	（人）脂肪多或（动物）肉多	强壮、健壮
阿姐 [a⁴⁴tsi⁴⁴]	母亲	姐姐
老屋 [lei³³u²¹³]	棺材	旧居
食豆腐 [ie²¹tao⁴⁴fu³³]	吊孝的委婉说法	义略
架势 [kia³³sʅ⁵³]	留神	姿态，场面
融 [ioŋ²²]	（粥或汤）稠	融化

（2）词义的广狭范围不同

关峡平话有的词意义较普通话广。例如："食 [ie³¹²]"有"吃""喝""抽"等义，普通话中的"吃饭""喝茶""抽烟"在关峡平话中都用动词"食 [ie³¹²]"："食饭 [ie²¹pan⁴⁴]""食茶 [ie²¹tso²²]""食烟 [ie²¹ie⁴⁴]"。表身体部位的词，如"鼻孔 [pi⁴⁴kʻaŋ⁵³]"兼指"鼻子"和"鼻孔"，"肚哩 [tu⁵³·le]"兼指"肚子"和"胃"，"腰哩 [ie⁴⁴·

le]"兼指"腰"和"肾","脚〔ʧiəu²¹³〕"兼指"脚"和"腿"。

下面以动物为例,再举几例:

蚊哩〔maŋ⁴⁴·le〕兼指"蚊子"和"苍蝇"。

老鼠〔lei³³sɿ⁵³〕这个词在关峡平话中使用的频率比较高:

词语	义项
檐老鼠〔ie²² lei³³sɿ⁵³〕	蝙蝠
飙老鼠〔pie⁴⁴lei⁵³sɿ⁵³〕	织布梭
老鼠肉〔lei³³sɿ⁵³niəu³¹²〕	肱二头肌
檐老鼠肉〔ie²²lei³³sɿ⁵³niəu³¹²〕	腿肚子

2. 词序的差异

构词时由于语素的顺序不同,从而形成方言和普通话的不同的词形。
例如:

狗婆〔kao⁵³pəu²¹〕——母狗   狗公〔kao⁵³koŋ⁴⁴〕——公狗

俩爷哩〔liəu³³io²¹·le〕——爷儿俩   俩娘哩〔liəu³³nio⁴⁴·le〕——娘儿俩

澡洗〔tsəu⁵³sai⁵³〕——洗澡   欢喜〔xəx⁴⁴ʃi⁵³〕——喜欢

闹热〔nao³³nie³¹²〕——热闹

3. 色彩的区别

关峡平话有些词语和普通话意义相同,风格色彩不同。

(1) 关峡平话具有通俗的口语色彩,普通话具有偏文雅的书面色彩。

关峡平话	普通话	关峡平话	普通话
天狗食日〔t'e⁴⁴kao⁵³ie²¹ŋ³¹²〕	日食	扫牯星〔sei³³ku⁵³se⁴⁴〕	彗星
赶山〔kue⁵³san⁴⁴〕	打猎	雷公屎〔lei²²koŋ⁴⁴sɿ⁵³〕	地衣
檐老鼠〔ie²² lei³³sɿ⁵³〕	蝙蝠	土狗哩〔t'u⁵³kao⁵³·le〕	蝼蛄
针嘴巴〔ʧin⁴⁴tsy⁵³po⁴⁴〕	针尖	针尾股〔ʧin⁴⁴p'i³³ku⁵³〕	针孔
嫁二嫁〔ko³³ni⁴⁴ko³³〕	再婚	龙眼珠〔loŋ²²ŋan³³ʧy⁴⁴〕	脚踝
倒肠〔tei³³tsəu⁴⁴〕	阑尾	野崽〔io³³tsai⁵³〕	私生子
入木〔ŋ²¹məu²¹³〕	入殓	眼死〔ŋa³³sɿ⁵³〕	睡觉

(2) 关峡平话中有一批从古汉语中传承下来的词汇,但在普通话中已
不用或很少使用。

关峡平话中保留了一批古语词,这些古语词在普通话中已不再使用,
但活跃在关峡人的日常口语中。如:走(跑)、行(走)、食(吃)、面
(脸)、索(绳子)、窠(巢)、禾(稻谷)、簟(竹席)、陋(丑)、晏

（晚）、归（回）、俫（傻）、徛（站）、瓯（杯）、畬（旱地）、铛（锅）等。下面重点讨论几例：

敨［t'ao⁵³］：歇息，《集韵》上声厚韵他口切："展也。"表示打开、喘气、休息等意思，这也是一个闽、吴、客、粤、湘等南方方言普遍使用的口语词。长沙方言用"敨"表示"展开"的意思，如：把包袱~开，把衣服再~一道水。这是"敨"的本义。关峡平话、广州话（粤语）、苏州话（吴语）则用"敨"表示"歇息"的意思，是延伸义。如：~下子（休息一下）。

晏［an³³］：晚。如：来晏了（来晚了）。《广韵》去声谏韵乌涧切："柔也，天清也，晚也，又姓。"此字最早见于《诗经》，如：总角之宴，言笑晏晏（语出《诗经·卫风·氓》）中的"晏晏"就是和悦温柔的意思。《汉书·扬雄传》有"于是天清日晏"之句，即"天晴无云"之意。而《楚辞·九歌·山鬼》中有"留灵修兮憺忘归，岁既晏兮孰华予"之句，其中"晏"字正是"晚也，迟也"之意。又《墨子·尚贤中》："蚤朝晏退"，"蚤"通"早"，与"晏"义相对。

着［tiəu²¹³］（衣、裤、鞋）：穿。上古汉语用"服"统称穿衣服鞋袜，到了汉代逐渐用"着（着）"取代了"服"。如《木兰诗》："脱我战时袍，着我旧时裳。"现代汉语普通话只在"穿着""衣着"等书面语中保留了这一意义，今关峡平话不用"穿"而用"着"，是古语词在方言俗语中的保留。

瓯［ao⁴⁴］：（茶）杯。《说文》："瓯，小盆也，从瓦区声。"《广韵》平声侯韵户钩切："瓦器亦瓯。"唐代茶文化盛行，"茶瓯"一词广为流传，唐王建《酬柏侍御闻与韦处士同游灵台寺见寄》诗："各自具所须，竹笼盛茶瓯。"唐诗人皮日休专作《茶瓯诗》赞美当时是唐代著名的瓷窑——邢窑。今"茶瓯"一词已由古通语变为方言词，流行于闽越地区，在湖南省内其他方言中还未发现，关峡平话今称"杯子"为"瓯"，是古语词的保留。

盏［tso⁵³］：小酒杯。旧指浅而小的杯子。杜甫《酬孟云卿》诗："宁辞酒盏空。"白居易《答客问杭州》诗："为我踟蹰停酒盏，与君约略说杭州。"也可用作酒、茶、灯的计量单位，如"一盏酒""一盏灯"。如杜甫《拨闷》："闻道云安曲米春，才倾一盏即醺人"。今现代汉语普通话多用作量词。关峡平话在口语中仍保留了其作为名词的用法。

归 [ki⁴⁴]：回。如"归家""归屋"，即"回家"。《广韵》微韵举韦切："还也，公羊传曰妇人谓家曰归。"《诗经·桃夭》"之子于归，宜其室家"，程俊英（1985）注：于归，古代称女子出嫁叫"于归"，或单称"归"。① 往后，"归"的意义范围扩大，表示"返回""归附""归到一处"等义项。如晋·陶渊明《归园田居》"晨兴理荒秽，带月荷锄归"等。今现代汉语普通话多用于书面语中如"归宿""归途""回归"等，口语中则用"回家""回去"等，关峡平话今称"回"仍为"归"，也是在口语中保留了古语词。

畲 [ʃio⁴⁴]：旱地，也指种蔬菜、玉米等旱地作物的菜地。《广韵》平声鱼韵以诸切："田三岁也。"又麻韵式车切："烧榛种田。"关峡平话读式车切。

铛 [tsʻaŋ⁴⁴]：煮饭或猪食、烧水的鼎锅。关峡平话称锅为"铛"。如"猪铛"。《广韵》庚韵楚庚切。《汉语大词典》"铛"①古代的锅。《现代汉语词典》"铛"名烙饼用的平底锅。可见"铛"词义范围从古至今有缩小。今湘语中如长沙、湘潭、衡阳等地有把火炉上架锅子的三脚铁架子叫"铛架"的，但"锅"大多数湘语点今多叫"锅子"，推测湘语曾经有过呼"锅"为"铛"的历史。

关峡平话中还有一些带有近代汉语色彩的词语，例如：

唱喏 [tʃʻiəu³³io³³]：行礼作揖。在宋元话本、明清小说中出现的频率颇高，如：《清平山堂话本·简帖和尚》："开茶坊的王二拿着茶盏，进前唱喏奉茶。"今普通话已很少使用。

赶考 [kue⁵³kʻao⁵³]：参加考试。

开蒙 [kʻue⁴⁴məu²²]：也叫发蒙。

学堂 [xəu²¹təu²²]：学校。

阶基 [ka⁴⁴tʃi⁴⁴]：台阶。

4. 造词理据的差异

造词理据是指在给事物命名时的心理和事理依据。造词理据具有鲜明的民族性和地方性，是长期的生活、文化积淀形成的。如普通话叫作"车前草"的一种植物，关峡平话叫作"猪嘴巴 [tiəu⁴⁴tsy⁵³po⁴⁴]"，是因为当地人习惯采之来喂猪。这是着眼于事物的用途来命名。普通话叫作"浪

① 程俊英译注. 诗经译注 [M]. 上海：上海古籍出版社，1985：12.

花"，关峡平话叫作"水巴掌［ʃy⁵³po⁴⁴tʃiəu⁵³］"，这是着眼于事物的形状来命名。青蛙的幼虫普通话叫作"蝌蚪"，关峡平话叫作"秧麻哩［iəu⁴⁴mo²²·le］"，这是着眼于事物的处所来命名。可见，选用不同的事物特征作为命名的依据，相应地也选用了不同的语素，形成了不同的词形。选择什么语素作为造词成分，无不表明了当地人民的生活经验、思维方式的特征，具有浓郁的地方色彩。

（1）着眼于形状

以事物的形状为命名理据而形成了与普通话不同的词形。如：

关峡平话	普通话	形状特点
罩哩［tsəu³³·le］	雾	形似罩子
脚板薯［tʃiəu²¹pan⁵³ʃy³³］	薯蓣	形似脚板
线瓜［se³³ko⁴⁴］	丝瓜	形状细长
糍粑菌［tsi²²po⁴⁴koŋ³³］	（一种）野生菌	形似糍粑
娥眉豆［ŋəu²²mei²²tao⁴⁴］	扁豆	形似娥眉
青竹根［tʃʻin⁴⁴tiəu²¹kin⁴⁴］	竹叶青（蛇名）	形状、颜色似青竹
焦皮［tsie⁴⁴pi²¹］	锅巴	米饭烧焦、皮状
千年矮［tsʻe⁴⁴ne²²a⁵³］	（一种）野生灌木	植株矮小
棉花雪［me²²xo⁴⁴sei²¹³］	雪花	形似棉花
茶里□［tso²²·le kəu³¹²］	蚕蛹	蚕吐丝结茧变成蛹。蚕蛹的体形像蛋状。
尖尖鞋［tse⁴⁴tse⁴⁴xa²²］	弓鞋	旧时女人的弓鞋鞋头纤瘦尖锐

（2）着眼于处所

以事物所处的处所为命名理据，从而形成了与普通话不同的词形。

关峡平话	普通话	处所
茶里虫［tso²²·le tin²²］	蚕	野生的蚕生活在桑树上，桑叶可泡水当茶喝。
土蚓哩［tʻu⁵³ie³³·le］	蚯蚓	生活在土里
土狗哩［tʻu⁵³kao⁵³·le］	蝼蛄	生活在土里
山田螺［san⁴⁴te²² ləu²²］	蜗牛	生活在旱地，区别于水中的田螺。
饭蚊哩［pan⁴⁴maŋ⁴⁴·le］	苍蝇	喜停落在饭上
针嘴巴［tʃin⁴⁴tsy⁵³ po⁴⁴］	针尖	位于顶端
针屁股［tʃin⁴⁴pʻi³³ ku⁵³］	针孔	位于末端

（3）着眼于属性、类别

以事物的属性、类别为命名理据，从而形成了与普通话不同的词形。

关峡平话	普通话	属性、类别
糖杆〔təu²²kan⁵³〕	甘蔗	归入糖类
蜂糖〔xoŋ⁴⁴təu²¹〕	蜂蜜	归入糖类
黄花女〔u²² xo⁴⁴niəu³³〕	处女	旧指未婚的青年女子
野老婆〔io³³ lei³³ pəu²²〕	情妇	性质是"野"的，非法的
野崽〔io³³ tsai⁵³〕	私生子	同上
凳崽〔taŋ³³ tsai⁵³〕	小凳子	性质是"小"的
冷菜〔laŋ³³ tsʻa³³〕	野蒿菜	可凉拌生吃

（4）着眼于用途

以事物的功能、用途为命名理据，从而形成了与普通话不同的词形。

关峡平话	普通话	用途
蛇泡〔ʃio²² pʻao³³〕	蛇莓	据说蛇喜食
猪嘴巴〔tiəu⁴⁴tsy⁵³po⁴⁴〕	车前草	可以用来喂猪
崽牛草〔tsai⁵³ŋao²²tsʻei⁵³〕	丝毛草	小牛可食用
把棍〔pa⁵³kun⁵³〕	拐杖	用于拄地行走
拦鸡门〔lo²²tʃi⁴⁴maŋ²²〕	围栏	装在大厅门前用于防止鸡鸭进房

（5）着眼于颜色

以事物的颜色为命名理据，从而形成与普通话不同的词形。

关峡平话	普通话	颜色
黑木〔xai²¹məu²¹³〕	棺材	一般棺木油漆呈黑色
金瓜〔tʃin⁴⁴ko⁴⁴〕	南瓜	金黄色
黄纸〔u²²tsɿ⁵³〕	冥纸	黄色
红鼻孔〔xoŋ²² pi⁴⁴ kʻaŋ⁵³〕	酒糟鼻	红色
黑籽籽〔xai²¹tsɿ³³tsɿ³³〕	痣	黑色
盐糖〔ie²²təu²¹〕	白糖	色白如盐

（6）着眼于动作、声音、原因、来源、讳饰等

关峡平话	普通话	造词理据
飙老鼠〔pie⁴⁴lei⁵³sɿ⁵³〕	织布梭	织布梭的来回穿梭的动作像老鼠一样敏捷
水雷公〔ʃy⁵³lei²²koŋ⁴⁴〕	——	赶泥鳅的工具，在水中能发出响声（声音）
天狗食月〔tʻe⁴⁴kao⁵³ie²¹ŋei³¹²〕	月食	解释月食产生的原因

出个龙 [ʧʻy²¹ko³³lin²²]　　　山洪暴发　　认为山洪是龙王显灵（原因）

洋碗 [iaŋ²²u⁵³]　　　　　　　搪瓷碗　　　外来事物（来源）

捧起嘅崽 [pʻoŋ⁵³ʧʻi⁵³·ke tsai⁵³]　养子　　　表示亲近、亲密（讳饰）

千年屋 [tsʻe⁴⁴ne²²u²¹³]　　　棺材　　　可永久居住的房子（讳饰）

（二）亲属称谓词的特点

关峡平话称"曾祖父"为"白哩 [po³¹²·le]"，称"曾祖母"为"□白哩 [la²¹po³¹²·le]"（□la²¹表小）。这一称呼形式在湘、赣语及官话等大方言中比较少见，但在湘南土话（罗昕如，2003）、粤北土话（张双庆，2000；李冬香，2009）以及少数粤语如广东开平、恩平、东莞（《汉语方言大词典》许宝华，1999）方言中存在相同或类似的情况。

关峡平话称"母亲"为"阿姐 [a⁴⁴tsi⁴⁴]"，或简称为"[阿 a⁴⁴]"。又如称"伯母"为"伯阿姐 [pa²¹ a⁴⁴tsi⁴⁴]"，称"叔母"为"满阿姐 [man⁵³ a⁴⁴ tsi⁴⁴]"。《说文解字》："姐，蜀谓母曰姐。""姐"又写作"毑"，《广雅·释亲》："毑，母也。"《玉篇》："姐，古文作毑。"例如，长沙等地方言呼"祖母"为"娭毑"，表示"姐"义有所变化，由母亲义变为祖母义，同时音节延长，由单音节变成双音节。

我们还比较了"母亲"这一称谓在湘西南平话流行地区的说法，如表3-1所示。

表3-1　"母亲"的称谓在关峡平话周边方言点的比较

	关峡	兰蓉	羊石	麻林	牛头
母亲（面称）	阿姐 a⁴⁴tsi⁴⁴／阿 a⁴⁴（简称）	姐 tsi³³	阿姐 a¹³ tsi³³	娘娘 niaŋ²²·niaŋ 娘 niaŋ¹³	娘 ȵia⁵²
母亲（对称）	娘哩 nio⁴⁴·le	我咯姐 ŋa³³·kə tsi³³	阿姐 a¹³ tsi³³	娘娘 niaŋ²²·niaŋ	□娘 ai¹¹ȵia⁵²

可见，呼母为"姐"在湘西南平话地区比较常见。不过，值得注意的是，表母亲义的"姐"和表姐姐义的"姐"今在苗瑶平话中不同音。例如：

　　　　　　　　　　姐（表母亲义）　　　　　　姐（表姐姐义）

兰蓉　　　　　　　tsi³³　　　　　　　　　　　tsia³³

羊石	ʦi³³	ʦia⁴⁵
关峡	ʦi⁴⁴	ʦia⁵³

在上述三个方言点中，当"姐"表"姐姐"义时读上声调，声韵调都符合假开三麻韵精母上声字的音韵特点。但当"姐"表"母亲"义的时候，兰蓉〔ʦi³³〕为上声调，羊石〔ʦi³³〕为去声调，关峡〔ʦi⁴⁴〕为平声调。推测在这三个方言点中，兰蓉〔ʦi³³〕保留了较早层次，声母读〔ʦ〕也符合精组字早期的读音特点。羊石、关峡读平调可能是受兰蓉上声调值的感染。

表母亲义的"姐"与表姐姐义的"姐"不同音，在湘语呼母为姐（或呼祖母为姐）的少数方言点也同样存在。例如：

	姐（表母亲/祖母义）	姐（表姐姐义）
新化①	tɕia²⁴	tɕia²¹
常宁②	a⁴⁵ tɕi⁴⁵（祖母）	tɕia⁴⁴
	tɕia⁴⁴（母亲）东路和白沙一带呼母为~	
东安③	ŋa³³ tɕie⁵⁵（母亲）	tɕio⁵⁵
祁阳④	a⁵⁵ ʧʅ⁵⁵（祖母）	tɕia⁵³

表母亲义的"姐"与表姐姐义的"姐"不同音，应是为了别义而在语音系统内部所做的语音调节。

此外，关峡平话中的"爷""爹"等字词用在不同的亲属称谓中有不同的读音形式。例如：

爷：爷爷〔ia²²ia⁴⁴〕（祖父） 爷哩〔io²²·le〕（父亲） 亲爷〔ʦ'in⁴⁴io²²〕（干爹）

爹：爹爹〔tie⁴⁴tie⁴⁴〕（父亲） 满爹〔man⁵³ti⁴⁴〕（叔父） 伯爹〔pa²¹ti⁴⁴〕（伯父）

另外，表"小"的□〔la²¹³〕在"□白哩〔la²¹³⁻²¹ po³¹²·le〕（曾祖母）读入声的变调形式，与白哩〔po³¹²·le〕（曾祖父）相对应；但在"□姨"〔la⁵³ i²²⁻²¹〕（小姨妈）、"□姑丈"〔la⁵³ ku⁴⁴ tiəu³³〕（小姑父）等称谓词中读上声调与"大姨""大姑丈"相对应。

---

① 罗昕如. 湘方言词汇研究. 长沙：湖南师范大学出版社，2006.
② 吴启主. 常宁方言研究. 长沙：湖南教育出版社，1998.
③ 鲍厚星. 东安土话研究. 长沙：湖南教育出版社，1998.
④ 李维琦. 祁阳方言研究. 长沙：湖南教育出版社，1998.

关峡平话的亲属称谓词，一般不用语素"亲"参与构词。凡带上"亲"的称谓，实际上并不亲。例如：

亲爷［tsʻin⁴⁴io²¹］：干爹　　　　　　亲娘［tsʻin⁴⁴nio²¹］：干妈

捧起嘅崽［pʻoŋ⁵³tʃʻi⁵³·ke tsai⁵³］：养子

前加语素"亲"的，关系不如不加"亲"的称谓亲，捧在手里的崽也不如亲生骨肉"崽"亲，为了拉近关系，就刻意在称谓上做些修饰。

（三）特殊词语举例

1. 方言创新词

方言中有些词普通话没有一个与之对应的词，这些词为方言所特有，独具地方特色，称为方言创新词。

关峡平话中的创新词在构词理据上往往非常注重形象性。如："蝙蝠"头、身皆似老鼠，又喜宿屋檐内，而称作"檐老鼠"；而织布机上的梭子因为来回穿梭，神似活动敏捷的老鼠，而称作"飙老鼠"。下面再列举一些词语：

尖尖鞋［tse⁴⁴tse⁴⁴xa²²］：旧时裹脚妇女穿的弓鞋。

扯油丝眼［tʃʻio⁵³iəu²²sɿ⁴⁴ŋan³³］：抛媚眼。

月窠崽［ŋei²¹kʻəu⁴⁴tsai⁵³］：婴儿。

格哩［ke²¹³·le］：窗户，木窗做成一格一格的。

糍粑菌［tsi²²po⁴⁴koŋ³³］：一种形状像糍粑，黏手的野生蘑菇。

猪嘴巴［tiəu⁴⁴tsɿ⁵³po⁴⁴］：车前草。

青竹根［tʃʻin⁴⁴tiəu²¹kin⁴⁴］：蛇名，色青身长。

水巴掌［ʃy⁵³po⁴⁴tʃiəu⁵³］：浪花。

眼死［ŋa³³sɿ⁵³］：睡觉。

眼死不落［ŋa³³sɿ⁵³pu⁴⁴ləu³¹²］：睡不着。

直起［ti²¹tʃʻie⁴⁴］：起床。

2. 苗族民间风俗文化词

关峡平话的使用者是苗族，因此在他们的词汇中有很多是反映他们独特的民风民俗的。

米粉肉［mai³³xoŋ⁵³niəu³¹²］：米粉肉是关峡苗寨喜庆宴席上最受欢迎的佳肴，客人来了，桌上的菜再丰盛，但如果没有米粉肉，那将被认为是很不体面的。米粉肉是用切成小块的猪肉拌上炒米粉、五香粉、食盐和味精等调料，调匀后放到甑里蒸熟，即可食用。一席一笼，每笼五六斤不等。很多村寨至今有夹菜的习惯，入席的人席上只吃配菜，而将米粉肉全部夹完，用一根竹签串上带走。如有缺席的客人，主人也要为其夹上一串，并亲自送到家中。因此当地流传一句俗语：吃不完一串米粉肉，算不上一个山里人。

乌饭［u⁴⁴pan⁴⁴］：即黑饭。它是用一种树叶汁（苗家称其为黑饭叶）拌合着泡透了的糯米蒸制，颜色蓝黑，其味芳香。农历四月初八，是关峡乃至全县苗族杨姓的"姑娘节"，这天无论是出嫁还是待字闺中的姑娘都是要回到娘家吃乌饭的。

过十五［ku³³tsʅ²¹ŋ³³］：端午节也是关峡苗家重视的节日，苗家人好客，这一天他们会走亲戚、迎朋友，为了避免你请、我也请的冲撞，于是当地苏、杨两大姓就约定俗成：杨家过五月初五、苏家过五月十五，避免了这种尴尬。

尝新节［ʃiəu²²sin⁴⁴tsai²¹³］：每年六月早稻成熟时节，从田间摘取几枝稻穗，捣去稻壳，将新米同陈米一起煮熟。开餐时，盛含新米之饭，先祭奠祖先，后装一碗饭给家狗吃（苗家有敬狗爱狗之风俗），再按辈分和年龄大小依次品尝。明天启年间任绥宁知县的包汝楫所撰《南中纪闻》亦有记载："绥宁早禾在六月刈割，俗以六月十六日食新，虽禾未全登，各家先取数攒，舂米做饭。"①

发墨［fa²¹mai³¹²］：绥宁苗家把建房修屋看作人生的一件大事。开工之时，户主请阴阳先生择定良辰吉日，木匠把中柱料平放刨平，由户主牵墨线站在中柱一端，木匠拿着墨斗站在中柱另一端，右手提起墨线侧耳细听，一有响声，立即弹下。如听到的是喜鹊叫或笑声、祝贺声，则认为吉利；如听到乌鸦叫或哭声，则认为不吉利。

菩萨崽［pu²²so⁴⁴tsai⁵³］：指相貌。绥宁的民间信仰中既有自然崇拜、祖先崇拜，也有鬼神崇拜等。"菩萨"是绥宁苗族人民敬奉的神灵，有"天哩菩萨（老天爷）""火神菩萨""灶王菩萨（灶王爷）"等。同时，把人的面相称为"菩萨崽"，均是人们趋吉避凶心理的反映。

吹叶叶［tʃ'y⁴⁴ie²¹ie⁴⁴］：即吹木叶，是当地苗族及其他少数民族特有的吹奏艺术。人们常在上山劳动和男女幽会时，随手采摘一片色绿质韧的嫩木叶，用指头抵在下嘴唇上，就能吹奏出悠扬动听的旋律来。"高山木

---

① 包汝楫（明）. 南中纪闻［M］. 选自《丛书集成初编》，上海：商务印书馆，民国二十五年.

叶笑微微，十八满哥你会吹？你若吹得木叶叫，木叶传情不用媒。"这是一首流行于绥宁苗乡的情歌，生动体现出苗族青年男女木叶传情、山歌联姻的有趣情景。

3. 关峡平话中关于"蛋"和"屁股"的说法

关峡平话中的少数词语从汉语中得不到解释，也无语音上的对应关系，却能与苗瑶语或侗台语建立起一定的联系，推测其为民族语底层词的可能性较大，下面试举几例讨论。

（1）"鸡蛋"在关峡称 [kəu³¹²]，在羊石称 [ʧi¹³ko¹¹]，"鸭蛋"关峡称 [o²¹ kəu³¹²]，羊石称 [a⁴⁴ko¹¹]。呼"蛋"为 [kəu³¹²]，或为 [ko¹¹]，阳入调，这一说法与其他几个苗瑶方言点称"蛋"为"白包"或"卵"的说法很不相同。那么"蛋"一词在苗瑶语中的说法又如何呢？

	养蒿	先进	青岩	枫香	多祝	湘江	长坪
蛋	ki⁵	qe⁵	qa⁵	ki⁵	ka⁵	kau⁵	kjau⁵

上述苗瑶语材料出自王辅世、毛宗武《苗瑶语古音构拟》（1995）。

地缘最近的苗语材料是绥宁黄桑"坝那"话①，其中潭泥话的"蛋"读 [kia²⁵]，例如：

鸭蛋：kia²⁵ai²⁵   鸡蛋：kie²²⁴kia²⁵   鸡蛋黄：kia²⁵koŋ²¹²

    蛋 鸭   鸡 蛋   蛋 黄

因此，推测关峡、羊石"蛋"的形式最初可能来自苗瑶语，声母由 q→k，韵母由 a→o→əu 演变而来。

（2）"屁股"在关峡平话中有两种读音，其一：屁股 [pʻi³³ku⁵³]，与普通话一致。其二：□□ [ʧʻiao³³saŋ⁵³]（鸡屁股）、脚头□ [ʧiəu²¹³tao²² saŋ⁵³]（脚后跟）、山背□ [san⁴⁴pei³³saŋ⁵³]（山背后）、屋背□ [u²¹pei³³ saŋ⁵³]（屋背后）、背□ [pei³³saŋ⁵³]（后来）。贺福凌、李艳玲（2008）调查指出关峡平话（兰溪村）② 有：揩□ [kʻa³³saŋ⁵⁵]（揩屁股）、帖□皮 [tai²⁰³saŋ⁵⁵pi²²]（尿布），其中□ [saŋ⁵⁵] 是"屁股"的另一种说法。由此可以认为，□ [saŋ⁵³] 在关峡平话中最初的词义为"屁股"，后来引申为表"后面"的空间义和表"后来"的时间义。

---

① 绥宁苗族"坝哪"话以绥宁县黄桑坪苗族乡潭泥话为代表，潭泥人称自己为 [pa²⁵na²¹²]，称自己说的话为 [pa²⁵na²¹²tɕi⁴⁵]，意即本地人的话，属于汉藏语系苗瑶语族苗语支。潭泥话语料为本人调查所得。

② 贺李文中兰溪村的声调系统为：平声 44，阳平 22，上声 55，去声 33，入声 203。

贺福凌、李艳玲（2008）认为□［san⁵³］"这个词和侗语南部方言屁股一词的读音类似，如章鲁［sən⁴］、林溪［sən⁴］，另外《侗汉词典》中有［lja³¹sən⁵⁵］舔屁股"。①

二、关峡平话分类词表

[说明]

1. 本词表共收关峡平话词语 3000 多条，按意义分为 29 类。词语的分类和排列顺序依《现代汉语大词典》编委会编制的《汉语方言词汇调查表》。词汇表上没有而关峡平话有的，也酌量收了一部分，排在相关词条后或词类后面。

2. 每个词条先写汉字，后标读音。注音仅标实际读音，变调规则请看语音部分的描写。

3. 同义词条排在一起，第一条顶格，其余各条退一格另行排列。

4. 条目中圆括号内的字和与之相应的音，表示此字、音可有可无。

5. 字下加浪线"＿"表示写的是同音字，方框"□"表示有音无字的音节．替代号"~"表示复举前面的词或词组。

（一）天文

日头 ŋ²¹ tao²² 太阳

　　太阳 t'ai³³uei²²

当日头 taŋ⁴⁴ŋ²¹tao²² 当阳

阴地方 in⁴⁴ti⁴⁴xəu⁴⁴ 当阴

天狗食日 t'e⁴⁴kao⁵³ie²¹ŋ³¹² 日食

日头光 ŋ²¹tao²²ku⁴⁴ 阳光

月光 ŋei²¹ku⁴⁴ 月亮

天狗食月光 t'e⁴⁴kao⁵³ie³¹²ŋei²¹ku⁴⁴

　　月食

星哩 se⁴⁴·le 星子

北斗星 pe²¹təu⁵³se⁴⁴

天光星 t'e⁴⁴ku⁴⁴se⁴⁴ 启明星

天河 t'e⁴⁴xo²¹ 银河

星哩泻屎 se⁴⁴·le sio³³sɿ⁵³ 流星

扫牯星 sei³³ku⁵³se⁴⁴ 彗星　比喻带来

　　　　灾难的人

大风 ta⁴⁴xoŋ⁴⁴

台风 ta²²xoŋ⁴⁴

□风 la²¹xoŋ⁴⁴ 小风

擎擎风 tʃiəu⁴⁴tʃiəu⁴⁴xoŋ⁴⁴ 旋风

　　鬼风 ki⁵³xoŋ⁴⁴ 旋风

逆风 ŋo²¹xoŋ⁴⁴

顺风 ʃyn³³xoŋ⁴⁴

出风 tʃ'y²¹xoŋ⁴⁴ 刮风

风停呱 xoŋ⁴⁴tin²²·ko

北风 pe²¹xoŋ⁴⁴

① 贺福凌、李艳玲. 湖南绥宁关峡苗族平话的民族语底层词. 云梦学刊，2008（6）.

东风 toŋ⁴⁴xoŋ⁴⁴

南风 no²²xoŋ⁴⁴

西风 si⁴⁴xoŋ⁴⁴

云 oŋ²²

黑云 xai²¹oŋ²²

红云 xoŋ²²oŋ²¹

白云 po²¹oŋ²²

雷 lei²²

　雷公 lei²²koŋ⁴⁴

　雷公菩萨 lei²²koŋ⁴⁴pu²²so⁴⁴

打雷 ta⁵³lei²²

炸雷 tso³³lei²²

打火闪 ta⁵³xəu⁵³ʃie⁵³ 闪电

落雨 ləu²¹u³³ 下雨

□雨 la²¹u³³ 细雨

毛毛雨 mei²²mei⁴⁴u³³

暴雨 pao⁵³u³³

飘雨 p'iao³³u³³

雨□呱 u³³la²¹³·ko 雨小了

虹 xoŋ²²

啄雨 ʧya²¹u³³ 淋雨

构哩 kao³³·le 冰

构起呱 kao³³ʧ'ie⁴⁴·ko 结冰

构融呱 kao³³ioŋ²²·ko 化冰

落构毛 ləu²¹kao³³mei²²

冰雹 pin⁴⁴p'ao³³

雪 sei²¹³

落雪 ləu²¹sei²¹³

泡雪 p'ao³³sei²¹³

棉花雪 me²²xo⁴⁴sei²¹³

沙雪 so⁴⁴sei²¹³

雪夹雨 sei²¹ka²¹³u³³

雪融呱 sei²¹ioŋ²²·ko

露水 lu⁴⁴（ləu⁴⁴）ʃy⁵³

打霜 ta⁵³səu⁴⁴

白头霜 po²¹tao²²səu⁴⁴

罩哩 tsəu³³·le 雾

挂罩哩 ko³³tsəu³³·le 起雾

天 t'e⁴⁴

天色 t'e⁴⁴se²¹³ 天气

天晴 t'e⁴⁴tse²² 晴天

天阴 t'e⁴⁴in⁴⁴ 阴天

热哩巫 nie³¹²·le u⁴⁴ 天气热得很

冷哩巫 laŋ³³·le u⁴⁴ 天气冷得很

三伏天 so⁴⁴fu²¹³t'e⁴⁴

入伏 y⁴⁴fu²¹³

初伏 ts'u⁴⁴fu²¹³

中伏 tsoŋ⁴⁴fu²¹³

末伏 mo²¹fu²¹³

天干 t'e⁴⁴kəu⁴⁴ 天旱

水颈呱 ʃy⁵³oŋ³³·ko 涝了，水淹了

天开晴呱 t'ie⁴⁴k'ue⁴⁴tse²²·ko 雨后转晴

叫春 ʧie³³ʧ'yn⁴⁴

开春 k'ue⁴⁴ʧ'yn⁴⁴

（二）地理

草坪坪 ts'ei⁵³pe²²pe⁴⁴

干田 kəu⁴⁴te²¹

水田 ʃy⁵³te²¹

荒田 xəu⁴⁴te²¹

沙田 so⁴⁴te²¹

菜园 ts'a³³ue²¹

荒坪坪 xəu⁴⁴pe²²pe⁴⁴

畲 ʃio⁴⁴ 种旱地作物的地

荒畬 xəu⁴⁴ ʃio⁴⁴

陡畬 tao⁵³ ʃio⁴⁴

平畬 pe²² ʃio⁴⁴

茅草山 mei²² ts'ei⁵³ san⁴⁴

冲头田 tʃ'in⁴⁴ tao²² te²²

冬水田 toŋ⁴⁴ ʃy⁵³ te²²

秧田 iəu⁴⁴ te²¹

田塍头 te²² ʃin²¹ tao²²

田坝口 te²² po³³ xao⁵³ 田的两端

田框 te²² k'uaŋ⁴⁴ 水田的岸边

田基 te²² tʃi⁴⁴

田塍 te²² ʃin²¹

水坝 ʃy⁵³ po³³

山 san⁴⁴

竹山 tiəu²¹ san⁴⁴

山顶顶 san⁴⁴ tin⁵³ tin⁵³

半山上 po³³ san⁴⁴ ʃiəu³³

山脚 san⁴⁴ tʃiəu²¹³

山坳口 san⁴⁴ o³³ xao⁵³

（山）肚肚里 san⁴⁴ təu³³ təu³³ li³³

井水 tse⁵³ ʃy⁵³

山□□ san⁴⁴ pio⁴⁴ pio⁴⁴ 山腰

江 kəu⁴⁴ 河

江边上 kəu⁴⁴ pe⁴⁴ ʃiəu³³ 河边

塘 təu²²

湖 fu²²

塘里水 təu²² li³³ ʃy⁵³

海 xai³³

堤 ti²²

坝 po³³

圳 tsoŋ³³ 灌溉稻田的自然水道

（河）滩上 t'o⁴⁴ ʃiəu³³

水巴掌 ʃy⁵³ po⁴⁴ tʃiəu⁵³ 浪花

清水 ts'e⁴⁴ ʃy⁵³

□□水 ma⁴⁴ fu³³ ʃy⁵³ 浊水

雨水 u³³ ʃy⁵³

出个龙 tʃ'y²¹³ ko³³ lin²² 山洪暴发

洪水 xoŋ²² ʃy⁵³

涨水 tiəu⁵³ ʃy⁵³

侵水 ts'e⁴⁴ ʃy⁵³ 冷水

滚水 koŋ⁵³ ʃy⁵³ 开水

爛水 la³³ ʃy⁵³ 热水

温爛水 oŋ⁴⁴ la³³ ʃy⁵³ 温热水

石牯 ʃio²¹ ku⁵³　石头

石牯崽 ʃio²¹ ku⁵³ tsai⁵³

□石牯 la²¹ ʃio³¹² ku⁵³ 小石头

卵石牯 lo³³ ʃio³¹² ku⁵³ 鹅卵石

沙哩 so⁴⁴ ·le

土砖 t'u⁵³ tʃye⁴⁴

火砖 xəu⁵³ tʃye⁴⁴

红砖 xoŋ²² tʃye⁴⁴

青砖 ts'e⁴⁴ tʃye⁴⁴

空心砖 k'oŋ⁴⁴ sin⁴⁴ tʃye⁴⁴

末砖 mo²¹ tʃye⁴⁴

断砖 təu⁵³ tʃye⁴⁴

瓦 o³³

红瓦 xoŋ²² o³³

青瓦 ts'e⁴⁴ o³³

碎瓦 sei³³ o³³

亮瓦 liəu⁴⁴ o³³

□ p'oŋ⁴⁴ 灰

烂泥巴 lo⁴⁴ nai²² po⁴⁴

稀泥巴 ʃio⁴⁴ nai²² po⁴⁴

泥巴脚脚 nai²² po⁴⁴ tʃiəu²¹ tʃiəu⁴⁴

金哩 tʃin⁴⁴ ·le

银哩 nin²² ·le

铜 toŋ²²

铁 t'ai²¹³

煤炭 mei²²t'o³³

炭 t'o³³

栎柴炭 lio²¹tʃia²²t'o³³ 一种硬杂木烧
  制的炭

泡柴炭 p'ao³³tʃia²²t'o³³ 泡木烧制的炭

白炭 po²¹t'o³³ 木炭

火炭 xəu⁵³ t'o³³ 煮饭等烧柴后留下
  的木炭

打铁炭 ta⁵³t'ai²¹³t'o³³ 铁匠打铁时使
  用的炭

洋火 iaŋ²²xəu⁵³ 火柴

洋油 iaŋ²²iəu²¹ 煤油

水泥 suei³³ni²¹

石灰 ʃio²¹fei⁴⁴

磁铁 ts'ʅ²²t'ie²¹³

玉 y⁵³

地方 ti⁴⁴xəu⁴⁴

街上 ka⁴⁴ʃiəu³³

半边街 po³³pe⁴⁴ka⁴⁴

城里 tʃ'in²²li³³

乡里 ʃiaŋ⁴⁴li³³

赶场 kue⁵³tiəu²²

路 lu⁴⁴

大路 ta⁴⁴lu⁴⁴

□路 la²¹lu⁴⁴ 小路

行路 xaŋ²²lu⁴⁴

路边上 lu⁴⁴pe⁴⁴ʃiəu³³

水泥路 suei³³ni²²lu⁴⁴

土路 t'u⁵³lu⁴⁴

马路 mo³³lu⁴⁴

街 ka⁴⁴

巷巷里 xəu⁴⁴xəu⁴⁴li³³

大巷巷 ta⁴⁴xəu⁴⁴xəu⁴⁴

□巷巷 la²¹xəu⁴⁴xəu⁴⁴ 小巷

城墙 tʃ'in²²tʃiəu²¹

城门 tʃ'in²²maŋ²¹

（三）季节

春天 tʃ'yn⁴⁴t'e⁴⁴

夏天 ʃia⁵³t'e⁴⁴

秋天 ts'iəu⁴⁴t'e⁴⁴

冬天 toŋ⁴⁴t'e⁴⁴

交春 tʃiao⁴⁴tʃ'yn⁴⁴

交秋 tʃiao⁴⁴ts'iəu⁴⁴

雨水 u³³ʃy⁵³

惊蛰 tʃin⁴⁴tʃ'i²¹³

春分 tʃ'yn⁴⁴fin⁴⁴

清明 ts'e⁴⁴me²¹

挂清 ko³³ts'e⁴⁴

谷雨 ku²¹u³³

立夏 li³³xo³³

小满 ʃiao³³man³³

芒种 maŋ²²tʃioŋ⁵³

夏至 xo³³tsʅ³³

小暑 ʃiao³³ʃy⁵³

大暑 ta⁴⁴ʃy⁵³

处暑 ts'u³³ʃy⁵³

白露 po²¹lu⁴⁴

秋分 ts'iəu⁴⁴fin⁴⁴

寒露 xan²²lu⁴⁴

霜降 səu⁴⁴tʃiaŋ⁵³

立冬 li^{53}toŋ^{44}

小雪 ʃiao^{33}ʃye^{213}

大雪 ta^{44}ʃye^{213}

冬至 toŋ^{44}tsʅ^{33}

小寒 ʃiao^{33}xan^{22}

大寒 ta^{44}xan^{22}

新书 sin^{44}ʃy^{44}历书

过□年 ku^{33}la^{21}ne^{22}过小年

过年 ku^{33}ne^{22}

初一 tsʻu^{44}i^{213}

十五 tsʅ^{21}ŋ^{33}元宵节

拜年 pa^{33}ne^{22}

端午节 təu^{44}ŋ^{33}tsai^{213}

过十五 ku^{33}tsʅ^{21}ŋ^{33}大端午（五月十五）

八月十五 pa^{21}ŋ^{33}tsʅ^{21}ŋ^{33}

七月半 tsʻi^{21}ŋ^{33}pəu^{33}

四月初八 sʅ^{33}ŋ^{33}tsʻu^{44}pa^{213}姑娘节

尝新（节）ʃiəu^{22}sin^{44}（tsai^{213}）每年六月早稻成熟时节，食新米

今年 tʃin^{44}ne^{21}

去年 kʻe^{33}ne^{21}

前去年 tse^{22}kʻe^{33}ne^{22}前年

明年 me^{22}ne^{21}

后年 xao^{33}ne^{21}

上前去年 ʃiəu^{33}tse^{22}kʻe^{33}ne^{22}大前年

往年 məu^{33}ne^{21}

外后年 me^{33}xao^{33}ne^{22}大后年

年头 ne^{22}tao^{21}

　一年当头 i^{44}ne^{22}taŋ^{33}tao^{21}

年尾 ne^{22}mi^{33}

上半年 ʃiəu^{33}po^{33}ne^{22}

下半年 xo^{33}po^{33}ne^{22}

好年景 xei^{53}ne^{22}tʃin^{53}

正月 tʃie^{44}ŋ^{33}

闰月 yn^{33}ŋ^{33}

闰年 yn^{33}ne^{21}

月底 ye^{21}ti^{53}

一个日月 i^{44}kəu^{33}ŋ^{21}ŋ^{33}一个月

头个日月 tao^{22}kəu^{33}ŋ^{21}ŋ^{33}头个月

咯个日月 kəu^{21}kəu^{33}ŋ^{21}ŋ^{33}这个月

下个日月 xo^{33}kəu^{33}ŋ^{21}ŋ^{33}下个月

每个日月 mei^{33}kəu^{33}ŋ^{21}ŋ^{33}每个月

今日 tʃi^{22}ŋ^{33}

□日 tʃiaŋ^{22}ŋ^{33}昨天

明滴日 me^{22}·tiŋ^{33}

后日 xao^{33}ŋ^{33}

外后日 me^{33}xao^{33}ŋ^{33}

前□日 tse^{22}koŋ^{33}ŋ^{33}前天

上前□日 ʃiəu^{33}tse^{22}koŋ^{33}ŋ^{33}大前天

头几日 tao^{22}tʃi^{33}ŋ^{33}

星期日 ʃin^{44}tʃʻi^{44}ŋ^{33}

一个星期 i^{44}kəu^{33}ʃin^{44}tʃʻi^{44}

一日 i^{44}ŋ^{312}

每一日 mei^{33}i^{21}ŋ^{312}

上半日 ʃiəu^{33}pəu^{33}ŋ^{33}上午

下半日 xo^{33}pəu^{33}ŋ^{33}下午

一半日 i^{44}pəu^{33}ŋ^{33}半天

麻麻光 mo^{22}mo^{44}ku^{44}

昼朝头 təu^{33}tʃie^{44}tao^{22}早晨

半日时辰 pəu^{33}ŋ^{33}sʅ^{21}tʃin^{21}中午

半日过身 pəu^{33}ŋ^{33}ku^{33}ʃin^{44}午后

日里呱 ŋ^{21}li^{33}·ko白天

夜里头 io⁴⁴li³³tao²² 夜晚

断黑时辰 təu³³xai²¹³sɿ²²ʧin²¹ 黄昏

半夜 pəu³³io⁴⁴

上半夜 ʃiəu³³pəu³³io⁴⁴

下半夜 xo³³pəu³³io⁴⁴

一夜 i⁴⁴io⁴⁴

夜夜头 io⁴⁴io⁴⁴tao²² 每天晚上

天光呱 t'e⁴⁴ku⁴⁴·ko 天亮

天黑呱 t'e⁴⁴xai²¹³·ko

夜深呱 io⁴⁴ʃin⁴⁴·ko

月份 ye²¹fin³³

日哩 ȵ³¹²·le 日子

时辰 sɿ²²ʧin²¹

面前 me⁴⁴tse²¹

后头 xao³³tao²¹

咯辰 kəu²¹ʧin²² 这时

　　咯个时候 ko²¹kəu³³sɿ²²xəu³³

背□ pei³³saŋ⁵³ （方位）后面

　　屁股头 p'i³³ku⁵³tao²²

以后 i³³xao³³

前世 tse²²sɿ³³

（四）农业

春耕 ʧ'yn⁴⁴kin⁴⁴

阳春 iəu²²ʧ'yn⁴⁴

犁田 lai²²te²²

耙田 po²²te²²

作田 tsəu²¹te²²

作畲 tsəu²¹ʃio⁴⁴

作土 tsəu²¹t'u⁵³

下种 xo³³ʧioŋ³³

莳田 sɿ²²te²² 插秧

扯草 ʧ'io⁵³ts'ei⁵³

割草 kəu²¹ts'ei⁵³

禾线哩 u²²se³³·le

麦哩线 mo³¹²·le se³³ 麦穗

杀禾 ʃia²¹u²² 割稻子

杀麦哩 ʃia²¹mo³¹²·le

杀青 ʃia²¹ts'e⁴⁴

杀草 ʃia²¹ts'ei⁵³ 撒农药

守野猪 ʃiəu⁵³io³³tiəu⁴⁴ 稻谷成熟之
　　际防止野兽偷吃庄稼

打谷哩 ta⁵³ku²¹³·le

打麦哩 ta⁵³mo³¹²·le

晒谷坪 ʃia³³ku²¹³pe²²

拔麦哩 po²¹mo³¹²·le

挖土 ua²¹t'u⁵³

沤肥 o³³fei²²

淋大淤 lin²²ta⁴⁴y⁴⁴ 浇大粪

淋小淤 lin²²ʃie³³y⁴⁴

打大淤 ta⁵³ta⁴⁴y⁴⁴ 撒大粪

打化肥 ta⁵³fa³³fei²² 撒化肥

茅屎桶 məu²²sɿ⁵³t'aŋ⁵³

屙屎 o⁴⁴sɿ⁵³

牛屎 ŋao²²sɿ⁵³

猪屎 tiəu⁴⁴sɿ⁵³

鸡屎 ʧi⁴⁴sɿ⁵³

土头灰 t'u⁵³tao²²fei⁴⁴ 草皮灰

火炉灰 xəu⁵³ləu²²fei⁴⁴

浇水 ʧiao⁴⁴ʃy⁵³

摇水 iao²²ʃy⁵³

车水 ts'e⁴⁴ʃy⁵³

灌水 kuan³³ʃy⁵³

抽水 ʧ'iəu⁴⁴ʃy⁵³

输水 su⁴⁴ʃy⁵³ 把田里的水用盆、桶

舀出

看水 kʻo³³ ʃy⁵³

担水 to⁴⁴ ʃy⁵³

井 tse⁵³

吊井 tie³³ tse⁵³

吊桶 tie³³ tʻaŋ⁵³

摇井 iao²² tse⁵³

水桶 ʃy⁵³ tʻaŋ⁵³

水车 ʃy⁵³ ʧʻio⁴⁴

放水 xəu³³ ʃy⁵³

踩车 tsʻai⁵³ ʧʻio⁴⁴

牛轭 ŋao²² o³³

马笼头 mo³³ laŋ²² tao²²

牛藤 ŋao²² taŋ²¹ 牛绳

犁 lai²²

以下八条为犁的部件名

犁弯刀 lai²² uan⁴⁴ tei⁴⁴

犁□纠 lai²² kəu⁴⁴ ʧiəu³³

犁围 lai²² uei²¹

犁箭 lai²² tse³³

犁头 lai²² tao²¹

犁劈 lai²² pʻio²¹³

犁底 lai²² tai⁵³

犁把手 lai²² po⁵³ ʃiəu⁵³

耙 po²²

犁耙 lai²² po²¹

柴架架 ʧia²² ko³³ ko³³ 背柴用的工具

钩刀 kao⁴⁴ tei⁴⁴

弯刀 uan⁴⁴ tei⁴⁴

仓 tsʻəu⁴⁴

仓楼 tsʻəu⁴⁴ lao²¹

风车 xoŋ⁴⁴ ʧʻio⁴⁴

碾哩 ne³³ ·le 碾子

□哩 lei³³ ·le 旧时用来脱谷壳的

　　　工具

磨 məu²²

磨把手 məu²² po⁵³ ʃiəu⁵³

磨心 məu²² sin⁴⁴

筛筛 ʃia⁴⁴ ʃia⁴⁴

米筛 mai³³ ʃia⁴⁴

粉筛 xoŋ⁵³ ʃia⁴⁴

糠筛 xəu⁴⁴ ʃia⁴⁴

箩筛 ləu²² ʃia⁴⁴ 很细的筛子

淤筛 y⁴⁴ ʃia⁴⁴

灰筛 fei⁴⁴ ʃia⁴⁴

箩箩 ləu²² ləu⁴⁴

谷箩 ku²¹ ləu²²

皮箩 pi²² ləu²¹

禾钩 u²² kao⁴⁴

糍杵 tsi²² ʧʻy³³ 打糍粑的碓杵

糍孔 tsi²² xəu⁵³ 舂糍粑的臼

碓孔 tei³³ xəu⁵³ 臼

碓嘴 tei³³ tsy⁵³

撮撮 ʧʻia²¹ ʧʻia⁴⁴ 撮箕

钩撮箕 kao⁴⁴ ʧʻia²¹ ʧʻi⁴⁴

皮□箕 pi²² səu⁴⁴ ʧʻi⁴⁴

谷□箕 ku²¹ səu⁴⁴ ʧʻi⁴⁴

修锄 ʃiu⁴⁴ tsu²² 锄草用的

锄头 tsu²² tao²¹

锄头崽 tsu²² tao²² tsai⁵³ 小锄头

十字钩 ʃi²¹ tsʅ⁴⁴ kao⁴⁴

磨镰刀 məu²² li²¹ tei⁴⁴

磨刀石 məu²² tei⁴⁴ ʃio³¹²

斧头 fu⁵³ tao²¹

□□ to²² to⁴⁴ 晒干菜的方形的篾制品

笋索 ləu²² so²¹³

担竿 to⁴⁴kəu⁴⁴　扁担

木枪 məu²¹ tʃ'iəu⁴⁴一种两头尖用来挑柴、草的农具

担担哩 to⁴⁴to³³·le 担担子

扫牯 sei³³ku⁵³扫帚

柴扫牯 tʃia²² sei³³ ku⁵³竹枝扫帚

棕扫牯 tsoŋ⁴⁴sei³³ku⁵³

钩刀□ kao⁴⁴tei⁴⁴ʃiəu²¹³ 置于腰间放刀的木盒

斛桶 fu²¹t'aŋ⁵³打谷子时用来接谷粒的大木桶

囷桶 lo²²t'aŋ⁵³装米的桶子，圆形

扁桶 pe⁵³t'aŋ⁵³

□竹 mo²¹tiəu²¹³把竹子的一端剖成三四片，用来赶鸡、赶鸭

吓枝 xo²¹tʃi⁴⁴竹棍或木棍，用来赶牛、赶羊

脚耙哩 tʃiəu²¹po²²·le

拔头 pəu²¹tao²²

笠斗 li²¹tao⁵³斗笠

蓑衣 səu⁴⁴i⁴⁴

赶山 kue⁵³san⁴⁴打猎

开山 k'ue⁴⁴san⁴⁴拜山神

（五）植物

谷哩 ku²¹³·le

麦哩 mo³¹²·le

玉米 y⁵³mai³³

红薯 xoŋ²²ʃy³³

荞 tʃie²²

高粱 kei⁴⁴liəu²¹

粟米 ʃiəu²¹mai³³

朝花仔 tʃiao²²xo⁴⁴tsai⁵³

禾 u²²

谷壳壳 ku²¹k'əu²¹k'əu⁴⁴

秧 iəu⁴⁴

秧苗 iəu⁴⁴mie²¹

粗糠 ts'u⁴⁴xəu⁴⁴

细糠 si³³xəu⁴⁴

早季 tsei⁵³tʃi³³早稻

晚季 mo³³tʃi³³

糯谷 ləu⁴⁴ku²¹³

籼谷 se³³ku²¹³　不带糯性

堆草 tei³³ts'ei⁵³

稗草 pa⁴⁴ts'ei⁵³

糯米 ləu⁴⁴mai³³

碾哩米 ne³³·le mai³³精米

□哩米 lei³³·le mai³³糙米

棉花 me²²xo⁴⁴

麻 mo²²

油麻崽 iəu²²mo²²tsai⁵³芝麻

朝日花 tʃ'iao²²ie²²xo⁴⁴向日葵

白红薯 po²¹xoŋ²²ʃy³³

红皮薯 xoŋ²²pi²¹ʃy³³

红心薯 xoŋ²²sin⁴⁴ʃy³³

黄心薯 u²²sin⁴⁴ʃy³³

红薯种 xoŋ²²ʃy³³tʃioŋ³³

红薯皮 xoŋ²²ʃy³³pi²²红薯片

洋芋头 iaŋ²²u⁴⁴tao²²土豆

芋头 u⁴⁴tao²¹

野芋头 io³³u⁴⁴tao²²

芋头娘娘 u⁴⁴tao²²nio²²nio⁴⁴

芋头崽崽 u⁴⁴tao²²ʦai⁵³ʦai⁵³

慈姑 ʦʻɿ²²ku⁴⁴荸荠

脚板薯 ʧiəu²¹pan⁵³ʃy³³

魔芋 məu²²u⁴⁴

魔芋头 məu²²u⁴⁴tao²¹

葛麻蔸 kəu²¹mo²²tao⁴⁴葛根

蕨菜 kue²¹ʦʻa³³

牛圆心 ŋao²²ue²²sin⁴⁴类似包菜

藕 əu³³

黄豆 u²²tao⁴⁴

绿豆 niəu²¹tao⁴⁴

黑豆 xai²¹tao⁴⁴

红豆 xoŋ²²tao⁴⁴

弯豆 uan⁴⁴tao⁴⁴

豆角 tao⁴⁴kəu²¹³

蚕豆 ʦʻan²²tao⁴⁴

娥眉豆 ŋəu²²mei²²tao⁴⁴

砧板豆 tin⁴⁴pan⁵³tao⁴⁴

苦瓜 fu⁵³ko⁴⁴

黄瓜 u²²ko⁴⁴

茄哩 ʧio²² ·le 茄子

线瓜 se³³ko⁴⁴丝瓜

金瓜 ʧin⁴⁴ko⁴⁴ 南瓜

冬瓜 toŋ⁴⁴ko⁴⁴

大瓜 ta⁴⁴ko⁴⁴ 瓠瓜

西瓜 si⁴⁴ko⁴⁴

四季豆 sɿ³³ʧi³³tao⁴⁴

葱 ʦʻoŋ⁴⁴

野葱 io³³ʦʻoŋ⁴⁴

火葱 xəu⁵³ʦʻoŋ⁴⁴ 葱的一种，茎
　　较粗

蒜 səu³³

蒜苞苞 səu³³pao⁴⁴pao⁴⁴

蒜瓣哩 səu³³ma⁵³ ·le

蒜梗梗 səu⁴⁴kaŋ⁵³kaŋ⁵³

蒜头梗 səu⁴⁴tao²²kaŋ⁵³

酸豆角 səu⁴⁴tao⁴⁴kəu²¹³

韭菜 ʧiəu⁵³ʦʻa³³

薤头包 ʧie³³tao²²pao⁴⁴

白菜 po²¹ʦʻa³³

青菜 ʦʻe⁴⁴ʦʻa³³

苋菜 xan⁴⁴ʦʻa³³

红菜 xoŋ²²ʦʻa³³

猪菜 tiəu⁴⁴ʦʻa³³喂猪用的

洋茄哩 iaŋ²²ʧiəu²² ·le 西红柿

洋辣子 iaŋ²²la⁵³ʦɿ³³

姜 ʧiəu⁴⁴

洋姜哩 iaŋ²²ʧiəu⁴⁴ ·le

辣椒 lo²¹tsi⁴⁴

朝天辣 ʧʻiao²²tʻe⁴⁴la⁵³

酸姜 səu⁴⁴ʧiəu⁴⁴泡在坛子里的姜

辣椒粉 lo²¹tsi⁴⁴xoŋ⁵³

辣椒酱 lo²¹tsi⁴⁴ʧiəu³³

剁辣椒 təu⁵³la⁵³tsi⁴⁴

酒辣椒 tsiəu⁵³lo²¹tsi⁴⁴

酸辣椒 səu⁴⁴lo²¹tsi⁴⁴

萝卜头 ləu²²pai²¹tao²²大头菜

扯根菜 ʧʻio⁵³kin⁴⁴ʦʻa³³菠菜

莴笋 o⁴⁴sun³³

笋 soŋ⁵³

牛皮菜 ŋao²²pi²²ʦʻa³³

芹菜 ʧin²²ʦʻa³³

茼蒿菜 toŋ²²xo⁴⁴ʦʻa³³

萝卜 ləu²²pai²¹³

包包菜 pao⁴⁴pao⁴⁴ts'a³³

空心菜 k'oŋ⁴⁴sin⁴⁴ts'a³³

凤凰萝卜 xoŋ³³faŋ²²ləu²²pai²¹³

油菜 iəu²²ts'a³³

苦麻菜 fu⁵³mo²²ts'a³³

野芹菜 io³³ʧin²²ts'a³³

胡萝卜 fu²²ləu²²pai²¹³

树 tsu⁴⁴

树秧 tsu⁴⁴iəu⁴⁴

树身 tsu⁴⁴ʃin⁴⁴

树尖尖 tsu⁴⁴tse⁴⁴tse⁴⁴

树根根 tsu⁴⁴kaŋ⁴⁴kaŋ⁴⁴

树叶叶 tsu⁴⁴ie²¹ie⁴⁴

树垮垮 tsu⁴⁴k'ua³³k'ua⁴⁴ 树枝

栽树 tsa⁴⁴tsu⁴⁴

□树 ŋai²¹tsu⁴⁴ 砍树

松树 tsin²²tsu⁴⁴

松树油 tsin²²tsu⁴⁴iəu²²

杉树 so⁴⁴tsu⁴⁴

杉刺 so⁴⁴ts'i³³

桑叶树 səu⁴⁴ie²¹tsu⁴⁴

杨柳 iaŋ²²liəu³³

吊柳 tie³³liəu³³

桐油树 toŋ²²iəu²²tsu⁴⁴

苦楝子树 fu⁵³le⁴⁴tsʅ³³tsu⁴⁴

苦李树 fu⁵³li³³tsu⁴⁴

角栗瓣树 kəu²¹li³³ma⁵³tsu⁴⁴ 板栗树
　　　（旧）

　　pan⁵³li³³tsu⁴⁴ 板栗树（新）

刺筒树 ts'i³³toŋ²²tsu⁴⁴

枫木树 xoŋ⁴⁴mo²¹tsu⁴⁴

槐槐树 fai²²fai⁴⁴tsu⁴⁴

桃哩树 tei²²·le tsu⁴⁴

梨哩树 li²²·le tsu⁴⁴

柑哩树 kuan⁴⁴·le tsu⁴⁴

□哩树 ʧin²²·le tsu⁴⁴　柚子树

银杏树 in²²ʃin³³tsu⁴⁴

桂花树 kuei⁵³xo⁴⁴tsu⁴⁴

樟树 ʧiaŋ⁴⁴tsu⁴⁴

枣哩树 tsei⁵³·le tsu⁴⁴

酸梅哩树 səu⁴⁴mei²²·le tsu⁴⁴杨梅树

鸡□哩树 ʧi⁴⁴ʧ'ia⁵³·le tsu⁴⁴ 鸡枣
　　　子树

栎哩树 lio²¹·le tsu⁴⁴

黄栎树 u²²lio²¹tsu⁴⁴

花栎树 xo⁴⁴lio²¹tsu⁴⁴

竹哩 tiəu²¹³·le

水竹 ʃy⁵³tiəu²¹³

水竹笋 ʃy⁵³tiəu²¹soŋ⁵³

花竹 xo⁴⁴tiəu²¹³

花竹笋 xo⁴⁴tiəu²¹soŋ⁵³

苦竹 fu⁵³tiəu²¹³

实竹 ʃi²¹tiəu²¹³

红竹 xoŋ²²tiəu²¹³

红竹笋 xoŋ²²tiəu²¹soŋ⁵³

桃竹 tei²²tiəu²¹³

金竹 ʧin⁴⁴tiəu²¹³

大竹 ta⁴⁴tiəu²¹³

篾竹 mai²¹tiəu²¹³

竹笋 tiəu²¹soŋ⁵³

冬笋 toŋ⁴⁴soŋ⁵³

春笋 ʧ'yn⁴⁴soŋ⁵³

黄篾 u²²mai·³¹²

青篾 ts'e⁴⁴mai·³¹²

桃哩 tei²² ·le 桃子

杏 xin⁵³

李哩 li³³ ·le 李子

枣哩 tsei⁵³ ·le 枣子

梨哩 li²² ·le 梨子

枇杷 pi²²pa³³

石榴 ʃio²¹li³³

橙哩 ʧin²² ·le 橙子

柑哩 kuan³³ ·le 柑子

糖杆 təu²²kan⁵³甘蔗

落花生 lo²¹fa⁴⁴sin⁴⁴

油茶花 iəu²²tsʻa²²xo⁴⁴

苦李花 fu⁵³li³³xo⁴⁴

菊花 ʧy²¹xo⁴⁴

桂花 kuei⁵³xo⁴⁴

茶仔花 tso²²tsai⁵³xo⁴⁴

喇叭花 la²¹po⁴⁴xo⁴⁴

金银花 ʧin⁴⁴in²²xo⁴⁴

映山红 in³³san⁴⁴xoŋ²²

仙人掌 ʃian⁴⁴in²²ʧiaŋ³³

花苞 xo⁴⁴pao⁴⁴

花瓣瓣 xo⁴⁴ma⁵³ma⁵³

花心 xo⁴⁴sin⁴⁴

香菇 ʃiaŋ⁴⁴ku⁴⁴

丝麻菌 sɿ⁴⁴mo²²koŋ³³

青丝麻菌 tsʻe⁴⁴sɿ⁴⁴mo²²koŋ³³

黄丝麻菌 u²²sɿ⁴⁴mo²²koŋ³³

糍粑菌 tsi²²po⁴⁴koŋ³³

青头菌 tsʻe⁴⁴tao²²koŋ⁴⁴

蛇泡 ʃio²²pʻao³³蛇莓

白船泡 po²¹ʃye²²pʻao³³一种野果名

猪嘴巴 tiəu⁴⁴tsy⁵³po⁴⁴车前草

野天麻 io³³tʻe⁴⁴mo²²

丝麻草 sɿ⁴⁴mo²²tsʻei⁵³茅草

崽牛草 tsai⁵³ŋao²²tsʻei⁵³小牛吃的一

　　种茅草

冷菜 laŋ³³tsʻa³³野蒿子菜

千年矮 tsʻe⁴⁴ne²²a⁵³一种长不高的

　　树名

刺硬哩树 tsʻi³³ŋaŋ⁴⁴ ·le tsu⁴⁴野蔷薇

老虫泡 lei³³tin²²pʻao³³野果名

雷公屎 lei²²koŋ⁴⁴sɿ⁵³地衣

大血藤 ta⁴⁴fei²¹taŋ²²中药名

鸡血藤 ʧi⁴⁴fei²¹taŋ²²中药名

（六）动物

畜生 ʧʻiəu³³saŋ⁴⁴

养生 iəu⁵³saŋ⁴⁴

马 mo³³

水牛 ʃy⁵³ŋao²²

牛婆 ŋao²²pəu²¹

阉水牯 io³³ʃy⁵³ku³³

骚水牯 sei⁴⁴ʃy⁵³ku³³没阉的公牛

沙牛 so⁴⁴ŋao²¹黄牛

牛角 ŋao²²kəu²¹³

牛蹄 ŋao²²ti²¹

马牯 mo³³ku⁵³公马

马婆 mo³³pəu²²母马

驴哩 ly²² ·le 驴子

驴牯 ly²²ku⁵³公驴

驴婆 ly²²pəu²¹母驴

羊 iəu²²

□哩 ʧʻi⁵³ ·le 山羊

野猪 io⁵³tiəu⁴⁴

老虫 lei⁵³tin²¹老虎

豹哩 pao³³ ·le

蛇 ʃio²²

五步蛇 ŋ³³ pu³³ ʃio²²

百步蛇 po²¹ pu³³ ʃio²²

乌叉公 u⁴⁴ tsʻo⁴⁴ koŋ⁴⁴ 蛇名

眼睛蛇 ŋan³³ ʧin⁴⁴ ʃio²²

油麻蛇 iəu²² mo²² ʃio²²

蟒蛇 maŋ³³ ʃio²¹

大碗蛇 ta⁴⁴ uan³³ ʃio²²

青竹根 ʧʻin⁴⁴ tiəu²¹ kin⁴⁴ 竹叶青

菜花蛇 tsʻa⁴⁴ xo⁴⁴ ʃio²²

□□蛇 ue³³ xao³³ ʃio²² 蛇名

水蛇 ʃy⁵³ ʃio²¹

鸡公蛇 ʧi⁴⁴ koŋ⁴⁴ ʃio²²

狗 kao⁵³

狗婆 kao⁵³ pəu²¹

狗公 kao⁵³ koŋ⁴⁴

黄狗 u²² kao⁵³

狗崽 kao⁵³ tsai⁵³

野狗 io³³ kao⁵³

猫 mao⁴⁴

猫公 mao⁴⁴ koŋ⁴⁴

猫婆 mao⁴⁴ pəu²¹

猪 tiəu⁴⁴

猪崽 tiəu⁴⁴ tsai⁵³

猪公 tiəu⁴⁴ koŋ⁴⁴

猪婆 tiəu⁴⁴ pəu²¹

线猪 se⁴⁴ tiəu⁴⁴ 阉的母猪

角猪 kəu²¹ tiəu⁴⁴ 阉的公猪

架哩猪 ko³³ ·le tiəu⁴⁴

草猪 tsʻei⁵³ tiəu⁴⁴

野猪 io³³ tiəu⁴⁴

獖猪 poŋ²² tiəu⁴⁴ 种猪

兔哩 tʻu³³ ·le 兔子

野兔 io³³ tʻu³³

鸡 ʧi⁴⁴

鸡公 ʧi⁴⁴ koŋ⁴⁴

鸡婆 ʧi⁴⁴ pəu²¹

生□ saŋ⁴⁴ kəu³¹² 生蛋

菢鸡崽 pei⁴⁴ ʧi⁴⁴ tsai⁵³

菢鸡婆 pei⁴⁴ ʧi⁴⁴ pəu²²

骚鸡 sei⁴⁴ ʧi⁴⁴ 没阉的公鸡

野鸡 io³³ ʧi⁴⁴

□哩 ʃioŋ⁴⁴ ·le 鸡冠

□□ ʧʻiao³³ saŋ⁵³ 鸡屁股

把腿 po⁵³ tʻei⁵³ 鸡腿

鸡肚哩 ʧi⁴⁴ tu⁵³ ·le 鸡胃

角脚 ko²¹ ʧiəu²¹³ 鸡脚

鸭 o²¹³

鸭公 o²¹ koŋ⁴⁴

鸭婆 o²¹ pəu²²

鸭崽 o²¹ tsai⁵³

鸭□ o²¹ kəu³¹² 鸭蛋

野鸭 io³³ o²¹³

水鸭 ʃy⁵³ o²¹³

鹅 ŋəu²²

鹅公 ŋəu²² koŋ⁴⁴

鹅婆 ŋəu²² pəu²¹

打楼 ta⁵³ lao²² 猪发情

牛骑□ ŋao²² ʧi²² tsei⁵³ 牛发情

狗骑春 kao⁵³ ʧi²² ʧʻyn⁴⁴ 狗发情

□水 tsai²¹ ʃy⁵³ 鸡发情

鸟哩 tie⁵³ ·le

麻雀鸟哩 mo²² ʧʻi³³ tie⁵³ ·le

燕哩鸟 ie³³ ·le tie⁵³ 燕子

崖鹰 ŋa²² in⁴⁴

老乌 lei³³ u⁴⁴ 老鸦

雁鹅 ŋan³³ ŋo²¹ 大雁

　　　雁 ian⁵³

喜鹊 ʃi⁵³ tʃ'io²¹³

鹭鸶 lu⁴⁴ sɿ⁴⁴

包鸟 pəu⁴⁴ tie⁵³ 白鹭

斑鸡 pan⁴⁴ tʃi⁴⁴

竹鸡 tiəu²¹ tʃi⁴⁴

□怪头 k'u⁵³ kuai³³ tao²² 猫头鹰

啄木鸟 tʃya³³ məu²¹ tie⁵³

檐老鼠 ie²² lei³³ sɿ⁵³ 蝙蝠

翅翼 tsɿ²² ye⁵³ 翅膀

鸟哩嘴巴 tie⁴⁴ ·le tsy⁵³ po⁴⁴

鸟哩窠 tie⁵³ ·le k'əu⁴⁴

茶里虫 tso²² ·le tin²² 蚕

茶里□ tso²² ·le kəu³¹² 蚕蛹

□丝□ pu⁴⁴ sɿ⁴⁴ mo³³ 蜘蛛

螃蟹 po²² xa³³

蚂蚁 mo³³ in³³

蚂蚁洞 mo³³ in³³ toŋ⁵³

土蚓哩 t'u⁵³ ie³³ ·le 蚯蚓

飞游哩 ʃy⁴⁴ iəu²² ·le 飞蛾

土狗哩 t'u⁵³ kao⁵³ ·le 蝼蛄

山田螺 san⁴⁴ te²² ləu²² 山蜗牛

田螺 te²² ləu²¹

米虫 mai⁵³ tin²¹

毛虫 mei²² tin²¹

八角虫 pa²¹ kəu²¹ tin²² 有毒的毛虫

鹅公叉 ŋəu²² koŋ⁴⁴ ts'o⁴⁴ 蜈蚣

蚊哩 maŋ⁴⁴ ·le

饭蚊哩 pan⁴⁴ maŋ⁴⁴ ·le

屎蚊哩 sɿ⁵³ maŋ⁴⁴ ·le

虱哩 sɿ⁴⁴ ·le

狗虱 kao⁵³ sai⁴⁴

臭虫 tʃ'iəu³³ tin²¹

骚夹 sei³³ ka²¹³ 蟑螂

老鼠 lei³³ sɿ⁵³

蝗虫 u²² tin²¹

蜜哩 mi²¹³ ·le

蜂 xoŋ⁴⁴

蜂王 xoŋ⁴⁴ u²¹

蜂糖 xoŋ⁴⁴ təu²¹

阳火虫 uei²² xəu⁵³ tin²² 萤火虫

打屁虫 ta⁵³ p'i³³ tin²²

聋拉 loŋ⁴⁴ la⁴⁴ 蜻蜓

鲤鱼 li³³ ŋei²¹

红鲤鱼 xoŋ²² li³³ ŋei²²

游牯鱼 iəu²² ku⁵³ ŋei²² 牙齿特别锋利
　　　的一种鱼

白牯鱼 po²¹ ku⁵³ ŋei²² 一种颜色发白
　　　的鱼

草鱼 ts'ei⁵³ ŋei²¹

鲫鱼 tsi²¹ ŋei²²

桂鱼 kuei⁵³ ŋei²¹

烟鱼 ie⁴⁴ ŋei²¹

鸭鱼 o²¹ ŋei²²

狗仔鱼 kao⁵³ tsai³³ ŋei²²

娃娃鱼 ua²² ua⁴⁴ ŋei²²

金鱼 tʃin⁴⁴ ŋei²¹

□肚鱼 pao²² tu³³ ŋei²² 身型小但肚子
　　　大的一种鱼

虾公 xo⁴⁴ koŋ⁴⁴

泥鳅 nai^{22} ʧʻiəu^{44}

扁鱼 pe^{53} ŋei^{21}

青鱼 tsʻe^{44} ŋei^{21}

鱼秧 ŋei^{22} iəu^{44}

鱼□ ŋei^{22}kəu^{312}鱼蛋

黄鳝 u^{22} ʃie^{33}

钓鱼 tie^{33} ŋei^{22}

钓鱼竿 tie^{33} ŋei^{22} kan^{53}

钓鱼钩 tie^{33} ŋei^{22}kao^{44}

鱼诱 ŋei^{22} iəu^{33}

鱼网 ŋei^{22} məu^{33}

罩网 tsəu^{33} məu^{33}

间网 kan^{44} məu^{33}

虾叉 xo^{44}tsʻo^{44}捞鱼虾的工具

□□ ki^{44} ki^{44}竹编的装鱼篓子

□ kʻiəu^{213}捞泥鳅工具

水雷公 ʃy^{53} lei^{22} koŋ^{44}赶泥鳅的工具，在水中能发出响声

水獭 ʃy^{53}tʻo^{213}

土蛤蟆 tʻu^{53} xo^{22} məu^{44}癞蛤蟆

南风角 no^{22}xoŋ^{44} kəu^{213}蟾蜍

秧麻哩 iəu^{44}mo^{22}·le 蝌蚪

蚌壳 paŋ^{53} kʻəu^{213}

（七）房舍

屋 u^{213}

窨子屋 in^{53}tsʅ^{33} u^{213}

地基 ti^{44}ʧi^{44}

砖屋 ʧye^{44} u^{213}

火砖屋 xəu^{53}ʧye^{44} u^{213}

土砖屋 tʻu^{53}ʧye^{44} u^{213}

起屋 ʧʻi^{53} u^{213}

天井 tʻe^{44} tse^{53}

围墙 y^{22}ʧiəu^{21}

木屋 məu^{21}u^{213}

房 xəu^{22}

茶头屋 tso^{22}tao^{21}u^{213}

灶屋 tsei^{33} u^{213}

外□□间 ma^{33} xa^{53} mei^{21} kan^{44}外面那间

□里□间 tin^{21} ·le mei^{21} kan^{44}里面那间

偏厦 pʻe^{44} ʧʻia^{53}

牛楼屋 ŋao^{22}lao^{21}u^{213}

仓屋 tsʻəu^{44} u^{213}

正屋 ʧin^{33} u^{213}

厅屋 tʻe^{44}u^{213}

家仙 ko^{44} se^{44}神龛

梁 liəu^{22}

大门 ta^{44}maŋ^{21}

灯台 taŋ^{44}ta^{21}

楼梯 lao^{22} tʻai^{44}

手梯 ʃiəu^{53} tʻai^{44}

草屋 tsʻei^{53} u^{213}

茅草屋 mei^{22}tsʻei^{53} u^{213}

檐口 ie^{22} xao^{53}

楼檩 lao^{22} lin^{33}

柱头 ʧy^{33} tao^{21}

鳌头 ŋao^{22}tao^{21}飞檐

磉帮石 soŋ^{33}poŋ^{44}ʃio^{312}

地脚石 ti^{44}ʧiəu^{21}ʃio^{312}

排线方 pa^{22}se^{33}xəu^{44}

地脚方 ti^{44}ʧiəu^{21}xəu^{44}

天花板 tʻe^{44} xo^{44} pan^{53}

楼板 lao^{22} pan^{53}

顶板 tin⁵³ pan⁵³

茶堂 ʦo²² tao²¹

后门 xao⁵³ maŋ²¹

房门 xəu²² maŋ²¹

家仙门 ko⁴⁴ se⁴⁴ maŋ²²

拦鸡门 lo²² ʧi⁴⁴ maŋ²² 安装在堂屋门外侧拦挡鸡鸭进屋的半截门，一般为旧时富裕人家所有

门栓 maŋ²² suan⁴⁴

门脚 maŋ²² ʧiəu²¹³

门板 maŋ²² pan⁵³

门扣 maŋ²² k‘ao³³

锁 səu⁵³

木锁 məu²¹ səu⁵³

格哩 ke²¹³ ·le 窗子

格格外□ ke²¹ ke⁴⁴ ma³³ xa⁵³ 窗外

廊间 laŋ²² kan⁴⁴

茅屎 məu²² sʅ⁵³ 茅厕

磨屋 məu²² u²¹³

牛楼 ŋao²² lao²¹

猪楼 tiəu⁴⁴ lao²¹

马楼 mo³³ lao²¹

猪槽 tiəu⁴⁴ tsei²¹

猪食盆 tiəu⁴⁴ ʃie²¹³ poŋ²²

羊楼 iəu²² lao²¹

狗窠 kao⁵³ k‘əu⁴⁴

鸡窠 ʧi⁴⁴ k‘əu⁴⁴

鸡罩 ʧi⁴⁴ tsəu³³

阶基 ka⁴⁴ ʧi⁴⁴

屋檐坑 u²¹ ie²² k‘aŋ⁴⁴

壁 pio²¹³

烟囱 ie⁴⁴ ʦ‘əu⁴⁴ 又 ie⁴⁴ ʦ‘oŋ⁴⁴

宗祠 ʦoŋ⁴⁴ ʦ‘ʅ²¹

大拱桥 ta⁴⁴ kin⁵³ ʧie²²

花桥 xo⁴⁴ ʧie²¹

凉亭 liəu²² tin²¹

鼓楼 ku⁵³ lao²¹

（八）器具 用具

柜 ʧy⁴⁴

□ tsan⁴⁴ 橱柜

行箱 xaŋ²² ʃiəu⁴⁴

皮箱 pi²² ʃiəu⁴⁴

木箱 məu²¹ ʃiəu⁴⁴

火箱 xəu⁵³ ʃiəu⁴⁴ 冬天烤火用

书桌 ʃy⁴⁴ tsəu²¹³

饭桌 pan⁴⁴ tsəu²¹³

凳 taŋ³³

围桌 luan²² tsəu²¹³

椅哩 i⁵³ ·le

凳崽 taŋ³³ tsai⁵³

桶 t‘aŋ⁵³

抽屉 ʧ‘iəu⁴⁴ t‘i³³

瓯哩 ao⁴⁴ ·le 杯子

调羹 t‘iao²² kin⁴⁴

菜碗 ts‘a³³ u⁵³

饭碗 pan⁴⁴ u⁵³

筷子筒 k‘uai³³ tsʅ³³ toŋ²²

炙架 ʧio²¹ ko³³ 烤火架

铛 ts‘aŋ⁴⁴ 煮饭或煮猪食、烧水的鼎罐

铛架 ts‘aŋ⁴⁴ ko³³

煨盛 uei⁴⁴ ʃin⁴⁴ 煨酒煮茶的鼎罐

铁钩 t‘ai²¹ kao⁴⁴

手勺 ʃiəu⁵³ ʃiəu³¹²

灶屋 tsei³³ u²¹³

火崽 xəu⁵³ tsai⁵³

火炭 xəu⁵³ t'o³³

火筒 xəu⁵³ toŋ²¹

锅头 ku⁴⁴ tao²¹ 菜锅

剪刀 tse⁵³ tei⁴⁴

抹布 mo²¹ pu³³

菜刀 ts'a³³ tei⁴⁴

铲勺 ts'a³³ ʃiəu³¹²

菜勺 ts'a³³ ʃiəu³¹²

砧板 tin⁴⁴ pan⁵³

盐罐 ie²² kuan⁴⁴

油罐 iəu²² kuan⁴⁴

油坛 iəu²² t'o²¹

缸瓮 koŋ⁴⁴ o³³ 装水的大缸

□水桶 io²² ʃy⁵³ t'aŋ⁵³ 装潲水的桶

盖盖 kue³³ kue⁴⁴

四方筛 sʅ³³ xəu⁴⁴ ʃia⁴⁴

糍粑架 tsi²² po⁴⁴ ko³³

床 tsəu²²

贴被 t'ai²¹ pi³³

铺被 p'u⁴⁴ pi³³

枕头 tʃin⁵³ tao²¹

棉被 me²² pi³³

被里 pi³³ li³³

被面 pi³³ me⁴⁴

床方 tsəu²² xəu⁴⁴

床头板 tsəu²² tao²² pan⁵³

床脚 tsəu²² tʃiəu²¹³

床横哩 tsəu²² uaŋ²² ·le

枕帕 tʃin⁵³ p'ao³³

栏杆 lan²² kan⁴⁴

火凳 xəu⁵³ taŋ³³ 烤火取暖的凳子，
　　　　取暖用的木箱

火盆 xəu⁵³ poŋ²¹

镜哩 tʃie³³ ·le

扯炉 tʃ'io⁵³ ləu²¹

书架 ʃy⁴⁴ ko³³

平柜 pe²² tʃy⁴⁴

席 tsio³¹²

篾席 mai²¹ tsio³¹²

簟□ te³³ ʃiəu⁴⁴ 晒谷子的席子

灯芯席 taŋ⁴⁴ ʃin⁴⁴ tsio³¹²

短凳 təu⁵³ taŋ³³

水架 ʃy⁵³ ko³³

蒲扇 pu²² ʃie³³

油纸扇 iəu²² tsʅ⁵³ ʃie³³

衣架架 i⁴⁴ ko³³ ko⁴⁴

脚盆 tʃiəu²¹ poŋ²²

尿桶 ʃy⁴⁴ t'aŋ⁵³（旧）
　　　 nie⁴⁴ t'aŋ⁵³（新）

罩哩 tsəu³³ ·le

毯哩 t'o⁵³ ·le

床铺板 tsəu²² pu⁴⁴ pan⁵³

竹床 tiəu²¹ tsəu²²

凉床 liəu²² tsəu²¹

竹椅 tiəu²¹ i⁵³

被套 pi³³ t'ao⁵³ ·le

开水壶 k'ue⁴⁴ ʃy⁵³ fu²²

□脚壶 ŋao³³ tʃiəu²² fu²² 取暖壶

洋盒 iaŋ²² xo²¹³ 火柴盒

洗衣板 sai⁵³ i⁴⁴ pan⁵³

衣刷 i⁴⁴ so²¹³

洋碗 iaŋ²² u⁵³ 瓷碗

土碗 tʻu⁵³ u⁵³

盘哩 puan²² ·le

盏哩 tso⁵³ ·le 小酒杯

酒壶 tsiəu⁵³ fu²¹

酒坛 tsiəu⁵³ tʻo²¹

罐 kuan³³

勺 ʃiəu³¹²

瓶瓶 pin²² pin⁴⁴

瓶盖盖 pin²² kue³³ kue⁴⁴

蒸笼 tʃin⁴⁴ laŋ²¹

甑 tsaŋ³³ 蒸饭用的木制桶状物

水缸 ʃy⁵³ koŋ⁴⁴

斧头 fu⁵³ tao²¹

推哩 tʻei³³ ·le

木匠斧 məu²¹tsiəu⁴⁴ fu⁵³

锯 kei³³ 名词，锯子

锯 ka³³ 动词，锯木头

凿 tsəu²¹³

圈凿 luan²²tsəu²¹³ 半月形的凿子

薄凿 pəu²¹tsəu²¹³ 修光木边的凿子

洗凿 sai⁵³tsəu²¹³ 凿平面的凿子

粗推 tsʻu⁴⁴ tʻei⁴⁴ 刚砍下的树木，首
先要用粗推刨过

长推 tʻiəu²² tʻei⁴⁴ 一般长一尺五六，
用来刨薄、刨平、刨光滑

短推 təu⁵³tʻei⁴⁴ 一般长六寸左右，主
要功能是刨细、刨平

线推 se³³tʻei⁴⁴ 刨线条用的

婆推 pəu²² tʻei⁴⁴ 在木板上刨一条凿，
约 2 分宽，与公推相对

公推 koŋ⁴⁴tʻei⁴⁴ 在木板上刨一条约 2

分高凸条，与婆推的凹凿可
合拢为一

尺 tʃʻio²¹³

钩尺 kao⁴⁴ tʃʻio²¹³

三尺 so⁴⁴tʃʻio²¹³米尺

皮尺 pi²² tʃʻio²¹³

墨斗 mai²¹ tao⁵³

墨线 mai²¹ se³³

发墨 fa²¹mai³¹²木匠开工

□梁木 ŋai²¹liəu²² məu²¹³上梁前上山
选伐良材做梁木

钉哩 te⁴⁴ ·le

钳子 tʃʻian²² tsʅ⁵³

钉锤崽 tin⁴⁴tʃʻy²¹tsai⁵³

夹夹 ka²¹ ka⁴⁴

索哩 səu²¹³ ·le

鞋底索 xa²²tai⁵³səu²¹³

麻线 mo²²se³³

棉线 me²²se³³

合叶 xəu²¹ ie³¹²

瓦刀 o³³ tei⁴⁴

砖刀 tʃye⁴⁴ tei⁴⁴

灰板 fei⁴⁴ pan⁵³

纸筋 tsʅ⁵³ tʃin⁴⁴

灰桶 fei⁴⁴tʻaŋ⁵³

铁墩 tʻai²¹tin⁴⁴

剃刀 tʻai³³ tei⁴⁴

剃刀布 tʻai³³ tei⁴⁴ pu³³

剪刀 tse⁵³ tei⁴⁴

梳 su⁴⁴

缝衣机 foŋ²²i⁴⁴tʃi⁴⁴

熨斗 yn⁵³ təu⁵³

烙铁 lo²¹ t'ai²¹³ 旧指熨斗

纺车 xəu⁵³ ʧʻio⁴⁴

飙老鼠 pie⁴⁴lei⁵³ sʅ⁵³ 织布梭

皂荚 tsei³³ ʧʻie²¹³ 可做洗涤之用

洗衣 sai⁵³ i⁴⁴

洗面帕 sai⁵³ me⁴⁴ p'ao³³

澡洗帕 tsəu⁵³ sai⁵³ p'ao³³ 浴巾

煤气灯 mei²² ʧʻi⁵³ taŋ⁴⁴

灯芯 taŋ⁴⁴ ʃin⁴⁴

灯罩罩 taŋ⁴⁴ tsəu³³ tsəu⁴⁴

蜡烛 lo²¹ ʧiəu²¹³

灯笼 taŋ⁴⁴ laŋ²¹

火笼 xəu⁵³ laŋ²¹ 照明用的笼子

电光 tian⁵³ kuaŋ⁴⁴ 手电筒

提包 tai²² pəu⁴⁴

钱荷包 tse²² xəu²² pəu⁴⁴

章子 ʧiaŋ⁴⁴ tsʅ⁵³

针 ʧin⁴⁴

针嘴巴 ʧin⁴⁴ tsy⁵³ po⁴⁴ 针尖

针屁股 ʧin⁴⁴ p'i³³ ku⁵³ 针孔

筒抵 toŋ²² ti⁵³ 顶针

挖引哩 ua²¹ in³³ ·le 挖耳勺

洗衣木锤 sai⁵³ i⁴⁴ məu²¹ ʧy²²

把棍 pa⁵³ kun⁵³ 拐杖

鸡毛扫牯 ʧi⁴⁴ mei²² sei³³ ku⁵³

解手纸 ka⁵³ ʃiəu⁵³ tsʅ⁵³

烧纸 ʃie⁴⁴ tsʅ⁵³

黄纸 u²² tsʅ⁵³ 敬神用的

青纸 tsʻe⁴⁴ tsʅ⁵³

背带 po⁴⁴ ta³³

背篓 po⁴⁴ lao³³

（九）称谓

男人家 no²² ŋ²² ko⁴⁴

娘哩家 nio⁴⁴ ·le ko⁴⁴ 妇女（已婚）

女哩家 niəu³³ ·le ko⁴⁴ 姑娘（未婚）

妹哩家 mei³³ ·le ko⁴⁴ 少女

月寠崽 ŋei²¹ k'əu⁴⁴ tsai⁵³ 月里毛毛

□□人 laŋ²²laŋ²² ŋ²² 小孩

细□哩 sai³³ ke⁴⁴ ·le 男孩

老头头 lei³³ tao²² tao⁴⁴

老婆婆 lei³³ pəu²² pəu⁴⁴

老大人 lei³³ ta⁴⁴ ŋ²² 老年人（敬称）

郎 ləu²²

街上人 ka⁴⁴ ʃiəu³³ ŋ²²

城里人 ʧʻin²²li³³ ŋ²²

乡下人 ʃiəu⁴⁴xo³³ ŋ²²

乡巴佬 ʃiaŋ⁴⁴ pa⁴⁴lao³³

一家人 i⁴⁴ko⁴⁴ ŋ²²

外□人 ma³³xa⁵³ ŋ²² 外人

本地人 pin³³ti⁴⁴ ŋ²²

外国人 uai³³ kue²¹³ ŋ²²

自家人 tsʅ³³ka⁴⁴ ŋ²²

别个 pai²¹kəu³³

黄花女 u²¹ xo⁴⁴niəu³³ 处女

老子 lao³³ tsʅ³³

老庚 lao³³kin⁴⁴

同年 toŋ²² nian²¹

老里手 lei³³li³³ ʃiəu⁵³

浮伙哩 pei²²xəu⁵³ ·le 外行

单身牯 to⁴⁴ ʃin⁴⁴ku⁵³

单身婆 to⁴⁴ ʃin⁴⁴ pəu²²

老女 lei³³niəu³³ 大龄未婚女子

童养新妇 toŋ²² iəu⁵³ sin⁴⁴ pu³³

嫁头嫁 ko³³tao²² ko³³ 新婚

嫁二嫁 ko³³ni⁴⁴ko³³ 再婚

婊子婆 piao^{53}tsɿ^{53}pəu^{22} 妓女

亲家母 tsʻin^{53}ko^{44}mo^{33}

野男人 io^{33}lo^{22}ŋ^{22}

野老婆 io^{33}leiˑ^{33}pəu^{22}

野崽 io^{33}tsai^{53}

差口哩 ʧʻia^{33}kuai^{53}·le 旧指衙役（贬称）

小气鬼 ʃiao^{33}ʧʻi^{33}ki^{53}

败家崽 pa^{44}ko^{44}tsai^{53}

丐花头 kei^{33}xo^{44}tao^{22}

骗子 pʻian^{53}tsɿ^{33}

扒哩手 pa^{21}·le ʃiəu^{53}

贼 tsʻai^{312}

土匪 tʻu^{53}fei^{33}

强盗 ʧiəu^{22}teiˑ^{33}

懒汉哩 lo^{33}xan^{33}·le

流氓 liəu^{22}maŋ^{21}

鼓眼瞎哩 ku^{53}ŋan^{33}xa^{213}·le

月婆 ŋeiˑ^{21}pəu^{22}

是非婆 sɿ^{33}feiˑ^{44}pəu^{22}

口多婆 xao^{53}təu^{44}pəu^{22}

懵懂鬼 moŋ^{33}toŋ^{33}kiˑ^{53}

霸蛮鬼 pa^{53}man^{22}ki^{53}

哈鬼 xa^{33}kiˑ^{53}

怂鬼 soŋ^{22}ki^{53} 傻瓜

工人哩 koŋ^{44}ŋ^{22}·le

木匠 məu^{21}ʦiəu^{44}

铁匠 tʻai^{21}ʦiəu^{44}

裁缝 tsa^{22}xoŋ^{21}

桶匠 tʻaŋ^{53}ʦiəu^{44}

锯匠 ka^{33}ʦiəu^{44}

砖匠 ʧye^{44}ʦiəu^{44}

石匠 ʃio^{21}ʦiəu^{44}

雕工 tie^{44}ʦiəu^{44}

篾匠 mai^{21}ʦiəu^{44}

请工 tsʻe^{53}koŋ^{44} 雇工

长工 tʻiəu^{22}koŋ^{44}

零工 le^{22}koŋ^{44} 短工

作田咯人 tsəu^{21}te^{22}·ko ŋ^{22}农民

作生意咯人 tsəu^{21} saŋˑi^{53}·ko ŋ^{22}

老板 lao^{33}pan^{53}

财主 tsa^{22}ʧy^{53}

伙计 xəu^{53}ʧi^{33}

徒弟 tu^{22}ti^{33}学徒

贩哩 fan^{33}·le

人贩哩 ŋ^{22}fan^{33}·le

牛贩哩 ŋao^{22}fan^{33}·le

猪贩哩 tiəu^{44}fan^{33}·le

老书 lei^{53}ʃy^{44}

学生 xəu^{21}sin^{44}

学堂 xəu^{21}təu^{22}

同学 tʻoŋ^{22}ʃio^{213}

朋友 pʻoŋ^{22}iəu^{53}

兵 pin^{44}

警察 ʧin^{33}tsʻa^{213}

官 ku^{44}

药师 iəu^{21}sɿ^{44}

艺人 niˑ^{53}ŋ^{21}

瓦匠 o^{33}ʦiəu^{44}

铜匠 toŋ^{22}ʦiəu^{44}

鲁疤匠 lu^{33}po^{44}ʦiəu^{44}补锅匠

剃头匠 tʻai^{33}tao^{22}ʦiəu^{44}

屠夫 tu^{22}fu^{44}

轿夫 ʧie^{44}fu^{44}

脚夫 tʃiəu²¹ fu⁴⁴

厨老板 tʃy²² lao³³ pan⁵³ 厨师

奶娘 na⁵³ niaŋ²¹ 亲生母亲

接生婆 tsai²¹ saŋ⁴⁴ pəu²²

和尚 u²¹ ʃiəu³³

尼姑 ni²² ku⁴⁴

道士 tei³³ sʅ³³

（十）亲属

白哩 po³¹² ·le 曾祖父

□白哩 la²¹ po³¹² ·le 曾祖母

爷爷 ia²² ia⁴⁴ 祖父

□□ niaŋ⁴⁴ niaŋ⁴⁴ 祖母

公公 koŋ⁴⁴ koŋ⁴⁴ 外祖父

婆婆 pəu²² pəu⁴⁴ 外祖母

爹爹 tie⁴⁴ tie⁴⁴ 父亲（父亲面称）

爸爸 pa²² pa⁴⁴ 父亲（新）

爷哩 io²² ·le 父亲（父亲指称）

阿姐 a⁴⁴ tsi⁴⁴ 母亲（母亲面称）

阿 a⁴⁴ 母亲的简称

娘哩 nio⁴⁴ ·le（母亲指称）

客公 xo²¹ koŋ⁴⁴ 岳父

客婆 xo²¹ pəu²² 岳母

阿公 o⁴⁴ koŋ⁴⁴ 公公

阿婆 o⁴⁴ pəu²¹ 婆婆

亲爷 tsʻin⁴⁴ io²¹ 干爹

亲娘 tsʻin⁴⁴ nio²¹ 干妈

后爹 xao³³ tie⁴⁴

后妈 xao³³ ma⁴⁴

伯爹 pa²¹ ti⁴⁴ 大伯

伯阿姐 pa²¹ a⁴⁴ tsi⁴⁴ 大伯母

满爹 man⁵³ ti⁴⁴ 叔父

满阿姐 man⁵³ a⁴⁴ tsi⁴⁴ 叔母

舅爷 tʃiəu³³ io²¹ 舅父

舅母 tʃiəu³³ mo³³

大□ ta⁴⁴ ta³³ 姑母（父姐）

□□ ne⁵³ ne⁵³ 姑母（父妹）

大姨 ta⁴⁴ i²¹ 大姨妈

□姨 la⁵³ i²¹ 小姨妈

大姑丈 ta⁴⁴ ku⁴⁴ tiəu³³

□姑丈 la⁵³ ku⁴⁴ tiəu³³ 小姑父

大姨丈 ta⁴⁴ i²² tiəu³³

□姨丈 la⁵³ i²² tiəu³³ 小姨夫

男人家 no²² ŋ²² ko⁴⁴ 丈夫

老头哩 lei³³ tao²¹ ·le 妻子称呼丈夫

老婆哩 lei³³ pəu²² ·le 丈夫称呼妻子

□老婆 la²¹ lei³³ pəu²² 小老婆

哥哥 ka⁴⁴ ka⁴⁴

□□哩 tsʻao²¹ kuai⁵³ ·le 妻弟

弟兄 tai³³ fai⁴⁴

大姐 ta⁴⁴ tsio⁵³ 嫂子

姐姐 tsia⁵³ tsia⁵³

弟弟 tai³³ tai³³

阿满 o⁴⁴ man⁵³ 弟媳

姐夫 tsio⁵³ fu⁴⁴

妹妹 mei³³ mei⁴⁴

妹郎 mei³³ ləu²¹ 妹妹的老公

姑表 ku⁴⁴ pi⁵³ 表兄弟

姑表嫂 ku⁴⁴ pi⁵³ sei⁵³

姑表姐 ku⁴⁴ pi⁵³ tsia⁵³

姑表妹 ku⁴⁴ pi⁵³ mei³³

崽 tsai⁵³

捧起嘅崽 pʻoŋ⁵³ tʃʻi⁵³ ·ke tsai⁵³ 养子

新妇 sin⁴⁴ pu³³

女 niəu³³

郎 ləu²²

孙 soŋ⁴⁴

孙新妇 soŋ⁴⁴sin⁴⁴pu³³

孙女 soŋ⁴⁴niəu³³

玄孙 ʃyan²² soŋ⁴⁴

外甥 uai³³ saŋ⁴⁴

外甥女 uai³³ saŋ⁴⁴niəu³³

侄儿子 tʃi²¹ e³³ tsɿ⁵³

侄女 tʃi²¹niəu³³

连襟 lian²² tʃin⁴⁴

老亲 lei³³ tsʻin⁴⁴亲家

亲家母 tsʻin⁵³ ko⁴⁴ mo³³

亲戚 tsʻin⁴⁴tʃʻi²¹³

行家 xaŋ²² ko⁴⁴串门

行亲戚 xaŋ²²tsʻin⁴⁴ tʃʻi²¹³走人家

爷崽间 io²²tsai⁵³ kan⁴⁴父子间

娘家 nio⁴⁴ ko⁴⁴

男家 no²²ko⁴⁴

婆婆屋里 pəu²²pəu⁴⁴u²¹li³³外婆家

（十一）身体

身材 ʃin⁴⁴tsa²¹

头 tao²²

癫哩头 la⁴⁴·le tao²²

光头 ku⁴⁴tao²¹

头顶 tao²² tin⁵³

后颈窝 xao³³tʃie⁵³ o⁴⁴

颈颈 ke⁵³·ke 颈子

头发 tao²² fa⁴⁴

少年白 ʃiao³³nian²² po³¹²

额头 ŋo²¹tao²²

气门 tʃʻi³³maŋ²¹

辫哩 pie⁴⁴·le

面 me⁴⁴

面□骨 me⁴⁴tʃiəu⁵³ ki²¹³颧骨

眉 mi²²

酒□ tsiəu⁵³tao²¹酒窝

嘴巴皮 tsy⁵³ po⁴⁴pi²²

腮 sai⁴⁴

眼睛 ŋan³³tse⁴⁴

眼睛珠 ŋan³³tse⁴⁴tʃy⁴⁴

白云 po²¹ oŋ²²白眼珠

黑云 xai²¹ oŋ²²黑眼珠

眼角 ŋan³³ kəu²¹³

眼睛圈圈 ŋan³³ tse⁴⁴kʻue⁴⁴kʻue⁴⁴

眼泪 ŋan³³ li³³

眼睛皮 ŋan³³ tse⁴⁴pi²²

单眼皮 to⁴⁴ŋan³³pi²²

双眼皮 səu⁴⁴ŋan³³pi²²

眼睫毛 ŋan³³ tʃie²¹³ mei²²

额头皮 ŋo²¹ tao²²pi²²

鼻孔 pi⁴⁴ kʻaŋ⁵³

鼻涕 pi⁴⁴ tʻai³³

鼻孔屎 pi⁴⁴ kʻaŋ⁵³ sɿ⁵³

鼻孔毛 pi⁴⁴kʻaŋ⁵³ mei²²

鼻孔尖尖 pi⁴⁴ kʻaŋ⁵³tse⁴⁴tse⁴⁴

鼻孔梁 pi⁴⁴kʻaŋ⁵³ liəu²²

红鼻孔 xoŋ²² pi⁴⁴kʻaŋ⁵³酒糟鼻

嘴巴 tsy⁵³po⁴⁴

口水 xao⁵³ʃy⁵³

舌哩 ʃie³¹²·le

大舌哩 ta⁴⁴ʃie³¹²·le 大舌头

牙齿 ŋo²²tsʻɿ⁵³

当面牙 təu⁴⁴ me⁴⁴ŋo²²

蛀牙 tʃy⁵³ŋo²¹

牙齿屎 ŋo²² tsʻ ʅ⁵³ sʅ⁵³ 牙垢

牙间肉 ŋo²² kan⁴⁴ niəu³¹² 牙龈

虫牙 tin²² ŋo²¹

耳朵 ɲ³³ tu⁵³

耳朵屎 ɲ³³ tu⁵³ sʅ⁵³ 耳垢

喉头 xao²² tao²¹

胡哩 u²² ·le

□□胡哩 tsʻan⁴⁴ pan⁴⁴ u²² ·le 络腮胡
　络腮胡哩 lao⁵³ sai³³ u²² ·le

八字胡 pa²¹ tsʅ⁴⁴ u²²

肩头 kan⁴⁴ tao²¹

溜溜肩头 lio⁴⁴ lio⁴⁴ kan⁴⁴ tao²² 斜肩

老鼠肉 lei³³ sʅ⁵³ niəu³¹² 肱二头肌

拳头牯 kue²² tao²¹ ku⁵³

虎叉 fu⁵³ tsʻo⁴⁴ 虎口

手板 ʃiəu⁵³ pan⁵³

巴掌 po⁴⁴ tʃiəu⁵³

手板心 ʃiəu⁵³ pan⁵³ sin⁴⁴

手背 ʃiəu⁵³ pei³³

大手指头 ta⁴⁴ ʃiəu⁵³ tsʅ⁵³ tao²²

鸡公手指头 tʃi⁴⁴ koŋ⁴⁴ ʃiəu⁵³ tsʅ⁵³ tao²²
　中指

满手指头 man³³ ʃiəu⁵³ tsʅ⁵³ tao²²

檐老鼠肉 ie²² lei³³ sʅ⁵³ niəu³¹² 腿肚子

当面骨 təu⁴⁴ me⁴⁴ ki²¹³

屁股 pʻi³³ ku⁵³

屎眼 sʅ⁵³ ŋan³³ 肛门

屁股骨 pʻi³³ ku³³ ki²¹³ 尾骨

鸟哩 tie⁵³ ·le 男阴

　□kuai⁵³ 男阴

鸟哩崽 tie⁵³ ·le tsai⁵³ 赤子阴

□pai⁴⁴ 女阴

麻□ ma²² pʻi⁵³

�□ nio³³ pai⁴⁴ 性交

□水 kuai⁵³ ʃy⁵³ 精液

脚 tʃiəu²¹³ 整条腿

赤脚板 tʃʻio²¹ tʃiəu²¹³ pan⁵³

脚板 tʃiəu²¹ pan⁵³

脚板心 tʃiəu²¹ pan⁵³ sin⁴⁴

脚指头尖尖 tʃiəu²¹ tsʅ⁵³ tao²² tse⁴⁴ tse⁴⁴

脚头□ tʃiəu²¹ tao²² saŋ⁵³ 脚后跟

龙眼珠 loŋ²² ŋan³³ tʃy⁴⁴ 脚踝

鸡眼睛 tʃi⁴⁴ ŋan³³ tse⁴⁴ 鸡眼

心头口 sin⁴⁴ tao²¹ xao⁵³ 胸脯

排哩骨 pa²² ·le ki²¹³ 肋骨

奶 na³³ 乳房

奶水 na³³ ʃy⁵³

肚 tu⁵³

□肚 la²¹ tu⁵³ 小肚

肚眼睛 tu⁵³ ŋan³³ tse⁴⁴ 肚脐
　肚脐眼 tu⁵³ tsi²² ŋan³³

腰牯 ie⁴⁴ ku⁵³

背脊 pei³³ tʃio²¹³

背龙骨 pei³³ lin²² ki²¹³ 背脊梁

腰椎骨 ie⁴⁴ tsuei⁴⁴ ki²¹³ 脊梁骨

旋哩 tsye⁴⁴ ·le 发旋

双旋哩 səu⁴⁴ tsye⁴⁴ ·le 双发旋

胭 ləu²²

飘 pʻiao⁴⁴（簸箕形的指纹）

寒毛 xan²² mei²¹

鸡皮哩 tʃi⁴⁴ pi²² ·le 鸡皮疙瘩

黑籽籽 xai²¹ tsʅ³³ tsʅ³³ 痣

骨头 ki²¹ tao²²

筋 tʃin⁴⁴

血 fei²¹³

血筋 fei²¹ tʃin⁴⁴ 血管

脉 mai³¹²

心 sin⁴⁴

肝 kəu⁴⁴

肺 ʃy³³

胆 to⁵³

肚哩 tu⁵³ ·le（也指胃）

腰哩 ie⁴⁴ ·le（也指肾）

肠哩 tsəu⁴⁴ ·le

大肠 ta⁴⁴ tsəu⁴⁴

□肠 la²¹ tsəu⁴⁴ 小肠

倒肠 tei³³ tsəu⁴⁴ 阑尾

（十二）疾病　医疗

得咯病 te²¹ ·ko pe⁴⁴

□病 la²¹ pe⁴⁴ 小病

大病 ta⁴⁴ pe⁴⁴

病轻呱 pe⁴⁴ tʃ'ie⁴⁴ ·ko 症状减轻

病好呱 pe⁴⁴ xei⁵³ ·ko 症状解除

医病 i⁴⁴ pe⁴⁴ 治病

看病 k'o³³ pe⁴⁴

打脉 ta⁵³ mai³¹² 号脉

开单哩 k'ue⁴⁴ to⁴⁴ ·le

拣药 tʃie⁵³ iəu²¹³

买药 ma³³ iəu²¹³

药房 iəu²¹ xəu²²

药罐罐 iəu²¹ kuan³³ kuan⁴⁴

煨药 uei⁴⁴ iəu²¹³

　熬药 ŋao²² iəu²¹³

膏药 kei⁴⁴ iəu²¹³

药粉粉 iəu²¹ xoŋ⁵³ xoŋ⁵³

上药 ʃiəu³³ iəu²¹³

搽膏药 tso²² kei⁴⁴ iəu²¹³

出点汗 tʃ'y²¹³ te⁵³ xəu⁴⁴ 发汗

赶风 kue⁵³ xoŋ⁴⁴ 出风

退火 t'ei³³ xəu⁵³ 去火

退毒 t'ei³³ tu³¹² 去毒

　打毒 ta⁵³ tu³¹²

解毒 ka⁵³ tu³¹²

扯痧 tʃ'io⁵³ so⁴⁴

刮痧 kua²¹ so⁴⁴

泻肚 sio³³ tu⁵³

发烧 fa²¹ ʃie⁴⁴

发冷 fa²¹ laŋ³³

起鸡皮哩 tʃ'i⁵³ tʃi⁴⁴ pi²² ·le 起鸡皮

　　疙瘩

伤风 ʃiəu⁴⁴ xoŋ⁴⁴

康嗽 k'aŋ⁵³ sao³³ 咳嗽

扯□ tʃ'io⁵³ xo⁴⁴ 发喘

发痧 fa²¹ so⁴⁴

　起痧 tʃ'i⁵³ so⁴⁴

捂痧症 u³³ so⁴⁴ tʃin⁵³

食积 ʃi²¹ tʃi²¹³

晕车 yn⁴⁴ tʃ'io⁴⁴

晕船 yn⁴⁴ ʃye²²

打逆呕 ta⁵³ ŋo²¹ ao⁵³ 干哕

疝气 san³³ tʃ'i⁵³

打摆哩 ta⁵³ pai³³ ·le 疟疾

霍莎症 xo²¹ so⁴⁴ tʃin⁵³ 霍乱

（出）麻哩 tʃ'y²¹ mo²² ·le 麻疹

（出）豆哩 tʃ'y²¹ tao⁴⁴ ·le 天花

放痘 xəu³³ tao⁴⁴ 种痘

伤寒 ʃiəu⁴⁴ xəu²²

痨病 lao²² pe⁴⁴

蛤蟆疯 xo²² məu⁴⁴ xoŋ⁴⁴ 一种病症，
　　口吐白沫。

猪头疯 tiəu⁴⁴tao²¹xoŋ⁴⁴ 腮腺炎

绊伤 po³³ʃiəu⁴⁴

擦哩咯皮 ts'o²¹·le·ko pi²² 蹭破皮

出血 tʃ'y²¹fei²¹³

乌血 u⁴⁴fei²¹³ 瘀血

红肿 xoŋ²² tʃin⁵³

灌脓 kuan³³noŋ²²

结痂痂 tʃie²¹³ko⁴⁴ko⁴⁴

生疮 saŋ⁴⁴ts'əu⁴⁴

痔疮 tsʅ³³ts'əu⁴⁴

疥疮 kai³³ts'əu⁴⁴

钱癣 tse²²se⁵³

饭底印 pan⁴⁴tai⁵³in³³ 雀斑

骚疮 sei⁴⁴ts'əu⁴⁴

鹭鸶气 lu²²tsʅ⁴⁴tʃ'i³³ 狐臭

口臭 xao⁵³tʃ'iəu³³

□ pao²² 大脖子

独眼哩 tu²¹ŋan³³·le

近瞭眼 tʃin³³tʃ'i³³ŋan³³

怕光 p'o³³ku⁴⁴ 羞明

惊风 tʃin⁴⁴xoŋ⁴⁴

扯风 tʃ'io⁵³xoŋ⁴⁴

中风 tʃioŋ³³xoŋ⁴⁴

风瘫 xoŋ⁴⁴t'o⁴⁴ 瘫痪

□哩 lio²¹³·le 瘸子

驼背哩 təu²²pei³³·le

聋哩 laŋ⁴⁴·le

哑哩 ŋo⁵³·le

瞎哩 xa²¹³·le

光头 ku⁴⁴tao²¹

癞哩头 la⁴⁴·le tao²²

（十三）服装

衣裤 i⁴⁴k'u³³

袍哩 pao²²·le

夹衣 ka²¹i⁴⁴

棉衣 me²²i⁴⁴

皮衣 pi²²i⁴⁴

大衣 ta⁴⁴i⁴⁴

衬衣 ts'in⁵³i⁴⁴

纱衣 so⁴⁴i⁴⁴

绳子衣 ʃyn²²tsʅ³³i⁴⁴

衣颈哩 i⁴⁴tʃie⁵³·le 衣领

汗衣 xəu⁴⁴i⁴⁴

夹夹衣 ka²¹ka⁴⁴i⁴⁴ 背心

衣襟 i⁴⁴tʃin⁵³

对襟衣 tei³³tʃin⁵³i⁴⁴

衣脚 i⁴⁴tʃiəu²¹³

裙脚 koŋ²²tʃiəu²¹³

衣袖 i⁴⁴tsiəu³³

长衣袖 t'iəu²²i⁴⁴tsiəu³³

短衣袖 təu⁵³i⁴⁴tsiəu³³

裙 koŋ²²

裤 k'u³³

单裤 to⁴⁴k'u³³

叉叉裤 ts'o⁴⁴ts'o⁴⁴k'u³³ 开裆裤

兜兜裤 tao⁴⁴tao⁴⁴k'u³³ 死裆裤

裤兜 k'u³³tao⁴⁴ 裤裆

裤头 k'u³³tao²¹

裤头带 k'u³³tao²²ta³³

裤脚 k'u³³tʃiəu²¹³

衣荷包 i⁴⁴xəu²²pəu⁴⁴ 衣服上的口袋

裤荷包 k'u³³xəu²²pəu⁴⁴

扣哩 k'ao³³·le

银扣哩 nin²²k'ao³³·le

扣眼 k'ao³³ŋan³³

拉链 la⁴⁴lian⁵³

鞋 xa²²

□板鞋 nio²¹pan⁵³xa²²拖鞋

皮鞋 pi²²xa²¹

布鞋 pu³³xa²¹

鞋底 xa²²tai⁵³

鞋面哩 xa²²me⁴⁴·le

鞋□哩 xa²²fe³³·le鞋楦子

套鞋 t'ao⁵³xa²¹

木鞋 məu²¹xa²²

鞋带带 xa²²ta³³ta⁴⁴

袜哩 ua²¹³·le

纱袜哩 so⁴⁴ua²¹³·le

长袜哩 t'iəu²²ua²¹³·le

短袜哩 təu⁵³ua²¹³·le

尖尖鞋 tse⁴⁴tse⁴⁴xa²²旧时弓鞋

包脚帕 pəu⁴⁴ʧiəu²¹³p'ao³³裹脚布

帽哩 mao⁴⁴·le

皮帽哩 pi²²mao⁴⁴·le

礼帽 li³³mao⁴⁴

瓜皮帽哩 ko⁴⁴pi²²mao⁴⁴·le

军帽 ʧyn⁴⁴mao⁴⁴

草帽 ts'ei⁵³mao⁴⁴

啄啄帽哩 ʧya²¹ʧya⁴⁴mao⁴⁴·le 有帽
　　檐的帽子

首饰 ʃiəu³³ʃi⁵³

别针 pai²¹ʧin⁴⁴

戒指 ka³³tsʅ⁵³

环哩 fan²²·le

凉圈 liəu²²k'ue⁴⁴长命锁，银制
粉 xoŋ⁵³

胭脂水粉 ie⁴⁴tsʅ⁴⁴ʃy⁵³xoŋ⁵³

金耳环 ʧin⁴⁴e³³fan²²

金项链 ʧin⁴⁴ʃiaŋ⁵³lian⁵³

压梳 ia²¹su⁴⁴当地苗族一种头饰，
　　即银梳子

围裙 y²²koŋ²²

口水丫 xao⁵³ʃy⁵³o⁴⁴围嘴儿

贴裙 t'ai²¹koŋ²²尿布

帕哩 p'ao³³·le手巾

围巾 uei²²ʧin⁴⁴

手笼 ʃiəu⁵³laŋ²¹手套

眼镜哩 ŋan³³ʧie³³·le

伞 so⁵³

蓑衣 səu⁴⁴i⁴⁴

雨衣 y³³i⁴⁴

手表 ʃiəu³³piao³³

□哩 ie⁵³·le 穿肉绳

（十四）饮食

食饭 ie²¹pan⁴⁴吃饭

昼饭 təu³³pan⁴⁴早饭
　　早饭 tsei⁵³pan⁴⁴

半日饭 pəu³³ŋ³³pan⁴⁴午饭

夜饭 io⁴⁴pan⁴⁴

打点心 ta⁵³te⁵³sin⁴⁴打尖

零星食 le²²se⁴⁴ʃi²¹³零食

白米饭 po²¹mai³³pan⁴⁴

剩落呱饭 ʃin³³ləu³¹²·ko pan⁴⁴剩饭

现饭 ʃie⁴⁴pan⁴⁴

冷饭 laŋ³³pan⁴⁴

（饭）糊 fu²²

（饭）馊 sei⁴⁴

焦皮 tsie⁴⁴pi²¹ 锅巴

粥 tʃiəu⁴⁴

柔饭 nao²²pan⁴⁴ 软饭

饭铛水 pan⁴⁴tsʻaŋ⁴⁴ʃy⁵³ 米汤

淘米水 tei²²mai³³ʃy⁵³

米糊 mai³³u²¹

糍粑 tsi²²po⁴⁴

金瓜糍粑 tʃin⁴⁴ko⁴⁴tsi²²po⁴⁴ 南瓜糍粑

油发糍粑 iəu²²fa²¹tsi²²po⁴⁴ 油榨糍粑

豆粉糍粑 tao⁴⁴xoŋ⁵³tsi²²po⁴⁴ 毛豆
　　糍粑

尖尖糍粑 tse⁴⁴tse⁴⁴tsi²²po⁴⁴ 粽子

面灰 me⁴⁴fei⁴⁴ 面粉

面 me⁴⁴ 面条

臊子 sao⁵³tsɿ³³

馒头 man²²tʻəu²¹

包哩 pəu⁴⁴·le 包子

油条 iəu²²tʻiao²¹

烧饼 ʃie⁴⁴pe⁵³

发饼 fa²¹pin³³

饺哩 tʃiao³³·le

汤圆哩 tʻəu⁴⁴ue²²·le

月饼 ye²¹pin³³

饼干 pin³³kan⁴⁴

肉片片 niəu²¹pʻian⁵³pʻian⁵³

肉丝丝 niəu²¹sɿ⁴⁴sɿ⁴⁴

肉粉粉 niəu²¹xoŋ⁵³xoŋ⁵³

肉皮皮 niəu²¹pi²²pi⁴⁴

肘腿肉 tsəu³³tʻei⁵³niəu³¹² 肘子

猪脚爪 tiəu⁴⁴tʃiəu²¹³tso⁵³

精肉 tse⁴⁴niəu³¹²

肥肉 ʃy²²niəu³¹²

牛筋 ŋao²²tʃin⁴⁴

猪舌哩 tiəu⁴⁴ʃie³¹²·le

下水 xo³³ʃy⁵³

肚腹里 tu⁵³fu²¹³li³³ 下水

肺 ʃy³³

肠 tsəu⁴⁴

排哩骨 pa²²·le ki²¹³

牛肚哩 ŋao²²tu⁵³·le

草肚哩 tsʻei⁵³tu⁵³·le 带毛状的牛肚

水肚哩 ʃy⁵³tu⁵³·le 光滑状的牛肚

　　百叶肚 po²¹ie²¹tu⁵³

猪肝 tiəu⁴⁴kəu⁴⁴

猪腰腰 tiəu⁴⁴ie⁴⁴ie⁴⁴

猪血 tiəu⁴⁴fei²¹³

鸡血 tʃi⁴⁴fei²¹³

煎□ tse⁴⁴kəu³¹² 煎蛋

荷包□ xəu²²pəu⁴⁴kəu³¹²

油发□ iəu²²fa²¹³kəu³¹² 蛋羹

皮□ pi²²kəu³¹² 皮蛋

围沤□ uei²²ao³³kəu³¹² 咸鸭蛋

腊肠哩 lo²¹tsəu⁴⁴·le

杀猪饭 ʃia²¹tiəu⁴⁴pan⁴⁴

乌饭 u⁴⁴pan⁴⁴ 黑米饭

素菜 su³³tsʻa³³ 不放动物油

荤菜 fin⁴⁴tsʻa³³ 放动物油

咸菜 xo²²tsʻa³³

米粉肉 mai³³xoŋ⁵³niəu³¹²

豆腐 tao⁴⁴fu³³

豆腐皮 tao⁴⁴fu³³pi²²

干豆腐 kəu⁴⁴tao⁴⁴fu³³ 豆腐干

嫩豆腐 noŋ⁴⁴tao⁴⁴fu³³ 豆腐脑

豆浆 tao⁴⁴tɕiəu⁴⁴

绿豆粉 liəu²¹tao⁴⁴xoŋ⁵³

红薯粉 xoŋ²²ʃy³³xoŋ⁵³

藕粉 əu³³fin³³

豆豉 tao⁴⁴sʅ⁴⁴

木耳 məu²¹e³³

白木耳 po²¹məu²¹³e³³

海带 xai³³tai⁵³

味道 y⁴⁴tao³³

气色 ʧʻi³³se²¹³

颜色 ŋan²²se²¹³

猪油 tiəu⁴⁴iəu²¹

牛油 ŋao²²iəu²¹

菜油 tsʻa³³iəu²¹

茶油 tso²²iəu²¹

菜籽油 tsʻa³³tsai⁵³iəu²²

麻油 mo²²iəu²¹

盐 ie²²

细盐 si³³·ie²¹

酱油 ʧiaŋ⁵³iəu²¹

麦哩酱 mo²¹·le tɕiəu³³麦子酱

辣子酱 lo²¹tsi⁵³tɕiəu³³

暴辣椒 pao³³lo²¹tsi⁴⁴油炸辣椒

通辣椒 tʻoŋ⁴⁴lo²¹tsi⁴⁴当地特产，将辣椒煮软后灌入香料、米粉等

醋 tsʻu³³

白酒 po²¹tɕiəu⁵³料酒

砂糖 so⁴⁴təu²¹

片糖 pʻian³³təu²¹

盐糖 ie²²təu²¹白糖

红盐糖 xoŋ²²ie²²təu²²红糖

冰糖 pin⁴⁴təu²¹

花生糖 fa⁴⁴sin⁴⁴təu²²

红薯糖 xoŋ²²ʃy³³təu²²

爆古糖 pao⁵³ku³³təu²²

冬瓜糖 toŋ⁴⁴ko⁴⁴təu²²

麻糖 mo²²təu²¹

油麻糖 iəu²²mo²²təu²²

橙哩糖 ʧin²²·le təu²²

米糖 mai³³təu²¹

八角五香 po²¹ko²¹³u³³ʃiaŋ⁴⁴

桂皮 kuei³³pi²¹

花椒 xo⁴⁴tsie⁴⁴

胡椒粉 fu²²tsie⁴⁴xoŋ⁵³

烟 ie⁴⁴

烟丝 ie⁴⁴sʅ⁴⁴

旱烟 xan⁵³ie⁴⁴

水烟杆 ʃy⁵³ie⁴⁴kəu⁵³

旱烟杆 xəu³³ie⁴⁴kəu⁵³

烟盒盒 ie⁴⁴xəu²¹xəu⁴⁴

烟油 ie⁴⁴iəu²¹

烟灰 ie⁴⁴fei⁴⁴

火镰哩 xəu⁵³le²²·le

火石 xəu⁵³ʃio³¹²

纸媒筒 tsʅ⁵³mei²²toŋ²²

茶 tso²²

安茶叶 o⁴⁴tso²²ie³¹²放茶叶

筛茶 ʃia⁴⁴tso²²

酒 tɕiəu⁵³

米酒 mai³³tɕiəu⁵³

甜酒 te²²tɕiəu⁵³

谷酒 ku²¹tɕiəu⁵³

酸梅哩酒 səu⁴⁴mei²²·le tɕiəu⁵³

啤酒 pi²¹tsiəu⁵³

（十五）红白大事

做媒 tsu³³mei²²

媒人 mei²²ŋ²¹

看亲 k'o³³tṣ'in⁴⁴相亲

菩萨崽 pu²²so⁴⁴tsai⁵³相貌

年纪 ne²²ʧi⁵³

看日哩 k'o³³ŋ³¹²·le 看日子

报日哩 pei³³ŋ³¹²·le

合八字 xəu²¹pa²¹³tsʅ⁴⁴

定准 te⁴⁴ʧyn⁵³定婚

定金 te⁴⁴ʧie⁴⁴

过礼 ku³³li³³

哭嫁 fu²¹ko³³

喜酒 ʃi²¹tsiəu⁵³

抬嫁妆 ta²²ko³³tsəu⁴⁴过嫁妆

讲亲 ko⁵³tṣ'in⁴⁴男方娶亲

讲新妇 ko⁵³sin⁴⁴pu³³男方娶媳妇

出嫁 ʧ'y²¹ko³³

　　　o⁴⁴ti⁴⁴xəu⁴⁴安地方

嫁女 ko³³niəu³³

拜堂 pa³³təu²²

郎崽 ləu²²tsai⁵³新郎

　　　sin⁴⁴ləu²²xo²¹³新郎客

新嫁女 sin⁴⁴ko³³niəu³³新娘

洞房 toŋ⁵³xəu²¹

回门 fei²²maŋ²²

嫁二嫁 ko³³ni⁴⁴ko³³再婚

接后 tsai²¹xao³³续弦

填房 te²²xəu²²

□落呱 faŋ³³ləu³¹²·ko 小产

生□□人 saŋ⁴⁴la²¹la⁴⁴ŋ²²生小孩

接生 tsai²¹saŋ⁴⁴

包衣 pəu⁴⁴i⁴⁴

报喜 pei³³ʃi⁵³

坐月 tsəu³³ŋei³¹²坐月子

满月 məu³³ŋei³¹²

头胎 tao²²t'a⁴⁴

双胎 səu⁴⁴t'a⁴⁴双胞胎

野崽 io³³tsai⁵³私生子

食奶 ie²¹na³³

奶嘴巴 na³³tsy⁵³po⁴⁴奶头

尿床 nie⁴⁴tsəu²²

生日 saŋ⁴⁴ŋ³³

做生 tsu³³saŋ⁴⁴

拜生 pa³³saŋ⁴⁴六十岁以后做寿

死呱 ʃi⁵³·ko

　　断呱气 təu³³·ko ʧ'i³³

　　硬呱 ŋan³³·ko

　　落呱气 ləu³¹²·ko ʧ'i³³

送终 saŋ³³ʧin⁴⁴

黑木 xai²¹məu²¹³已油漆的棺材

木 məu²¹³未油漆的棺材

千年屋 ts'e⁴⁴ne²²u²¹³棺材

　　老屋 lei³³u²¹³棺材

方哩筒 xəu⁴⁴·le toŋ²²寿材

老衣 lei³³i⁴⁴寿衣

　　七层老衣 ts'i²¹tsaŋ²²lei³³i⁴⁴

　　五层裤 ŋ³³tsaŋ²²k'u³³

孝衣 xəu³³i⁴⁴

入木 ŋ²¹məu²¹³入殓

灵堂屋 lin²²təu²¹u²¹³

　　灵屋 lin²²u²¹³

佛堂 fu²¹təu²²

守夜 ʃiəu⁵³ io⁴⁴

道场 tei³³ tiəu²¹

做道场（新）tsu³³ tei³³ tiəu²²

行生（旧）ʃin²² saŋ⁴⁴ 做道场

食豆腐 ie²¹ tao⁴⁴ fu³³ 吊孝

（落棺）分针 fin⁴⁴ tʃin⁴⁴ 入棺时，亲
　　　属将死者的头部用生前衣物
　　　塞正，俗称分针

送饭 saŋ³³ pan⁴⁴ 下葬三天后

守孝 ʃiəu⁵³ ʃiao⁵³

带孝 ta³³ xəu³³

孝子 ʃiao⁵³ tsʅ³³

孝孙 ʃiao⁵³ soŋ⁴⁴

出殡 tʃʻy²¹ pin⁴⁴

拜路 pa³³ lu⁴⁴ 送葬

抬丧 ta²² səu⁴⁴ 送葬

送丧 saŋ³³ səu³³ 送葬

棺扎 kuan⁴⁴ tso²¹³ 纸扎

纸钱 tsʅ⁵³ tse²¹

坟山 fin²² san⁴⁴

祖 tsu⁵³ 坟

挂清 ko³³ tsʻe⁴⁴ 祭祖

挂众清 ko³³ tʃioŋ³³ tsʻe⁴⁴ 全族的人一
　　　起祭祖

碑 pei⁴⁴

上坟 ʃiəu³³ fin²²

自杀 tsʅ⁴⁴ ʃia²¹³

投水 tao²² ʃy⁵³

□颈 tʻio³³ tʃie⁵³ 悬梁自尽

尸水 sʅ⁴⁴ ʃy⁵³

骨灰坛 ki²¹ fei⁴⁴ tʻo²²

天哩菩萨 tʻe⁴⁴ ·le pu²² so⁴⁴ 老天爷

火神菩萨 xəu⁵³ ʃin²² pu²² so⁴⁴

灶王菩萨 tsei³³ u²² pu²² so⁴⁴ 灶王爷

佛 fu²²

菩萨 pu²² so⁴⁴

斋堂 tʃia⁴⁴ təu²¹

观音菩萨 ku⁴⁴ in⁴⁴ pu²² so⁴⁴ 观世音

土地屋 tʻu⁵³ ti⁴⁴ u²¹³

关帝庙 kuan⁴⁴ ti³³ mie⁴⁴

飞山庙 ʃy⁴⁴ san⁴⁴ mie⁴⁴

阎王 ne²² u²¹

宗祠 tsoŋ⁴⁴ tsʻʅ²¹

神龛 ʃin²² kʻan⁴⁴

香案 ʃiəu⁴⁴ ŋan⁵³

敬香 tʃin³³ ʃiəu⁴⁴

蜡烛台 lo²¹ tʃiəu²¹³ ta²²

香炉碗 ʃiəu⁴⁴ lu²² u⁵³

烧香 ʃie⁴⁴ ʃiəu⁴⁴

抽签 tʃʻiəu⁴⁴ tsʻe⁴⁴

打卦 ta⁵³ ko³³

阴卦 in⁴⁴ ko³³

阳卦 iəu²² ko³³

圣卦 ʃin³³ ko³³

念经 lie³³ tʃin⁴⁴

测字 tsʻe²¹ tsʅ⁴⁴

看风水 kʻo³³ xoŋ⁴⁴ ʃy⁵³

算命 səu³³ me⁴⁴

看相 kʻo³³ ʃiəu³³

神婆 ʃin²² pəu²¹

仙年婆 se⁴⁴ ne²² pəu²²

教瞳哩 kəu⁴⁴ toŋ²² ·le 旧时巫婆做
　　　法，如鬼神附体

道士 tei³³ sʅ³³

立火塘 li²¹xəu⁵³təu²² 道士敬火神的起式

收火塘 ʃiəu⁴⁴xəu⁵³təu²² 道士敬火神的收式

地仙 ti⁴⁴se⁴⁴ 风水先生

抢吓 tsʻiəu⁵³xo²¹³ 旧时请巫师给受到惊吓的小孩收吓

赎魂 ʃiəu²¹fin²² 旧时请巫师为受到惊吓生病的小孩收魂

烧胎 ʃie⁴⁴tʻa⁴⁴ 用线捆蛋在火上烧，烧炸后看蛋的形状，以此断定小孩得了何病

许愿 ʃy⁵³ŋei³³

还愿 uan²²ŋei³³

送春牛 saŋ³³tʃʻyn⁴⁴ŋao²² 正月上门送福讨喜的人

（十六）日常生活

戴帽哩 ta³³mao⁴⁴ ·le

脱帽哩 tʻia²¹mao⁴⁴ ·le

着衣 tiəu²¹i⁴⁴

脱衣 tʻia²¹i⁴⁴

着裤 tiəu²¹kʻu³³

脱裤 tʻia²¹kʻu³³

着鞋 tiəu²¹xa²²

脱鞋 tʻia²¹xa²²

着衣裤 tiəu²¹i⁴⁴kʻu³³

脱衣裤 tʻia²¹i⁴⁴kʻu³³

抚衣裤 ŋao²²i⁴⁴kʻu³³ 量衣裤

做衣裤 tsu³³i⁴⁴kʻu³³

吊边 tie³³pe⁴⁴

滚边 kin⁵³pe⁴⁴

绞边边 kiəu³³pe⁴⁴pe⁴⁴ 缲边

打鞋底 ta⁵³xa²²tai⁵³

打扣哩 ta⁵³kʻao³³ ·le

绣花 ʃiəu³³xo⁴⁴

打补丁 ta⁵³pu⁵³tin⁴⁴

连被 le²²pi³³ 缝被子

洗衣裤 sai⁵³i³³kʻu³³

洗头道水 sai⁵³tao²²tei³³ʃy⁵³

晒衣裤 ʃia³³i⁴⁴kʻu³³

晾衣裤 liəu⁴⁴i⁴⁴kʻu³³

浆衣裤 tsiəu⁴⁴i⁴⁴kʻu³³

烙衣裤 lo²¹i⁴⁴kʻu³³ 熨衣裤

烧火 ʃie⁴⁴xəu⁵³

做饭 tsu³³pan⁴⁴

淘米 tei²²mai³³

发酵 fa²¹kəu³³

和面 xəu²²me⁴⁴

揉面 iəu²²me⁴⁴

择菜 tso²¹tsʻa³³

打汤 ta⁵³tʻəu⁴⁴

做菜 tsu³³tsʻa³³

炒菜 tsʻəu⁵³tsʻa³³

饭好呱 pan⁴⁴xei⁵³ ·ko

生米饭 saŋ⁴⁴mai³³pan⁴⁴ 饭生

夹菜 ka²¹tsʻa³³

舀汤 ie³³tʻəu⁴⁴

食昼饭 ie²¹təu³³pan⁴⁴ 吃早饭

食夜饭 ie²¹io⁴⁴pan⁴⁴ 吃晚饭

肉冇烂 niəu²¹mao²¹³lo⁴⁴

咬不动 ŋao³³pu⁴⁴taŋ³³

噎滴呱 ie⁴⁴ti⁴⁴ ·ko 噎住了

胀起呱 tiəu³³tʃʻie⁴⁴ ·ko

口冇味道 xao⁵³mao²¹³y⁴⁴tao³³

食烟 ie²¹ie⁴⁴

食酒 ie²¹tsiəu⁵³

食茶 ie²¹tso²²

肚饥呱 tu³³ʧi⁴⁴·ko

直起 ti²¹ʧ'ie⁴⁴起床

洗手 sai⁵³ʃiəu⁵³

洗面 sai⁵³me⁴⁴

漱口 su³³xao⁵³

刷牙齿 so²¹ŋo²²tsʻʅ⁵³

梳头 su⁴⁴tao²²

梳辫哩 su⁴⁴pie⁴⁴·le

梳头髻 su⁴⁴tao²²ʧi⁴⁴

剪手指甲 tsie⁵³ʃiəu⁵³tsʅ⁵³ko²¹³

挖耳朵屎 ua²¹ŋ³³tu⁵³sʅ⁵³

澡洗 tsəu⁵³sai⁵³洗澡

打干抹 ta⁵³kəu⁴⁴mo²¹³擦澡

拉尿 lo⁴⁴nie⁴⁴

拉屎 lo⁴⁴sʅ⁵³

敲凉 t'ao³³liəu²²乘凉

晒日头 ʃia³³ŋ²¹tao²²

炙火 ʧio²¹xəu⁵³烤火

点灯 te⁵³taŋ⁴⁴

熄灯 si²¹taŋ⁴⁴

敲下下哩 t'ao⁵³xo³³xo⁴⁴·le 歇歇

打□□眼皮 ta⁵³toŋ²²toŋ⁴⁴ŋan³³pi²²打
 盹儿

打哈欠 ta⁵³xəu³³ʃie³³

□呱 lia²¹³·ko 累了

摊床 t'o⁴⁴tsəu²²铺床

眼死滴 ŋa³³sʅ⁵³·ti 睡觉了

拱鼻 koŋ³³pi²²打呼噜

眼死不落 ŋa³³sʅ⁵³pu⁴⁴ləu³¹²睡不着

向天眼死 ʃiəu³³t'e⁴⁴ŋa³³sʅ⁵³向天睡

纠起眼死 ʧiəu³³ʧ'i⁵³ŋa³³sʅ⁵³侧起睡

扑起眼死 pu²¹ʧ'i⁵³ŋa³³sʅ⁵³趴着睡

落枕 ləu²¹ʧin⁵³

扯风 ʧio⁵³xoŋ⁴⁴

做梦 tsu³³moŋ⁴⁴

熬夜 ŋao²²io⁴⁴

打夜班 ta⁵³io⁴⁴pan⁴⁴开夜车

□功夫 niaŋ⁴⁴koŋ⁴⁴fu⁴⁴做工

上工 ʃiəu³³koŋ⁴⁴

散工 so³³koŋ⁴⁴收工

出去呱 ʧ'y²¹ʃi³³·ko

归来呱 ki⁴⁴la²²·ko 回家

街上□ ka⁴⁴ʃiəu³³xai⁴⁴街上耍

散步 san³³pu³³

（十七）讼事

打官司 ta⁵³ku⁴⁴sʅ⁴⁴

告状 kei³³tsəu⁴⁴

状纸 tsəu⁴⁴tsʅ⁵³

坐堂 tsəu³³təu²²

退堂 t'ei³³təu²²

审官司 ʃin⁵³ku⁴⁴sʅ⁴⁴问案

上堂 ʃiəu³³təu²²过堂

人证 in²²ʧin⁵³

家务事 ko⁴⁴u³³sʅ⁴⁴

做纸嘅人 tsu³³tsʅ⁵³·ke ŋ²²代人写
 状纸

服气 fu²¹ʧ'i³³

冇服 mao²¹fu²¹³不服

上诉 ʃiəu³³su³³

宣判 ʃye⁴⁴p'an³³

认供 in⁴⁴koŋ³³

口供 xao⁵³koŋ³³

一伙 i²¹xəu⁵³同谋

犯罪 xəu³³tsuei⁵³

犯法 fan⁵³fa²¹³

冤枉 yan⁴⁴u³³

保人 pei⁵³ŋ²²

得抓 te²¹ʧya⁴⁴被抓

青天老爷 ts'e⁴⁴t'e⁴⁴lei³³io²²

贪官 t'an⁴⁴kuan⁴⁴

受贿 ʃiəu³³fei³³

行贿 ʃin²²fei³³

罚款 fa²²k'uan⁵³

□头 ŋai²²tao²²砍头

打屁股 ta⁵³p'i³³ku⁵³

上枷 ʃiəu³³ko³³

手铐 ʃiəu⁵³k'ao³³

脚铐 ʃiəu²¹k'ao³³

绑起 paŋ⁵³ʧ'ie⁴⁴

关起 kuan⁴⁴ʧ'ie⁴⁴囚禁

坐牢 tsəu³³lao²²

立字据 li²¹tsɿ⁴⁴ʧy⁵³

画押 xo⁴⁴ia²¹³

落手印 lo²¹ʃiəu⁵³in³³按手印

交租 ʧiao⁴⁴tsu⁴⁴

契纸 ʧ'i⁵³tsɿ⁵³

地契 ti⁴⁴ʧ'i⁵³

屋契 u²¹ʧ'i⁵³

完税 ue²²ʃy⁵³纳税

执照 tsɿ²¹ʧiao⁵³

路条 lu⁴⁴tie²¹

大印 ta⁴⁴in³³官印

上任 ʃiəu³³in³³

传票 ʧ'yan²²p'iao³³

（十八）交际

来往 la²²uaŋ³³

看人 k'o³³ŋ²²看望

□下伊 sai⁴⁴xo³³i⁵³看下他

客 xo²¹³

请客 ts'e⁵³xo²¹³

招待 ʧiao⁴⁴ta³³

打招呼 ta⁵³ʧiao⁴⁴fu⁴⁴

送人情 saŋ³³ŋ²²ʧin²²

礼 li³³

人情 ŋ²²ʧin²¹

做客 tsu³³xo²¹³

待客 ta³³xo²¹³

陪客 pei²²xo²¹³

送客 saŋ³³xo²¹³

冇送呱 mao²¹saŋ³³·ko不送了

谢谢 sie⁵³sie⁵³

冇客气 mao²¹k'e²¹³ʧ'i³³

摆席 pia⁵³ʃi²¹³

值席 ʧi²¹ʃi²¹³宴席上做服务的人

请贴 ts'in³³t'ai²¹³

下请贴 xo³³ts'in³³t'ai²¹³

上菜 ʃiəu³³ts'a³³

筛酒 ʃia⁴⁴tsiəu⁵³

劝酒 k'ue³³tsiəu⁵³

干杯 kan³³pei⁴⁴

装烟 tsəu⁴⁴ie⁴⁴

划拳 xo²¹kue²²

冤家 ue⁴⁴ko⁴⁴

对头 tei³³tao²¹

冇平 mao²¹pe²²不平

摆架哩 pia⁵³ko³³ ·le 摆架子

学起哈哈 xəu²¹tʃ‘i⁵³xa³³xa⁴⁴装傻

出丑 tʃ‘y²¹tʃ‘iəu⁵³

巴结 pa⁴⁴tʃie²¹³

讨好 t‘ao⁵³xei⁵³

装聋学哑 tsəu⁴⁴laŋ⁴⁴xəu³¹²ŋo³³

失面子 ʃi²¹mian⁵³tsʅ³³

行家 xaŋ²²ko⁴⁴串门

看哩起 k‘o³³ ·le tʃ‘i⁵³看得起

看不起 k‘o³³pu⁴⁴tʃ‘i⁵³

扯伙 tʃ‘io⁵³xəu⁵³

合伙 xəu²¹xəu⁵³

答应 ta²¹in³³

冇答应 mao²¹ta²¹³in³³

赶出去 kue⁵³tʃ‘y²¹³ʃi³³

（十九）商业 交通

招牌 tʃiao⁴⁴pa²¹

广告 kuaŋ³³kao⁵³

开铺哩 k‘ue⁴⁴p‘u³³ ·le

铺门 p‘u³³maŋ²¹铺面

摆摊哩 pia⁵³t‘o⁴⁴ ·le

做生意 tsu³³sin⁴⁴i³³

入馆子 ȵ²¹kuan³³tsʅ³³下馆子

绸缎铺 ts‘əu²²tuan³³p‘u³³

油盐铺 iəu²²ie²²p‘u³³

茶摊哩 tso²²t‘o⁴⁴ ·le

剃头铺 t‘ai³³tao²²p‘u³³理发店

剃头 t‘ai³³tao²²理发

刮面□ kua²¹me⁴⁴tʃiəu⁵³刮胡子

刮胡哩 kua²¹u²² ·le

肉铺 niəu²¹p‘u³³

杀猪 ʃia²¹tiəu⁴⁴

油炸屋 iəu²²tso³³u²¹³油坊

当铺 təu³³p‘u³³

租屋 tsu⁴⁴u²¹³

当屋 təu³³u²¹³典房子

蜂窠煤 xoŋ⁴⁴k‘o⁴⁴mei²²

开业 k‘ue⁴⁴nie²¹³

停业 tin²²nie²¹³

盘底 puan²²ti⁵³

拦身柜 lo²²ʃin⁴⁴tʃy⁴⁴旧时长柜台

开价 k‘ue⁴⁴ko³³

出价 tʃ‘y²¹ko³³

讲价 kəu⁵³ko³³

便宜 pe²²ni³³

贵 tʃy³³

合理 xəu²¹li³³（价格）公道

包□ pəu⁴⁴sao⁴⁴剩下的全买了

生意好 ʃin⁴⁴i³³xei⁵³

生意□好 ʃin⁴⁴i³³ma²¹³xei⁵³生意清淡

工钱 koŋ⁴⁴tse²¹

本钱 poŋ⁵³tse²¹

赚钱 tʃye³³tse²²

折本 ʃie²¹poŋ⁵³

路费 lu⁴⁴fei³³

□用 tʃiao³³ioŋ⁴⁴开支

息 ʃi²¹³

运气好 yn³³tʃ‘i³³xei⁵³

欠 tʃ‘ian⁵³

　差 ts‘o⁴⁴欠

押金 ia²¹tʃin⁴⁴

账房 tʃiəu³³xəu²¹

记账 tʃi³³tʃiəu³³

挂账 ko³³tʃiəu³³

欠账 tʃʻian⁵³tʃiəu³³

收账 ʃiəu⁴⁴tʃiəu³³

烂账 lo⁴⁴tʃiəu³³

整钱 tʃin³³tse²¹

零钱 le²²tse²¹

纸票哩 tsʅ⁵³pʻiao³³·le

铜毫哩 toŋ²²xao²¹·le

银毫哩 nin²²xao²¹·le

一分钱 i⁴⁴fin⁴⁴tse²²

一角钱 i⁴⁴tʃiəu²¹³tse²²

一块钱 i⁴⁴kʻua³³tse²²

十块钱 tsʅ²¹kʻua³³tse²²

一百块钱 i⁴⁴po²¹³kʻua³³tse²²

一张票哩 i⁴⁴tiəu⁴⁴pʻiao³³·le 钞票

一个铜毫 i⁴⁴kəu³³toŋ²²xao²²

算盘 səu³³puan²¹

戥哩 taŋ⁵³·le 戥子

秤 tʃʻin³³

磅秤 paŋ⁵³tʃʻin³³

秤盘盘 tʃʻin³³puan²²puan⁴⁴

秤星哩 tʃʻin³³se⁴⁴·le

秤杆杆 tʃʻin³³kan⁵³kan⁵³

秤钩钩 tʃʻin³³kao⁴⁴kao⁴⁴

秤砣 tʃʻin³³təu²¹

旺秤 uaŋ³³tʃʻin³³秤尾高

飘秤 pʻiao³³tʃʻin³³秤尾低

铁路 tʻai²¹lu⁴⁴

火车 xəu⁵³tʃʻio⁴⁴

火车站 xəu⁵³tʃʻio⁴⁴tsan⁵³

马路 mo³³lu⁴⁴

客车 kʻe²¹tʃʻio⁴⁴

汽车 tʃʻi⁵³tʃʻio⁴⁴

卧铺车 o⁵³pʻu⁴⁴tʃʻio⁴⁴

板车 pan⁵³tʃʻio⁴⁴

轿车崽崽 tʃiao⁴⁴tʃʻio⁴⁴tsai⁵³tsai⁵³小车

慢慢游 man³³man³³iəu²²（载人）三
　　轮车

爬山王 po²²san⁴⁴uaŋ²²专用上山装木
　　头的车

单车 tan⁴⁴tʃʻio⁴⁴自行车

鸡公车 tʃi⁴⁴koŋ⁴⁴tʃʻio⁴⁴

船 ʃye²²

帆 fan⁴⁴

蓬 poŋ²²

桅杆 uei²²kan⁵³

桨 tsiəu⁵³

篙哩 kei⁴⁴·le

跳板 tʻie³³pan⁵³

三板船 so⁴⁴pan⁵³ʃye²²舢板

打鱼船 ta⁵³ŋei²²ʃye²²

渡船 tu³³ʃye²¹

轮船 lin²²ʃye²¹

码头 mo³³tao²¹

（二十）文化教育

学堂 xəu²¹təu²²

开蒙 kʻue⁴⁴məu²²

小学 ʃiao³³ʃio²¹³

中学 tʃioŋ⁴⁴ʃio²¹³

大学 ta⁴⁴ʃio²¹³

读书 tu²¹ʃy⁴⁴

散学 so³³xəu³¹²

逃学 tao²²xəu³¹²

放假 faŋ⁵³kia³³

读老书 tu²¹lei³³ʃy⁴⁴私塾

请假 tsʻin³³kia³³

教室 kiao⁵³ʃi²¹³

上课 ʃiəu³³kʻo⁵³

下课 xo³³kʻo⁵³

讲台 ʧiaŋ³³tʻai²¹

黑板 xe²¹pan⁵³

粉笔 fin³³pi²¹³

笔记本 pi²¹ʧi³³poŋ⁵³

课本 kʻo⁵³pin³³

铅笔 ue²²pi²¹³

橡皮 ʃiaŋ⁵³pi²¹

铅笔刀 ue²²pi²¹³tei⁴⁴

圆规 yan²²kuei⁴⁴

钢笔 kaŋ⁴⁴pi²¹³

毛笔 mao²²pi²¹³

笔筒 pi²¹toŋ²²

墨研盘 mai²¹ie²²puan²²

磨墨 məu²²mai³¹²

墨汁 mai²¹ʧi⁴⁴

荡墨 təu³³mai³¹² 研磨

墨水 mai²¹ʃy⁵³

书包 ʃy⁴⁴pəu⁴⁴

读书嘅人 tu²¹ʃy⁴⁴·ke ŋ²²

温书 oŋ⁴⁴ʃy⁴⁴

背书 pei⁴⁴ʃy⁴⁴

报考 pao⁵³kʻao⁵³

考场 kʻao⁵³tiəu²¹

赶考 kue⁵³kʻao⁵³

入考场 ŋ²¹kʻao⁵³tiəu²²

满分 məu³³fin⁴⁴

零分 lin²²fin⁴⁴

出榜 ʧʻy²¹paŋ³³

头名 tao²²me²¹

末名 məu²¹me²²

毕业 pi⁵³nie²¹³

文凭 un²²pʻin²¹

大字 ta⁴⁴tsɿ⁴⁴

□字 la²¹tsɿ⁴⁴小字

字帖 tsɿ⁴⁴tʻai²¹³

摹帖 məu²²tʻai²¹³

写白眼字 sio⁵³po²¹³ŋan³³tsɿ⁴⁴写白字

漏字 lao⁴⁴tsɿ⁴⁴

稿哩 kəu³³·le

一点 i⁴⁴te⁵³

一横 i⁴⁴uaŋ²²

一直 i⁴⁴ti³¹²一竖

一飘 i⁴⁴pʻiao⁴⁴一捺

一撇 i⁴⁴pʻi²¹³

一勾 i⁴⁴kao⁴⁴

一提 i⁴⁴tai²²

一画 i⁴⁴xo⁴⁴

旁哩 pʻaŋ²²·le 偏旁

单人旁 tan⁴⁴in²²pʻaŋ²²

双人旁 səu⁴⁴in²²pʻaŋ²²

弯弓张 uan⁴⁴koŋ⁴⁴ʧiaŋ⁴⁴

竖心旁 ʃy⁵³sin⁴⁴pʻaŋ²²

王旁 uaŋ²²pʻaŋ²¹

土旁 tʻu⁵³pʻaŋ²¹

竹字头 tiəu²¹tsɿ⁴⁴tao²²

火字旁 xəu⁵³tsɿ⁴⁴pʻaŋ²²

四点 sɿ³³te⁵³

三点水 so⁴⁴te⁵³ʃy⁵³

两点水 liəu³³te⁵³ʃy⁵³

病旁 pe⁴⁴pʻaŋ²¹

走之旁 tsəu³³tʂʅ⁴⁴pʻaŋ²²

绞丝旁 ʧiao³³sʅ⁴⁴pʻaŋ²²

提手旁 tʻi²²ʃiəu⁵³pʻaŋ²²

草字头 tsʻei⁵³tʂʅ⁴⁴tao²²

（二十一）文体活动

风筝 xoŋ⁴⁴tsin⁴⁴

打球 ta⁵³ʧiəu²²

挑崽哩 tʻie⁴⁴tsai⁵³·le 抓子儿

横水 uaŋ²²ʃy⁵³ 打水漂儿

挑花 tʻie⁴⁴xo⁴⁴ 翻绳

下拳 xo³³kue²² 划拳

滚铁环 kin⁵³tʻai²¹fan²²

打旋哩 ta⁵³tsye⁴⁴·le 打陀螺

拨龙船 po²¹lin²²ʃye²²

骑高脚马 ʧi²²kao⁴⁴ʧiəu²¹³mo³³

摺秋千 liao⁴⁴tsʻiəu⁴⁴tsʻe⁴⁴ 荡秋千

□跤哩 pei²²kəu⁴⁴·le 摔跤

打远 ta⁵³ue³³ 甩石块，一种民间体
　　育运动

打纸筒 ta⁵³tʂʅ⁵³toŋ²² 用竹筒制作可
　　以放入湿纸团并打出响声的
　　玩具

跳绳 tʻiao⁵³ʃyn²²

殴担竿 ʧiəu³³to³³kan⁴⁴ 扭扁担，一种
　　民间体育运动

吹叶叶 ʧʻy⁴⁴ie²¹ie⁴⁴ 即吹木叶，是当
　　地特有的民间吹奏方式

舞草龙 u³³tsʻei⁵³lin²²

讲白字 kəu⁵³po²¹tʂʅ⁴⁴ 出谜语

猜白字 tsʻa⁴⁴po²¹tʂʅ⁴⁴ 猜谜语

□把戏 xai⁴⁴pa⁵³ʃi⁴⁴ 玩具

藏人 tsəu²²ŋ²² 捉迷藏

踢田 tʻio²¹te²² 儿童游戏

骨牌 ku²¹pa²²

纸牌 tʂʅ⁵³pa²¹

扑克 pʻo⁴⁴kʻe²¹³

麻将 ma²²ʧiaŋ⁴⁴

摇色哩 iao²²se²¹³·le

押宝 o³³pei⁵³ 赌博

纸炮 tʂʅ⁵³pʻao³³ 鞭炮

放纸炮 xəu³³tʂʅ⁵³pʻao³³ 放鞭炮

象棋 ʃiaŋ⁵³ʧi²¹

动棋 taŋ³³ʧi²²

士 sʅ⁵³

车 tiəu⁴⁴

马 mo³³

炮 pʻao³³

兵 pin⁴⁴

卒子 tsu²¹tsʅ³³

拱卒 koŋ⁵³tsu²¹³

上士 ʃiəu³³sʅ⁵³

落士 ləu²¹sʅ⁵³

下象 xo³³ʃiaŋ⁵³

架炮 ko³³pʻao³³

将军 ʧiaŋ⁴⁴ʧyn⁴⁴

黑崽哩 xai²¹tsai⁵³·le 黑子

白崽哩 po²¹tsai⁵³·le 白子

和棋 xəu²²ʧi²²

五指飞 u³³tʂʅ⁵³fei⁴⁴ 棋类游戏

裤兜棋 kʻu³³tao⁴⁴ʧi²²

三三棋 san³³san³³ʧi²²

皇帝棋 u²²ti⁵³ʧi²²

牛角棋 ŋao²²kəu²¹ʧi²²

抬龙灯 ta²²lin²²taŋ⁴⁴ 舞龙灯

□水 ua²²ʃy⁵³ 游泳

游水 iəu²²ʃy⁵³

打水□哩 ta⁵³ʃy⁵³mie³³·le 潜水

□□ pei²²t'o⁴⁴ 类似仰泳，但只用脚
　　打水

踩水 ts'ai⁵³ʃy⁵³

乒乓球 pin⁴⁴p'aŋ⁴⁴ʧiəu²²

篮球 lan²²ʧiəu²¹

排球 p'ai²²ʧiəu²¹

足球 tsu²²ʧiəu²¹

跳远 t'iao⁵³yan³³

跳高 t'iao⁵³kei⁴⁴

打跟斗 ta⁵³kin⁴⁴təu³³

打翻车 ta⁵³fan⁴⁴ʧ'io⁴⁴ 连翻跟头

舞狮哩 u³³sɿ⁴⁴·le

舞蚌壳 u³³paŋ⁵³k'əu²¹³

放流星 xo³³liu²²sin⁴⁴ 耍流星

扭秧歌 niu³³iaŋ⁴⁴kəu⁴⁴

打腰鼓 ta⁵³ie⁴⁴ku⁵³

木脑壳戏 məu²¹nei³³k'o²¹³ʃi³³ 木偶戏

龙灯戏 lin²²taŋ⁴⁴ʃi⁵³

大戏 ta⁴⁴ʃi³³

京戏 ʧin⁴⁴ʃi³³

戏院 ʃi³³yan³³

戏班哩 ʃi³³pan⁴⁴·le

耍魔术 sua³³məu²²ʃy⁵³

讲书 kəu⁵³ʃy⁴⁴

花脸 xo⁴⁴lian³³

丑角 ts'əu⁵³ʧiəu²¹³

老生 lei³³sin⁴⁴

小生 ʃiao³³sin⁴⁴

武打生 u³³ta⁵³sin⁴⁴

旦角 to³³ʧiəu²¹³

青衣 ts'e⁴⁴·i⁴⁴

打旗哩 ta⁵³ʧi²²·le 跑龙套

（二十二）动作

徛 ʧi³³ 站

跍 k'u²¹³ 蹲

绊滴呱 po³³·ti·ko 跌倒了

爬滴起 po²²·ti ʧ'ie⁴⁴ 爬起来

摺头 liao⁴⁴tao²² 摇头

啄头 ʧya²¹tao²² 点头

抬头 ta²²tao²²

勾头 kao⁴⁴tao²²

掉头 t'ie³³tao²² 回头

掉转去 t'ie³³tsye³³ʃi³³ 转过去

睁起眼 tsaŋ⁴⁴ʧ'ie⁴⁴ŋan³³

鼓起眼 ku⁵³ʧ'ie⁴⁴ŋan³³

闭起眼 pi³³ʧ'ie⁴⁴ŋan³³

眨眼睛 tso²¹ŋan³³tse⁴⁴

撞滴 ts'uaŋ⁵³·ti 遇见

看 k'o³³

眼睛乱动 ŋan³³tse⁴⁴luan⁴⁴taŋ³³

流眼泪 liəu²²ŋan³³li³³

扯油丝眼 ʧ'io⁵³iəu²²sɿ⁴⁴ŋan³³ 抛媚眼

□口 ya⁴⁴xao⁵³ 张嘴

闭口 pi³³xao⁵³

举手 ʧy⁵³ʃiəu⁵³

摺手 liao⁴⁴ʃiəu⁵³ 摆手

伸手 t'in⁴⁴ʃiəu⁵³

动手 taŋ³³ʃiəu⁵³

拍手 p'o²¹ʃiəu⁵³

背起手 pei⁴⁴ʧ'ie⁴⁴ʃiəu⁵³

箍起手 ku⁴⁴ʧ'ie⁴⁴ʃiəu⁵³ 叉着手

笼起手 laŋ²² ʧʻie⁴⁴ ʃiəu⁵³

捂滴 u³³ ·ti 捂住

□ pʻi³³ 用手~猫背

挡屎 tsʻao⁴⁴ sʅ⁵³

挡尿 tsʻao⁴⁴ nie⁴⁴

扶滴 fu²² ·ti 扶住

裹起拳头牯 ko³³ ʧʻie⁴⁴ kue²² tao²² ku⁵³ 握拳

跳脚 tʻie³³ ʧiəu²¹³ 跺脚

踮脚 ti⁵³ ʧiəu²¹³

勾起脚 kao⁴⁴ ʧʻie⁴⁴ ʧiəu²¹³

摇脚 iao²² ʧiəu²¹³ 抖腿

踢脚 tʻio²¹ ʧiəu²¹³ 踢腿

勾腰牯 kao⁴⁴ ie⁴⁴ ku⁵³ 弯腰

唱喏 ʧʻiəu³³ io³³ 作揖

下拜 xo³³ pa³³

撑腰 tsʻaŋ⁴⁴ ie⁴⁴

□起屁股 tan⁴⁴ ʧʻie⁴⁴ pʻi³³ ku⁵³ 撅屁股

捶背脊 ʧy²² pei⁴⁴ ʧio²¹³ 捶背

擤鼻涕 soŋ³³ pi⁴⁴ tʻai³³

　　□鼻涕 nio⁵³ pi⁴⁴ tʻai³³

打喷□ ta⁵³ pei³³ ʧʻio³³ 打喷嚏

嗅 ʃioŋ³³

嫌弃 ʃian²² ʧʻi³³

哭 fu²¹³

撂 liao⁴⁴ 扔

讲 kəu⁵³

走 tsao⁵³ 跑

行 xaŋ²² 走

安 o⁴⁴ 放

掺 tsʻo⁴⁴ 酒里~水

收拾 ʃiəu⁴⁴ tsʅ²¹³

提起 tai²² ʧʻie⁴⁴

捡起 ʧie⁵³ ʧʻie⁴⁴

擦呱 tsʻo²¹³ ·ko

□呱 tʻiəu²¹³ ·ko 丢了

落 ləu³¹²

寻滴呱 tsin²² ·ti ·ko 找到了

藏 tsəu²²

码起 mo³³ ʧʻie⁴⁴ 堆

省哩 sin⁵³ ·le 知道

明滴呱 min²² ·ti ·ko 懂了

□呱 nio⁵³ ·ko 吐出来

认哩 in⁴⁴ ·le 认得

冇认哩 mao²¹ in⁴⁴ ·le

认字哩 in⁴⁴ tsʅ⁴⁴ ·le

想一想 siəu⁵³ i·²¹³ siəu⁵³

估计 ku⁴⁴ ʧi⁵³

想主意 siəu⁵³ ʧy⁵³ i³³

信 sin³³ 相信

默 mai³¹² 沉思

架势 kia³³ sʅ⁵³ 留神

怕 pʻo³³

吓滴呱 xo²¹³ ·ti ·ko 吓着了

挂起 kua³³ ʧʻie⁴⁴ 挂记

落心 ləu²¹ sin⁴⁴ 放心

望滴 məu⁴⁴ ·ti 望着

巴不哩 po⁴⁴ pu⁴⁴ ·le 巴不得

记滴 ʧi³³ ·ti 记着

忘记呱 məu⁴⁴ ʧi³³ ·ko

想起来呱 siəu⁵³ ʧʻie⁴⁴ la²² ·ko

眼红 ŋan³³ xoŋ²²

恨 xoŋ⁵³

偏心 pʻe⁴⁴ sin⁴⁴

憋气 pai²¹ʧʻi³³

发气 fa²¹ʧʻi³³

看得重 kʻo³³te²¹³tin³³

欢喜 xəu⁴⁴ʃi⁵³喜欢

心痛 sin⁴⁴tʻaŋ³³宠爱

依滴 i⁴⁴·ti迁就

讲话 kəu⁵³o⁴⁴

讲白 kəu⁵³po³¹²聊天

答白 ta²¹po³¹²答应

捏白 nio⁴⁴po³¹²撒谎

扯白喉 ʧʻio⁵³po²¹xao²²

冇做声 mao²¹tsu³³ʃie⁴⁴

□ʃya²¹³骗

报 pei³³告诉

回嘴 fei²²tsy⁵³顶嘴

吵架 tsʻəu⁵³kəu³³

打架 ta⁵³kəu³³

骂 mo³³

□骂 tʻi²¹mo³³挨骂

扎咐 tso²¹fu²¹³嘱咐

啰嗦 lo⁴⁴so⁴⁴

　　零星话多 le²²se⁴⁴o⁴⁴təu⁴⁴

喊 xo⁵³

讲天话 kəu⁵³tʻe⁴⁴o⁴⁴讲大话

泼冷水 po²¹laŋ³³ʃy⁵³

欺生 ʧʻi⁴⁴saŋ⁴⁴

充能干 ʧʻioŋ⁴⁴nin²²kan³³

貪你阿姐 nio²¹ni³³a⁴⁴tsi⁴⁴骂人语

□你头 ŋai²¹ni³³tao²²砍你头

刀□你 tei⁴⁴ŋai²¹³ni³³刀砍你

纸炮形 tsi⁵³pʻao³³ʃin²²

怕死鬼 pʻo³³ʃi³³ki⁵³

打溜 ta⁵³liəu⁴⁴不务正业

吵事鬼 tsʻəu⁵³sɿ⁴⁴ki⁵³

（二十三）位置

高头 kei⁴⁴tao²¹上面

底下 tai⁵³xo³³下面

左边 tsəu³³pe⁴⁴

右边 iəu⁴⁴pe⁴⁴

中间 toŋ⁴⁴kan⁴⁴

□里 tin²²lie³³里面

外□ ma³³xa⁵³外面

面前 me⁴⁴tse²¹前面

边边上 pe⁴⁴pe⁴⁴ʃiəu³³

地底下 ti⁴⁴tai⁵³xo³³地下

地方头 ti⁴⁴xo⁴⁴tao²²地上

天上 tʻe⁴⁴ʃiəu³³

山上 san⁴⁴ʃiəu³³

路上 lu⁴⁴ʃiəu³³

街上 ka⁴⁴ʃiəu³³

壁上 pio²¹ʃiəu³³墙上

门上 maŋ²²ʃiəu³³

桌哩上 tsəu²¹³·le ʃiəu³³

桌哩高头 tsəu²¹³·le kei⁴⁴tao²²凳子
　　　　上面

凳哩上 taŋ³³·le ʃiəu³³

凳哩高头 taŋ³³·le kei⁴⁴tao²²

心里 sin⁴⁴li³³

屋里 u²¹li³³

手里 ʃiəu⁵³li³³

大门外□ ta⁴⁴maŋ²²ma³³xa⁵³大门外

墙外□ tsiəu²²ma³³xa⁵³墙外

车高头 ʧʻio⁴⁴kei⁴⁴tao²²

车外□ ʧʻio⁴⁴ma³³xa⁵³车外

车面前 tʃʻio⁴⁴me⁴⁴tse²² 车前

山面前 san⁴⁴me⁴⁴tse²²

山背□ san⁴⁴pei³³saŋ⁵³ 山背后

山脚底 san⁴⁴tʃiəu²¹³tai⁵³

山顶上 san⁴⁴tin⁵³ʃiəu³³

半山上 po³³san⁴⁴ʃiəu³³

屋背□ u²¹pei³³saŋ⁵³ 屋背后

背□ pei³³saŋ⁵³ 背后

东边 toŋ⁴⁴pe⁴⁴

西边 si⁴⁴pe⁴⁴

南边 no²²pe⁴⁴

北边 pe²¹pe⁴⁴

东南 toŋ⁴⁴no²²

东北 toŋ⁴⁴pe²¹³

西南 si⁴⁴no²²

西北 si⁴⁴pei²¹³

路边 lu⁴⁴pe⁴⁴

床底下 tsəu²²tai⁵³xo³³

楼底下 lao²²tai⁵³xo³³

脚底下 tʃiəu²¹tai⁵³xo³³

碗底底 u⁵³tai⁵³tai⁵³

锅底底 ku⁴⁴tai⁵³tai⁵³

坛底底 tʻo²²tai⁵³tai⁵³

边边 pe⁴⁴pe⁴⁴ 边上

眼面前 ŋan³³me⁴⁴tse²² 跟前

□□地方 ŋa⁵³xa⁴⁴ti⁴⁴xo⁴⁴ 什么地方

左手边 tsəu⁵³ʃiəu⁵³pe⁴⁴

右手边 iəu⁴⁴ʃiəu⁵³pe⁴⁴

朝□里行 tʃiao²²tin²²lie³³xaŋ²² 朝里走

朝外□行 tʃiao²²ma³³xa⁵³xaŋ²² 朝外走

回转来行 fei²²tsye³³la²²xaŋ²² 望回走

朝面前行 tʃiao²²me⁴⁴tse²²xaŋ²² 朝前走

以上 i³³ʃiəu³³

以下 i³³xo³³

后来 xao³³la²²

来日 la²²ŋ³¹²

（二十四）代词等

你 ni³³

我 ŋəu³³

伊 i⁵³

我俚 ŋəu³³·li 我们

你俚 ni³³·li 你们

伊俚 i⁵³·li 他们

自家 tsɿ³³ka³³ 自己

个个 kəu³³kəu³³ 大家

别个 pai²¹kəu³³ 别人

咯个 kəu²¹kəu³³ 这个

□个 mei²¹kəu³³ 那个

咯伊 kəu²¹i⁵³ 这种

□伊 mei²¹i⁵³ 那种

遮个 tʃio⁴⁴kəu³³ 哪个

咯滴 kəu²¹ti³³ 这些

□滴 mei²¹ti³³ 那些

遮滴 tʃio⁴⁴ti³³ 哪些

咯颠 kəu⁴⁴te⁴⁴ 这里

□颠 mei⁴⁴te⁴⁴ 那里

遮颠 tʃio⁴⁴te⁴⁴ 哪里

咯 kəu²¹³ 这么（高）

咯滴 koŋ⁴⁴ti³³

咯色嘅 kəu²¹se²¹³·ke

咯色嘅 kəu²¹se²¹³·ke 这么（做）

咯滴 kəu⁴⁴ti³³

咯滴 koŋ⁴⁴ti³³

□滴 mei⁴⁴ti³³ 那么（高）

□色嘅 mei²¹³se²¹³·ke

□色嘅 mei²¹se²¹³·ke 那么（做）

　　□滴 mei⁴⁴ti³³

遮□ tʃio⁴⁴sin⁴⁴怎么（做）

　　遮色嘅 tʃio²¹se²¹³·ke

　　遮□嘅 tʃio²¹xao⁴⁴·ke

□□ŋa⁵³xa³³什么

□哈 ka⁵³xa³³为什么

我哩俩个 ŋəu³³·li liəu³³kəu³³我们俩

你哩俩个 ni³³·li liəu³³kəu³³你们俩

伊哩俩个 i⁵³·li liəu³³kəu³³他们俩

俩口人 liəu³³xao⁵³ŋ²²夫妻俩

俩爷哩 liəu³³io²²·le 父子俩

俩娘哩 liəu³³nio⁴⁴·le 娘儿俩

俩兄弟 liəu³³fai⁴⁴tai³³

俩姐妹 liəu³³tsio⁵³mei³³

俩新婆 liəu³³sin⁴⁴pəu²²俩妯娌

爷爷屋里 ia²²ia⁴⁴u²¹³li³³爷爷家

婆婆屋里 pəu²²pəu⁴⁴u²¹³li³³姥姥家

个把 两个 kəu³³pa⁵³liəu³³kəu³³指人/物

百把个 po²¹pa⁵³kəu³³指人/物

千把个 tsʻe⁴⁴pa⁵³kəu³³

里把路 li³³pa⁵³lu⁴⁴

里把两里路 li³³pa⁵³liəu³³li³³ lu⁴⁴

亩把两亩 məu³³pa⁵³liəu³³məu³³

斤把哩 tʃin⁴⁴pa⁵³·le

斤把两斤 tʃin⁴⁴pa⁵³liəu³³tʃin⁴⁴

万把哩 uan⁴⁴pa⁵³·le

万把两万 uan⁴⁴pa⁵³liəu³³uan⁴⁴

看场 kʻo⁴⁴tʃʻiaŋ²²看头儿

听场 tʻe⁴⁴tʃʻiaŋ²²听头儿

食场 ie²¹tʃʻiaŋ²²吃头儿

搞场 kao³³tʃʻiaŋ²²干头儿

（二十五）形容词

好 xei⁵³

很好 xei³³xei⁵³

好多 xei⁵³təu⁴⁴

坏 fa⁴⁴

□lai⁴⁴次，差

中望 tsoŋ⁵³mo⁴⁴好看

陋 ləu⁵³丑

要紧 ie³³tʃin⁵³

闹热 nao³³nie³¹²热闹

硬 ŋaŋ⁴⁴

柔 nao²²软

干净 kan⁴⁴tsin³³

□□ ma⁵³fu²¹³脏

咸 xo²²

淡 to³³

香 ʃiəu⁴⁴

臭 tʃʻiəu³³

酸 səu⁴⁴

甜 te²²

苦 fu⁵³

辣 lo³¹²

稀 ʃi⁴⁴

融 ioŋ²²稠

肥_指动物_ʃy²²

壮_指人或动物_tsəu³³

瘦 sao³³

精_指肉_tse⁴⁴

舒服 ʃy⁴⁴fu²¹³

难□ no²²ti²¹³ 难受　　　　　　　滑 ua³¹²

怕陋 pʻo³³ləu⁵³ 怕丑　　　　　　重 tin³³

听话 tʻe⁴⁴o⁴⁴　　　　　　　　　轻 ʧʻie⁴⁴

调皮 tʻiao⁵³pʻi²²　　　　　　　直 ti³¹²

冇中用 mao²¹ʧioŋ⁴⁴ioŋ⁴⁴　　　满 məu³³

好用 xei⁵³ioŋ⁴⁴　　　　　　　　浊 tsəu³¹²

作孽 tsu³³nie³¹²　　　　　　　清 tsʻe⁴⁴

灵性 lin²²ʃin³³　　　　　　　　热 nie³¹²

能干 nin²²kan⁵³　　　　　　　侵 tsʻe⁴⁴ 冷

小气 ʃiao³³ʧʻi⁵³　　　　　　　燗 la³³ 烫

大方 ta⁴⁴faŋ⁴⁴　　　　　　　　冲喉头 tsʻoŋ⁵³xao²²tao²² 酒烈

全咯 tsye²² ·ko 整　　　　　　回润 fei²²yn⁴⁴

暴 pao³³ 凸　　　　　　　　　　陡 tao⁵³

□a⁵³ 凹　　　　　　　　　　　弯 uan⁴⁴

鼓出来 ku⁵³ʧʻy²¹³la²²　　　　　快 kʻua³³

□入去 mai²¹ŋ²¹³ʃi³³ 凹进去　　　冇利 mao²¹li⁴⁴

晏 ŋan³³　　　　　　　　　　　□实 u⁵³ʃi³¹² 结实

长 tʻiəu²²　　　　　　　　　　摇 iao²²

短 təu⁵³　　　　　　　　　　　□咯 mai³¹² ·ko（球）瘪

宽 kʻuan⁴⁴　　　　　　　　　　刺眼 tsʻɿ³³ŋan³³

狭 xa³¹² 窄　　　　　　　　　　冲鼻孔 tsʻoŋ⁵³pi⁴⁴kʻaŋ⁵³

厚 xao³³　　　　　　　　　　　扎耳朵 tso²¹ŋ³³tu⁵³

薄 pəu³¹²　　　　　　　　　　　闷 min³³

深 ʃin⁴⁴　　　　　　　　　　　扎 tsa⁴⁴

浅 tsʻe⁵³　　　　　　　　　　　□脚 ŋan⁵³ʧiəu²¹³ 硌脚

高 kei⁴⁴　　　　　　　　　　　红 xoŋ²²

矮 ŋa⁵³ 低　　　　　　　　　　朱红 ʧy⁴⁴xoŋ²¹

正 ʧin³³　　　　　　　　　　　老红 lei³³xoŋ²¹ 深红

歪 uai⁴⁴　　　　　　　　　　　淡红 to³³xoŋ²¹ 浅红

斜 tsio²²　　　　　　　　　　　蓝 lo²²

亮 liəu⁴⁴　　　　　　　　　　　天蓝 tʻe⁴⁴lo²¹

黑 xai²¹³　　　　　　　　　　　绿 liəu²¹³

淡绿 to³³lieu²¹³

草绿 ts'ei⁵³lieu²¹³

白 po³¹²

灰白 fei⁴⁴po³¹²

白咧咧 po²¹nie³³nie³³ 苍白

灰 fei⁴⁴

深灰 ʃin⁴⁴fei⁴⁴

淡灰 to³³fei⁴⁴

银灰 in²²fei⁴⁴

黄 u²²

深黄 ʃin⁴⁴u²¹

杏黄 ʃin⁵³u²¹

淡黄 to³³u²¹

青 ts'e⁴⁴

青黑 ts'e⁴⁴xai²¹³

黑 xai²¹³

墨黑 mai²¹xai²¹³

紫 tsʅ⁵³

□大没□ ma²¹ta⁴⁴ma²¹la²¹³ 没大没小

人□鬼大 ŋ²²la²¹³ki⁵³ta⁴⁴ 人小鬼大

梦里梦冲 moŋ³³li³³moŋ³³tʃ'ioŋ⁴⁴

发梦冲 fa²¹moŋ³³tʃ'ioŋ⁴⁴

懵里懵懂 moŋ³³li³³moŋ³³toŋ⁵³

痞里痞气 p'i²¹li³³p'i²¹tʃ'i³³

哈欠连天 xəu⁴⁴ʃie³³le²²t'e⁴⁴

黄皮绿舌 u²²pi²²lio²¹ʃie³¹² 形容面色无华

牛大马力 ŋao²²ta⁴⁴ma³³li³³

油□水滑 iəu²²k'əu³³ʃy⁵³ua³¹² 油光发亮

凹头啄眼 ŋao³³tao²²tʃya²¹ŋan³³

矮□□ ŋa⁵³ku²¹ku⁴⁴ 形容人矮

哈里哈气 xa²¹li³³xa³³tʃ'i³³ 形容人蠢

油头夹刺 iəu²²tao²¹tʃia²¹ts'i³³ 油嘴滑舌

□下□ ts'o⁴⁴xo³³ʃio²¹³ 插嘴

（二十六）副词、介词等

□□tʃie³³tʃie³³ 刚刚：我～来，冇赶到。

背□pei³³saŋ⁵³ 后来

□□y²¹sʅ⁵³ 刚好：不大不小，～～合适

净 tsin³³ 食～菜

怕是 po³³sʅ³³ 也许：～要下雨

欠点点 tʃ'ian³³te⁵³te⁵³ 差点儿

趁早 ts'in³³tsei⁵³

看滴看滴 k'o³³·ti k'o³³·ti 眼看

搭帮 to²¹paŋ⁴⁴ 幸亏

当面 təu⁴⁴me⁴⁴

背滴 pei⁴⁴·ti 背地

一伙 i²¹xo⁵³ 一块儿

就滴 tsiəu⁴⁴·ti 顺便

肆意 tsʅ³³i³³ 故意：～捣乱

究竟 tʃiəu⁵³tʃin³³ 到底

真嘅 tʃin⁴⁴·ke 确实

劳总 lao²²tsoŋ⁵³ 总共

冇要 mao²¹ie³³ 不要：～跑

乱搞 luan⁴⁴kao³³

就只 tsiəu⁴⁴tsʅ⁵³ 只有

上下 ʃiəu³³xo³³ 左右：十斤～

咯下 kəu²¹xo³³ 正在：～食饭

快点 k'ua³³te⁵³ 赶快：～走

就 tsiəu⁴⁴ 马上：～来

下 xo³³ 都：～来

一下 i⁴⁴xo³³ 突然：~不见了

冇 mao²¹³ ·le 没有：~钱

麻 ma²¹³ ·le 没有：~钱

已经 i³³ʧin⁴⁴

□ t'i²¹³ 被：~狗咬了

得 te²¹³ 被：~狗咬了

着 ʧ'iəu²¹³ 被：~狗咬了

担 to⁴⁴ 把：~门关上

□tai²¹³ 把：~门关上

对 tei³³ 对：~你好

对 tei³³ 对着：~我笑

到 taŋ⁴⁴ 到：~哪里去

到 taŋ⁴⁴ 到：~今天止

把 pa⁵³ 从：~哪里走

把 pa⁵³ 从：~明天起

把 pa⁵³ 从：~小就吃苦

在 tei³³/tsai³³ 在：~家里吃

用 ioŋ⁴⁴ 用：~钢笔写

除 ʧ'y²¹³ 除：~伊之外

朝 ʧiao²² 向：~前走

跟 kin⁴⁴ 向：~伊借

寻 tsin²² 向：~伊借

朝 ʧiao²² 向：~伊借

向 ʃiəu³³ 向：~伊借

跟 kaŋ⁴⁴ 和：~你不同

和□xo²²tie⁵³ 和：城步~新宁

再 tsa³³ 再：食了~说

就滴：tsiəu⁴⁴ ·ti 顺着：~河边行

跟滴：kaŋ⁴⁴ ·ti 顺着：~河边行

（二十七）量词

一把（锁）i⁴⁴po⁵³

一个（奖章）i⁴⁴kəu³³

一只（鸡）i⁴⁴ʧio²¹³

一只（牛）i⁴⁴ʧio²¹³

一只（马）i⁴⁴ʧio²¹³

一蔸（树）i⁴⁴tao⁴⁴

一只（山）i⁴⁴ʧio²¹³

一只（桌哩）i⁴⁴ʧio²¹³

一部（飞机）i⁴⁴pu³³

一部（船）i⁴⁴pu³³

一只（鞋）i⁴⁴ʧio²¹³

一只（手）i⁴⁴ʧio²¹³

一只（脚）i⁴⁴ʧio²¹³

一只（眼睛）i⁴⁴ʧio²¹³

一只（碗）i⁴⁴ʧio²¹³

一个（人）i⁴⁴kəu³³

两个（人）liəu³³kəu³³

一块（砖）i⁴⁴k'ua³³

一个（嘴巴）i⁴⁴kəu³³

一只（椅哩）i⁴⁴ʧio²¹³

一把（刀）i⁴⁴po⁵³

一块（布）i⁴⁴k'ua³³

一个（石牯）i⁴⁴kəu³³

一个（猪）i⁴⁴kəu³³

一副（木）i⁴⁴fu⁴⁴

一只（屋）i⁴⁴ʧio²¹³

一顶（帽哩）i⁴⁴tin⁵³

一条（裤）i⁴⁴tie²²

一条（河）i⁴⁴tie²²

一个（鱼）i⁴⁴kəu³³

一条（路）i⁴⁴tie²²

一条（命）i⁴⁴tie²²

一行（索哩）i⁴⁴xaŋ²²

一行（线）i⁴⁴xaŋ²²

一行（牛藤）i⁴⁴xaŋ²²

一只（狗）i⁴⁴ʧio²¹³

一床（被）i⁴⁴tsoŋ²²

一篷（草）i⁴⁴poŋ²²

一行（烟）i⁴⁴xaŋ²²

一粒（米）i⁴⁴li²¹³

一粒（豆哩）i⁴⁴li²¹³

一块（肉）i⁴⁴k'ua³³

一块（豆腐）i⁴⁴k'ua³³

一路（字）i⁴⁴lu⁴⁴

一□（衣）i⁴⁴tao³³一件

一套（衣服）i⁴⁴t'ao⁵³

一双（鞋）i⁴⁴səu⁴⁴

一对（鞋）i⁴⁴tei³³

一个（帐哩）i⁴⁴kəu³³

一口（井）i⁴⁴xao⁵³

一只（箱哩）i⁴⁴ʧio²¹³

一部（车）i⁴⁴pu³³

一桩（事）i⁴⁴tsəu⁴⁴

一伙（人）i⁴⁴xəu⁵³

一□（纸）i⁴⁴to³¹²

一捧（花生）i⁴⁴p'oŋ⁵³

一串（葡萄）i⁴⁴ʧ'ye³³

一支（笔）i⁴⁴tsɿ⁴⁴

一座（桥）i⁴⁴tsəu³³

一口（水）i⁴⁴xao⁵³

一瓶（酒）i⁴⁴p'in²²

一片（叶叶）i⁴⁴p'ie³³

一截（木头）i⁴⁴tsai²¹³

一瓣（柑哩）i⁴⁴ma⁵³

一瓣（花瓣）i⁴⁴ma⁵³

一杀（西瓜）i⁴⁴ʃio²¹³

一滩（水）i⁴⁴t'o⁴⁴

一行（印印）i⁴⁴xaŋ²²

一块（畲）i⁴⁴k'ua³³

一丘（田）i⁴⁴ʧ'iəu⁴⁴

一家（人）i⁴⁴ko⁴⁴

一滴（眼泪）i⁴⁴tai²¹³

一滴（雨）i⁴⁴tai²¹³

一窝（狗崽）i⁴⁴o⁴⁴

一色（虫哩）i⁴⁴se²¹³

一阵（雨）i⁴⁴ʧin³³

一扇（门）i⁴⁴ʃie³³

一口（锅头）i⁴⁴xao⁵³

一行（秤）i⁴⁴xaŋ²²

一把（蒜）i⁴⁴po⁵³

一堆（尿）i⁴⁴tei⁴⁴

一团（泥巴）i⁴⁴təu²²

一团（墨）i⁴⁴təu²²

一个（轿）i⁴⁴kəu³³

一封（信）i⁴⁴xoŋ³³

一剂（药）i⁴⁴ʧi³³

一幅（画）i⁴⁴fu⁴⁴

一个（风车）i⁴⁴kəu³³

一个（犁）i⁴⁴kəu³³

一副（手套）i⁴⁴fu⁴⁴

一双（袜哩）i⁴⁴səu⁴⁴

一副（眼镜）i⁴⁴fu⁴⁴

一对（对哩）i⁴⁴tei³³

一桶（水）i⁴⁴t'aŋ⁵³

一担（水）i⁴⁴to³³

一缸（水）i⁴⁴koŋ⁴⁴

一行（针）i⁴⁴xaŋ²²

一瓯（茶）i⁴⁴ao⁴⁴

一行（藤）i⁴⁴xaŋ²²

一本（书）i⁴⁴poŋ⁵³

一盒（烟）i⁴⁴xəu²¹³

一身（棉衣）i⁴⁴ʃin⁴⁴

一盏（灯）i⁴⁴tso⁵³

一担（米）i⁴⁴to³³

一道（桥）i⁴⁴tei³³

一句（话）i⁴⁴tʃy³³

一刀（纸）i⁴⁴tei⁴⁴

一门（亲事）i⁴⁴maŋ²²

一个（佛像）i⁴⁴kəu³³

一个（地方）i⁴⁴kəu³³

一堵（墙）i⁴⁴tu³³

一班（车）i⁴⁴pan⁴⁴

（烧）一□（砖）i⁴⁴k'an⁵³

一碗（饭）i⁴⁴u⁵³

一笼（包子）i⁴⁴laŋ²²

一盆（洗澡水）i⁴⁴poŋ²²

一坛（酒）i⁴⁴t'o²²

一瓶（醋）i⁴⁴p'in²²

一炉（灰）i⁴⁴lu²²

一篓（炭）i⁴⁴ləu³³

一封（鞭炮）i⁴⁴xoŋ⁴⁴

（讲）一道 i⁴⁴tei³³

（食）一餐 i⁴⁴ts'an⁴⁴

（行）一趟 i⁴⁴t'aŋ³³

（打）一下 i⁴⁴xo³³

（看）一眼 i⁴⁴ŋan³³

（食）一口 i⁴⁴xao⁵³

（见）一面 i⁴⁴me⁴⁴

（等）一下 i⁴⁴xo³³

一拃 i⁴⁴ts'o³³大拇指与食指张开的

长度

一□ i⁴⁴p'ai⁵³两臂平伸两手伸直的
长度

一成 i⁴⁴tʃin²²

（二十八）附加成分等

巫 u⁴⁴后加成分，表示程度相当高：
痛哩～，冷哩～

死咕 ʃi⁵³·ku 后加成分，表示达到
极点：冷～，臭～，酸～

□不倒 ti²²pu⁴⁴tei⁵³不得了。后加成
分，形容程度高：快哩～
（快得不得了）

哩·le 名词后缀，相当于"子"：
老婆～，学生～，聋～，兔
～，谷～，桃～，钉～，帽～

崽 tsai⁵³名词后缀，表小：石牯～小石头，
玉米～小玉米，沙牛～小黄牛

牯·ku 名词后缀：石牯石头，扫牯扫帚，
单身牯单身汉

公 koŋ⁴⁴名词后缀：狗～，鸭～，猪～

婆 pəu²²名词后缀：狗～，鸭～，猪
～，是非～

鬼 ki⁵³名词后缀，通常表示贬义：
懵懂～，吵事～

头 tao²²名词后缀：肩～，喉～，额～

捞 lao⁴⁴形容词前加成分，表示程度
相当高：～稀嘅，～粗嘅，
～轻嘅，～薄嘅

梆 paŋ⁴⁴形容词前加成分，表示程度
相当高：～硬，～紧

溜 liəu⁴⁴形容词前加成分，表示程
度相当高：～滑，～青

清ts'e⁴⁴形容词前加成分，表示程度相当高：~苦嘅，~臭嘅

焦tsie⁴⁴形容词前加成分，表示程度相当高：~青嘅，~酸嘅，~干嘅

滚koŋ⁵³形容词前加成分，表示程度相当高：~爛热嘅

□mei⁴⁴形容词前加成分，表示程度相当高：~烂嘅

老lei³³前缀

初ts'u⁴⁴前缀，加在数词"一"到"十"的前边，表示旧历每个月的前十天：~一

第ti³³前缀，加在数词前头表示序数：~一，~二，~三

（二十九）数字

一 i²¹³
二 ni⁴⁴
三 so⁴⁴
四 sʅ³³
五 ŋ³³
六 liəu²¹³
七 ts'i²¹³
八 pa²¹³
九 tɕiəu⁵³
十 tsʅ³¹²
十一 tsʅ²¹i²¹³
十二 tsʅ²¹ni⁴⁴
二十 ni⁴⁴tsʅ³¹²
二十一 ni⁴⁴tsʅ²¹i²¹³
三十 so⁴⁴tsʅ³¹²
三十一 so⁴⁴tsʅ²¹i²¹³

四十 sʅ³³tsʅ³¹²
四十一 sʅ³³tsʅ²¹i²¹³
五十 ŋ³³tsʅ³¹²
五十一 ŋ³³tsʅ²¹i²¹³
六十 liəu²¹tsʅ³¹²
六十一 liəu²¹tsʅ²¹i²¹³
七十 ts'i²¹tsʅ³¹²
七十一 ts'i²¹tsʅ²¹i²¹³
八十 pa²¹tsʅ³¹²
八十一 pa²¹tsʅ²¹i²¹³
九十 tɕiəu⁵³tsʅ³¹²
九十一 tɕiəu⁵³tsʅ²¹i²¹³
一百 i⁴⁴po²¹³
一千 i⁴⁴ts'e⁴⁴
一百一 i⁴⁴po²¹i²¹³
一百一十一 i⁴⁴po²¹i²¹³tsʅ²¹i²¹³
一百一十二 i⁴⁴po²¹i²¹³tsʅ²¹ni⁴⁴
一百二十 i⁴⁴po²¹ni⁴⁴tsʅ³¹²
一百三十 i⁴⁴po²¹so⁴⁴tsʅ³¹²
一百五十 i⁴⁴po²¹ŋ³³tsʅ³¹²
一百五十个 i⁴⁴po²¹ŋ³³tsʅ²¹kəu³³
二百五十 ni⁴⁴po²¹ŋ³³tsʅ³¹²
二百五 ni⁴⁴po²¹ŋ³³
二百五十个 ni⁴⁴po²¹ŋ³³tsʅ²¹kəu³³
一万 i⁴⁴uan⁴⁴
一万两千 i⁴⁴uan⁴⁴liəu³³ts'e⁴⁴
一万两千个 i⁴⁴uan⁴⁴liəu³³ts'e⁴⁴kəu³³
一千一 i⁴⁴ts'e⁴⁴i²¹³
一千一百一 i⁴⁴ts'e⁴⁴i²¹³po²¹i²¹³
一个 i⁴⁴kəu³³
两个 liəu³³kəu³³
三个 so⁴⁴kəu³³

四个 sʅ³³kəu³³

五个 ŋ³³kəu³³

六个 liəu²¹kəu³³

七个 tsʻi²¹kəu³³

八个 pa²¹kəu³³

九个 ʧiəu⁵³kəu³³

十个 tsʅ²¹kəu³³

十一个 tsʅ²¹i⁴⁴kəu³³

十二个 tsʅ²¹ni⁴⁴kəu³³

二十个 ni⁴⁴tsʅ²¹kəu³³

初一 tsʻu⁴⁴·i²¹³

初二 tsʻu⁴⁴ni⁴⁴

初三 tsʻu⁴⁴so⁴⁴

初四 tsʻu⁴⁴sʅ³³

初五 tsʻu⁴⁴ŋ³³

初六 tsʻu⁴⁴liəu²¹³

初七 tsʻu⁴⁴tsʻi²¹³

初八 tsʻu⁴⁴pa²¹³

初九 tsʻu⁴⁴ʧiəu⁵³

初十 tsʻu⁴⁴tsʅ³¹²

老大 lei³³ta⁴⁴

老二 lao³³ni⁴⁴

老三 lao³³so⁴⁴

老四 lao³³sʅ³³

老五 lao³³u³³

老六 lao³³liəu⁵³

老七 lao³³tsʻi²¹³

老八 lao³³pa²¹³

老九 lao³³ʧiəu³³

老十 lao³³tsʅ³¹²

大哥 ta⁴⁴kəu⁴⁴

二哥 ni⁴⁴kəu⁴⁴

十五 tsʅ²¹ŋ³³

一号 i²¹xao⁵³

二号 e⁵³xao⁵³

三号 san⁴⁴xao⁵³

四号 sʅ³³xao⁵³

五号 u³³xao⁵³

六号 liəu⁵³xao⁵³

七号 tsʻi²¹xao⁵³

八号 pa²¹xao⁵³

九号 ʧiəu⁵³xao⁵³

十号 tsʅ²¹xao⁵³

第一 ti³³·i²¹³

第二 ti³³ni⁴⁴

第三 ti³³so⁴⁴

第四 ti³³sʅ³³

第五 ti³³ŋ³³

第六 ti³³liəu²¹³

第七 ti³³tsʻi²¹³

第八 ti³³pa²¹³

第九 ti³³ʧiəu⁵³

第十 ti³³tsʅ³¹²

一半 i⁴⁴pan⁵³

多半 təu⁴⁴pan⁵³

两三个 liəu³³so⁴⁴kəu³³

三四个 so⁴⁴sʅ³³kəu³³

十来个 tsʅ²¹la²²kəu³³

两斤 liəu³³ʧin⁴⁴

二两 ni⁴⁴liəu³³

两钱 liəu³³tse²¹

两分 liəu³³fin⁴⁴

两厘 liəu³³li²¹

两丈 liəu³³tiəu³³

两尺 liəu³³ ʧʻio²¹³   两斗 liəu³³ tao³³

两寸 liəu³³ tsʻoŋ³³   两升 liəu³³ ʃin⁴⁴

两里 liəu³³ li³³   两亩 liəu³³ mo³³

两担 liəu³³ to³³

第四章　关峡苗族平话语法

一、词法特点

（一）构词法和构形法

1. 重叠

（1）AA 式

瓶瓶_{瓶子}p'in²²p'in⁴⁴　　　　夹夹_{镊子}ka²¹ka⁴⁴

罐罐_{罐子}kuan³³kuan⁴⁴　　　　□□_{铲子}ʧia²²ʧia⁴⁴

箩箩_{箩筐}ləu²²ləu⁴⁴　　　　脚脚_{下面}ʧiəu²¹ʧiəu⁴⁴

□□_{篓子}ki⁴⁴ki⁴⁴　　　　罩罩_{罩子}tsəu³³tsəu⁴⁴

棚棚_{棚子}poŋ²²poŋ⁴⁴　　　　筒筒_{筒状物}toŋ²²toŋ⁴⁴

架架_{架子}ko³³ko⁴⁴　　　　筛筛_(筛子)ʃia⁴⁴ʃia⁴⁴

（2）BAA 式

瓶盖盖_{瓶子的盖子}p'in²²kue³³kue⁴⁴　　大巷巷_{大巷}ta⁴⁴xəu³³xəu⁴⁴

树叶叶_{树叶}tsu⁴⁴ie²¹ie⁴⁴　　　　树尖尖_{树梢}tsu⁴⁴tse⁴⁴tse⁴⁴

树根根_{树根}tsu⁴⁴kaŋ⁴⁴kaŋ⁴⁴　　　屋顶顶_{屋脊}u²¹³tin⁵³tin⁵³

衣架架_{衣架}i⁴⁴ka³³ka⁴⁴　　　　谷壳壳 ku²¹³k'əu²¹k'əu⁴⁴

蒜苞苞 səu³³pao⁴⁴pao⁴⁴　　　　蒜梗梗 səu⁴⁴kaŋ⁵³kaŋ⁵³

（3）AAB 式

□□人_{小孩}la²¹la⁴⁴ŋ²²　　　　□□米_{糙米}lei²²lei²²mai³³

夜夜头 io⁴⁴io⁴⁴tao²²　　　　叉叉裤 ts'o⁴⁴ts'o⁴⁴k'u³³

兜兜裤 tao⁴⁴tao⁴⁴k'u³³

上述叠音名词一般都表示小称或爱称。

2. 附加

（1）名词后缀

关峡平话的名词后缀有"哩、崽、牯、公、婆、鬼"等，较有特色的是"哩、崽、牯"，下面分类列举：

①哩 ［·le］

"哩"是关峡平话中使用频率最高的名词后缀，相当于普通话的"子"，但其分布范围要大于普通话的"子"尾。

"哩"用于动植物名称后一般表小称或爱称。例如：

兔哩_{兔子}	t'u^{33} ·le	鸟哩	tie^{53} ·le
秧麻哩_{蝌蚪}	iəu^{44}mo^{22} ·le	鱼秧哩_{鱼苗}	ŋei^{22}iəu^{44} ·le
土蚓哩_{蚯蚓}	t'u^{53}ie^{33} ·le	饭蚊哩_{苍蝇}	pan^{44}maŋ^{44} ·le
谷哩_{谷子}	ku^{213} ·le	禾线哩_{禾穗}	u^{22}se^{33} ·le
黄豆哩_{黄豆}	u^{22}tao^{44} ·le	洋茄哩_{西红柿}	iaŋ^{22}tʃiəu^{22} ·le
竹哩_{竹子}	tiəu^{213} ·le	桃哩_{桃子}	tei^{22} ·le

"哩"用于称谓后不表小，也不表示美称。

老婆哩	lei^{33}pəu^{22} ·le	白哩_{曾祖父}	po^{312} ·le
人贩哩	ŋ^{22}fan^{33} ·le	学生哩	xəu^{21}sin^{44} ·le
差□哩_{衙役}	tʃ'ia^{44}kuai^{53} ·le	轿夫哩	tʃie^{44}fu^{44} ·le
懒汉哩	lo^{33}xan^{33} ·le	浮伙哩_{毛躁小伙}	pei^{22}xəu^{53} ·le

用于一般事物的名称后，表小。

竹椅哩	tiəu^{21}i^{53} ·le	盘哩	puan^{22} ·le
推哩	t'ei^{44} ·le	钉哩	te^{44} ·le
索哩	səu^{213} ·le	格哩	ke^{213} ·le
帐哩	tsəu^{33} ·le	镜哩	tʃie^{33} ·le
金哩	tʃin^{44} ·le	胡哩	u^{22} ·le
辫哩	pie^{44} ·le	帽哩	mao^{44} ·le

②"崽"［tsai^{53}］用于人称、动植物名称或一般事物名称后表小。

石牯崽_{小石头}	ʃio^{21}ku^{44}tsai^{53}	玉米崽_{小玉米}	y^{53}mai^{33}tsai^{53}
芋头崽_{小芋头}	u^{44}tao^{22}tsai^{53}	油菜崽_{油菜子}	iəu^{22}ts'a^{33}tsai^{53}
桑叶崽_{桑葚子}	səu^{44}ie^{21}tsai^{53}	桐油崽_{桐子}	toŋ^{22}iəu^{22}tsai^{53}
沙牛崽_{小黄牛}	so^{44}ŋao^{22}tsai^{53}	月寨崽_{婴儿}	ŋei^{21}k'əu^{44}tsai^{53}
败家崽_{不争气的孩子}	pa^{33}ko^{44}tsai^{53}	锄头崽_{小锄头}	tsu^{22}tao^{22}tsai^{53}

③ "牯" [ku⁵³] 用于事物名称或身体部位名称后，无特别意义。

石牯_{石头} ʃio²¹ku⁵³   卵石牯_{鹅卵石} lo³³ʃio²¹ku⁵³

扫牯_{扫帚} sei³³ku⁵³   腰牯_腰 ie⁴⁴ku⁵³

"牯" 仅作为名词后缀，无特别意义。但是带有性别意义的 "牯" 不属于这个范围，如：马牯_{公马} mo³³ku⁵³、驴牯_{公驴} ly²²ku⁵³、单身牯_{单身汉} to⁴⁴ʃin⁴⁴ku⁵³。

（2）名词前缀

老 [lei³³]：

老头头 lei³³tao²²tao⁴⁴   老头哩 lei³³tao²²·le

老婆婆 lei³³pəu²²pəu⁴⁴   老婆哩 lei³³pəu²²·le

老大人_{敬称}lei³³ta⁴⁴ŋ²²   老里手 lei³³li³³ʃiəu⁵³

老庚 lao³³kin⁴⁴   老女 lei³³niəu³³

阿 [a⁴⁴] 或 [o⁴⁴]：

阿姐_{母亲} a⁴⁴tsi⁴⁴   阿公_{公公} o⁴⁴koŋ⁴⁴

阿婆_{婆婆} o⁴⁴pəu²¹   阿满_{弟媳}o⁴⁴man³³

（3）名词中缀

关峡平话的 "哩 [·le]" 多数情况下是做名词后缀，但有时也可以做中缀。如：

麦哩线_{麦穗} mo²¹·le se³³   碾哩米_{精米}nie³³·le mai³³

枣哩树_{枣树} tsei⁵³·le tsu⁴⁴   女哩家_{姑娘}niəu³³·le ko⁴⁴

妹哩家_{少女} mei³³·le ko⁴⁴   排哩骨_{肋骨}pa²²·le ki²¹³

天哩菩萨_{老天爷} t'e⁴⁴·le pu²²so⁴⁴

（4）形容词词缀

①前缀

为了强化形容词所表示的性状义，常常在单音节形容词前加一个类前缀的语素，构成 BA 式。在这种 BA 式的结构里，B 由于词汇意义已经虚化，对 A 语素起烘托和强调的作用，表示程度高，且这类语素具有较强的构词能力，因此看成形容词前缀。下面简单加以介绍：

捞 [lao⁴⁴]：~稀嘅，~粗嘅，~轻嘅，~薄嘅

梆 [paŋ⁴⁴]：~硬，~紧

溜 [liəu⁴⁴]：~滑，~青

清 [ts'e⁴⁴]：~苦嘅，~臭嘅

焦［ʦie⁴⁴］：~青嘅，~酸嘅，~干嘅

滚［koŋ⁵³］：~ 燩_热嘅

□［mei⁴⁴］：~烂嘅

墨［mai³¹²］：~黑

青［ʦʻe⁴⁴］：~黑

②中缀

关峡平话的中缀不多，构词的数量也有限，这里仅以"里"为例，如：

梦里梦冲 moŋ³³li³³moŋ³³ʧʻioŋ⁴⁴　　懵里懵懂 moŋ³³li³³moŋ³³toŋ⁵³

痞里痞气 pʻi²¹li³³pʻi²¹ʧʻi³³　　　　哈里哈气 xa²¹li³³xa³³ʧʻi³³

③后缀

<u>巫</u>［u⁴⁴］_{表程度相当高}：痛哩~，冷哩~，热哩~，重哩~，轻哩~

死咕［ʃi⁵³·ku］_{表程度达到极点}：冷~，臭~，酸~

□不倒［ti²²pu⁴⁴tei⁵³］：快哩~（快得不得了），好哩~（好得不得了）

上述三例均可充当形容词的后加成分，表示程度相当高。

（二）代词

1. 人称代词

关峡平话的人称代词如下：

	单　数	复　数
第一人称	我［ŋəu³³］	我俚［ŋəu³³·li］
第二人称	你［ni³³］	你俚［ni³³·li］
第三人称	伊［i⁵³］	伊俚［i⁵³·li］
自称	自家［tsɿ³³ka³³］	
其他	别个［pai²¹kəu³³］（别人）	个个［kəu³³kəu³³］（遍指）

第三人称"伊"［i⁵³］不仅可表人，还可表物，如"狗麻_{阴入}看滴呱，伊在困眼死_{（睡觉）}"。这句对话可标注为：

kao⁵³ma²¹kʻo³³·ti·ko, i⁵³tsai³³kʻun³³ŋa³³sɿ⁵³。

平话的人称代词在句中可做主语、宾语和定语。

（1）人称代词做主语、宾语

①你咯滴讲，别个冇肯信呱。你这样讲，别人不会相信的。

　ni³³kəu²¹³·ti kəu⁵³, pai²¹kəu³³mao²¹³kʻan⁵³sin³³·ko。

②你讲把伊听。你告诉他。

ni³³kəu⁵³pa³³i⁵³t'e³³。

③伊在□颠，赶滴伊。他在那里，赶上他。

i⁵³tsa³³mei⁴⁴te⁴⁴，kue⁵³·ti i⁵³。

（2）人称代词做定语

关峡平话的人称代词做定语有两种形式，可以换用：

第一种：人称代词+嘅+名词

第二种：人称代词+名词

④A. 我师傅姓王。

ŋəu³³sη⁴⁴fu³³se³³uaŋ²²。

B. 我嘅师傅姓王。

ŋəu³³·ke sη⁴⁴fu³³se³³uaŋ²²。

⑤A. 我俚爷爷同伊爷爷是弟兄家。

ŋəu³³·li ia²²ia⁵³toŋ²²i⁵³ia²²ia⁵³sη³³tai³³fai⁴⁴ko⁴⁴。

B. 我俚嘅爷爷同伊嘅爷爷是弟兄家。

ŋəu³³·li·ke ia²²ia⁵³toŋ²²i⁵³·ke ia²²ia⁵³sη³³tai³³fai⁴⁴ko⁴⁴。

此例说明："平话"的人称代词也存在以复数形式表单数的现象。

⑥A. 你姐姐来呱。

ni³³tsia⁵³tsia⁵³la²²·ko。

B. 你嘅姐姐来呱。

ni³³·ke tsia⁵³tsia⁵³la²²·ko。

但是，如果人称代词用来做表物名词而不是表人名词的定语时，那么一般用"人称代词+嘅+名词"格式。例如：

⑦伊俚嘅田快干呱。他们的田快干了。

i⁵³·li·ke te²²k'ua³³kəu⁴⁴·ko。

⑧你嘅衣还麻阴入收。你的衣服还没收。

ni³³·ke i⁴⁴xa²²ma³¹²ʃiəu⁴⁴。

2. 指示代词

（1）平话的指示代词系统

	近指	远指
基本型	咯［kəu²¹³］（这）	□［mei²¹³］（那）
指人或物	咯个 kəu²¹kəu³³（这个）	□个 mei²¹kəu³³（那个）

咯伊［kəu²¹i⁵³］（近似"这种"） □伊［mei²¹i⁵³］（近似"那种"）

咯滴 kəu²¹ti³³（这些） □滴 mei²¹ti³³（那些）

指处所　咯颠 kəu⁴⁴te⁴⁴这里　　　　□颠 mei⁴⁴te⁴⁴那里

指程度或
方式　　咯色嘅 kəu²¹se²¹³·ke 这么（高）□色嘅 mei²¹se²¹³·ke 那么（高）

咯滴 koŋ⁴⁴ti³³　　　　　　□滴 mei⁴⁴ti³³

咯色嘅 kəu²¹se²¹³·ke 这么（做）□色嘅 mei²¹se²¹³·ke 那么（做）

咯滴 koŋ⁴⁴ti³³／kəu⁴⁴ti³³　　□滴 mei⁴⁴ti³³

"咯 kəu²¹³这"和"□mei²¹³那"以及它们构成的一系列指示代词，语法功能和北京话是基本一致的。但与北京话有差异的是"咯 kəu²¹³这"和"□mei²¹³那"在与其他语素组成合成指示代词的时候，语音会发生变化，多半是变调，也有变韵的。例如：表近指的"咯"有［kəu²¹³⁻²¹］、［kəu⁴⁴］、［koŋ⁴⁴］三种语音变体，表远指的"□mei"也有［mei²¹³⁻²¹］、［mei⁴⁴］两种语音变体。

（2）指示代词的语法功能

①咯个［kəu²¹kəu³³］、□个［mei²¹kəu³³］和咯伊［kəu²¹i⁵³］、□伊［mei²¹i⁵³］的用法比较。

指人或物的指示代词在句中可以充当主语、宾语或定语，和普通话没有多少区别。值得注意的是：在普通话中可以说的句子，如"这个（或那个）西瓜是烂的""这个（或那个）是西瓜""我要买这个（西瓜）"中的指示代词"这个""那个"，在"平话"中却要根据语境选择用咯个［kəu²¹kəu³³］、□个［mei²¹kəu³³］或咯伊［kəu²¹i⁵³］和□伊［mei²¹i⁵³］，二者的区别在于：

第一，咯个［kəu²¹kəu³³］、□个［mei²¹kəu³³］是说话人和听话人都很明确对象的性状，并且对象是可以用"个"来做量词的。例如：

A. 咯个［kəu²¹kəu³³］壶壶是烂呱。这个壶是烂的。

B. 咯个［kəu²¹kəu³³］比□个［mei²¹kəu³³］好。这个比那个好。

第二，咯伊［kəu²¹i⁵³］和□伊［mei²¹i⁵³］一般用于听话人不明确所指对象的性状时，比如在教小孩认识东西时：

C. □伊［mei²¹i⁵³］是椅子，咯伊［kəu²¹i⁵³］是灯。那是椅子，这是灯。

第三，如果所指对象是不同属性的事物时，一般用咯伊［kəu²¹i⁵³］或

□伊［mei²¹i⁵³］。

D. 我要嘅是咯伊［kəu²¹i⁵³］，冇是□伊［mei²¹i⁵³］。我要的是这个，不是那个。

E. ʧin⁴⁴fa⁴⁴tsiəu⁴⁴siəu⁵³kəu²¹i⁵³k'ao³³ ·ti sɿ³³kəu³³ʃin²²se⁴⁴。

　　金 花 就　想　咯 伊 靠 滴是 个 神 仙。金花就想这个人肯定是神仙。

当说话人要强调他眼前的事物有着不同的属性或性质的时候，一般用"咯伊［kəu²¹i⁵³］"或"□伊［mei²¹i⁵³］"，而不用"咯个［kəu²¹kəu³³］""□个［mei²¹kəu³³］"。

再如，到商店买东西，在多种商品中选中一样商品时会说：

F. 我要买咯伊［kəu²¹i⁵³］。我要买这个。

但不说：

G. *我要买咯个［kəu²¹kəu³³］。

综上所述，咯伊［kəu²¹i⁵³］或□伊［mei²¹i⁵³］强调的是事物的属性和种类，和普通话的"这种""那种"近似。

②指处所的指示代词，近指和远指的区别十分清楚。如：

H. □颠［kəu²¹te⁴⁴］很凉快，□颠［mei²¹te⁴⁴］热得巫。这里很凉快，那里热得很

I. 我住咯只［kəu²¹ʧio²¹³］屋，他住□只［mei²¹ʧio²¹³］屋。我住这栋屋，他住那栋屋

③表方式的指示代词有四个："咯色嘅""咯滴""□mei²¹色嘅""□mei⁴⁴滴"。"咯色嘅""咯滴"相当于普通话的"这样"，"□mei²¹色嘅""□mei⁴⁴滴"相当于普通话的"那样"，例如：

J. mao²¹sɿ³³mei⁴⁴ti³³tsu³³，sɿ³³koŋ⁴⁴ti³³tsu³³·ke。

　　冇 是 □ 滴 做，是 咯 滴 做 嘅。不是那么做，是这么做的。

一般情况下"咯色嘅"和"咯滴"，"□mei²¹色嘅"和"□mei⁴⁴滴"是可以换用的，语义无差别。

④表程度的指示代词与表方式的代词一样，也是四个。它们主要用于形容词前，指代性状的程度，在意义和用法上也与表方式的代词有共同之处。如：

kəu²¹se²¹³ ·ke kei⁴⁴　　　　　　mei²¹se²¹³ ·ke kei⁴⁴

咯 色 嘅 高（这么高）　　□ 色 嘅 高（那么高）

单纯指示代词"咯"还可直接与少数单音节形容词连用，表示程度

高。如：

t'a³³ təu⁴⁴ ·ko, ioŋ⁴⁴ pu⁴⁴ ·le mei²¹ təu⁴⁴, tsʅ³³ ie³³ kəu²¹ təu⁴⁴ tsiəu³³ iəu³³ ·ko。

太 多 呱，用 不 了□ 多，只 要 略 多 就 有 呱。太多了，用不着那么多，只要这么多就够了。

3. 疑问代词及其用法

（1）疑问代词系统

问人　　遮个［tʃio⁴⁴ kəu³³］（哪个）

问处所　遮颠［tʃio⁴⁴ te⁴⁴］（哪里）

问性状　遮伊［tʃio⁴⁴ i⁵³］（哪样）

问时间　遮个时辰［tʃio⁴⁴ kəu³³ sʅ²² tʃin²²］（什么时候）

问数量　好多［xei⁵³ təu³³］（多少）

问程度　好（久、高、重、大）［xei⁵³ tʃiəu⁵³/kei³³/tin³³/ta³³］（多久/高/重/大）

问方式　遮□［tʃio⁴⁴ ʃin³³］（怎么）

问原因　□□［ŋa⁵³ xa³³］（什么）

（2）疑问代词的用法

平话疑问代词与普通话疑问代词在词形上有较大差异，但在用法上则基本相当，下面分别举例：

① 遮个［tʃio⁴⁴ kəu³³］来过？谁来了？

② 遮颠［tʃio⁴⁴ te⁴⁴］有柴斫？哪里有柴砍？

③ 你要我担遮伊［to⁴⁴ tʃio⁴⁴ i⁵³］？你要我拿什么？

④ 你遮个时辰［tʃio⁴⁴ kəu³³ sʅ²² tʃin²²］去？你什么时候去？

⑤ 你遮□［tʃio⁴⁴ ʃin³³］滴？你怎么了？

⑥ 你干□□［ŋa⁵³ xa³³］迟到？你为什么迟到？

⑦ 咯个东西有好重［xei⁵³ tin³³］？这个东西有多重？

⑧ 咯只衣要好多［xei⁵³ təu³³］钱？这件衣要多少钱？

（三）助词

1. 滴［·ti］

"滴"做助词的时候，读轻声。

A. "滴"［·ti］是动态助词，紧接动词后一般表示动作的完成。如：

①k'o³³ ·ti i⁵³

看　　滴伊看见他

②kue⁵³ ·ti i⁵³

赶　　滴伊赶上他

③pei³³saŋ⁵³ ·a, tsoŋ⁴⁴y²²tsin²² ·ti kəu²¹i⁵³ie²¹ie⁴⁴ ·ko。

背　□　啊，终于　寻　　滴咯伊叶叶　　呱。后来啊，终于找到那种树叶了。

④ŋəu³³təu³³li³³ŋ²²lao²²tsoŋ³³tsao⁵³tʃ'y²¹ʃi³³ ·ko, tei³³san⁴⁴ʃiəu³³tsəu²² ·ti。

我　肚　里人劳　总　　走　出去　呱，在山　上　藏　　滴。我们这里的人都跑出来了，在山上躲起来了。

"滴"还可与"呱"连用表示动作的完成。

⑤ mei²¹lei³³tao²²tao⁴⁴ ·le kəu⁵³ ·ko kəu²¹tʃy³³ua⁴⁴ ·le tsiəu⁴⁴mao²¹k'o³³ ·ti ·ko。"

□　老　头头　哩讲　呱　咯句话　　哩　就冇看　滴

呱。那老人家讲完这句话就没看见了。

⑥tsai⁵³t'ao⁴⁴koŋ⁴⁴ ·le tsiəu⁴⁴pa⁵³tʃin⁴⁴tiəu²¹faŋ⁴⁴ ·le tʃ'ian⁴⁴ ·ti ·ko tiəu²¹ lin²²pe²²。

再　韬　公　哩就　把　金竹坊　哩迁　　滴　呱竹

林　坪。再韬公就从金竹坊迁到了竹林坪。

⑦ tie⁴⁴tie⁴⁴mao²¹k'o³³ ·ti ·ko, a⁴⁴tsi⁴⁴mao²¹k'o³³ ·ti ·ko。

爹　爹冇　看　滴呱，阿姐冇　看　滴呱。爹爹没看见了，妈妈也没看见了。

B. "滴"还可以表示动作或状态的持续。

⑧kəu⁵³ ·ti kəu⁵³ ·ti tsiəu⁴⁴sie⁴tʃ'i⁵³la²² ·ko。

讲　滴讲　滴就　笑起　来　呱。讲着讲着就笑起来了。

⑨ma³³xa⁵³ləu³¹² ·ti u³³。

外　□落　滴雨。外面下着雨。

⑩maŋ²²k'ue⁴⁴ ·ti。

门　开　滴。门开着。

2. 起

关峡平话的"起"兼属动词和动态助词，我们分别称之为起₁和起₂，并且它们的读音也有差异。

起₁［tʃ'i⁵³］：动词，例：起头，起义。

起₂［tʃ'ie⁴⁴］：动态助词，表示动作形状的持续或完成。

A. 助词"起₂"紧接动词或形容词后表动作或状态的持续。

① tsəu³³ tʃʻie⁴⁴ ·le ie³¹² pʻi⁵³ tʃʻi³³ tʃʻie⁴⁴ ·le ie³¹² xei⁵³ te⁵³。

　坐　起　哩食　比　徛　起　来　食　好　点。坐着吃比站着吃好点。

② tsəu²² ·le ʃiəu³³⁴⁴ tʃʻie⁴⁴·⁴⁴ o⁵³ ʃy⁵³，maŋ²² xao⁵³ tʃi³³ tʃʻie⁴⁴·⁴⁴ xəu⁵³ ŋ²²。

　桌　哩上　安起　一碗水，门　口　徛　起一　伙人。桌上放

着一碗水，门口站着一群人。

③ i⁵³lin³³ tʃʻie⁴⁴ ŋəu³³ tsiəu⁴⁴ xaŋ²² ·ko。

　伊领起　我　就　行　呱。她就领着我走了。

④ i⁵³ ka⁴⁴ka⁴⁴ tei³³lao²²li³³ ·le tsiəu⁴⁴ ŋəu⁴⁴ ·le pi²²pəu⁴⁴ tʃʻie⁴⁴ki²¹tao²² ·ko。

　伊哥哥　在牢里　哩就　饿　哩皮包起骨头　呱。

她哥哥在牢房里饿得皮包骨头了。

⑤ tsiəu⁴⁴to⁴⁴ ŋəu³³ tie⁴⁴tie⁴⁴ tso²¹ tʃʻie⁴⁴，liəu³³kəu³³təu⁴⁴ tso²¹ tʃʻie⁴⁴ ·ko。

　就担　我　爹爹　捉起，　两个都　捉起　呱。（日本

人）就把我爸爸捉住了，两个人都捉住了。

⑥ i⁵³ niaŋ⁴⁴ tʃʻie⁴⁴ xei⁵³ təu⁴⁴ie²¹ie⁴⁴ tso²¹ ʃy⁵³ʃy⁵³，tsu⁵³ tʃʻie⁴⁴i³³ tao⁵³ mai³³ ·ke nəu⁴⁴pan⁴⁴。

　伊弄　起　很　多叶叶榨　水　水，煮　起一斗　米　嘅

糯　饭。她就采了很多树叶来榨水，煮了一斗糯米饭。

⑦ pan⁴⁴li³³ ·le tsiəu⁴⁴ tsəu²² tʃʻie⁴⁴i³³ po⁵³ tei⁴⁴。

　饭里　哩就　藏起　一把刀。饭里就藏了一把刀。

⑧ i⁵³ tsiəu⁴⁴ tʃi²¹ tʃʻie⁴⁴ ·ko："iao³³ xo³³ tu³¹²，ŋəu³³ to⁴⁴ ka⁴⁴ka⁴⁴ iəu²¹ ʃi⁵³ ·ko。"

　伊就　急起　呱："要　下毒，　我　担哥哥药死

呱。"她就着急了："要下毒，那我（要）把哥哥毒死了。"

B. "起₂"还可以用于处置式中，表示处置完成。如：

⑨ to⁴⁴maŋ²²kuan⁴⁴ tʃʻie⁴⁴，to⁴⁴i⁴⁴kʻu³³tiəu²¹ tʃʻie⁴⁴。

　担门　关　起，　担衣裤着　起。把门关上，把衣服穿好。

3. 呱

动态助词"呱"［·ko］的本字应该是"过"，其意义、功能和分布范围相当于普通话中的"了"和"过"。

A. "呱"用在动词后表示动作的完成。

① ŋəu³³taŋ⁴⁴sai⁴⁴ ·ko，mao²¹³ ·le ·ko。

　我　当□看　呱，冇　哩　呱。我去看了，没有了。

②ŋəu³³ie³¹²·ko io⁴⁴pan⁴⁴, taŋ⁴⁴ma²¹xa⁵³xaŋ²²·ko xo³³。

　　我　食　呱　夜饭，　到　外□　行　　呱　下。我吃了晚饭，到外面走了一会儿。

③iəu³³·ko ŋ²², te⁵³ŋa⁵³xa³³sʅ³³təu⁴⁴xei⁵³tsu³³。

　　有　　呱人，　点□　哈事都　　好　　做。有了人，什么事都好办。

　　"呱"可以用在"V 呱（一）C"当中，除表示动作的完成外，"V 呱（一）C"格式还表示动作的短暂。又如：

④ta⁵³·ko i⁴⁴xa³³, fu²¹³·ko i⁴⁴ts'an⁴⁴。

　　打　呱一下，　哭　呱一　餐。打了一下，哭了一顿。

⑤tsu³³·ko kəu³³moŋ⁴⁴。

　　做　　呱个　梦。做了个梦。

　　"V 呱（一）C"的"C"为数量补语，表示完成的数量。

　　"呱"也可以用于处置句中表示处置完成。如：

⑥to⁴⁴kəu²¹u⁵³pan⁴⁴ie³¹²·ko。

　　担　咯碗饭食　　呱。把这碗饭吃了。

⑦mao²¹ie³³to⁴⁴ao⁴⁴·le po³³·ko。

　　冇　要担瓯　哩绊　呱。不要把茶碗砸了。

　　在⑥、⑦两个例句中，不能用"起₂"代替"呱"，可见在处置句中，用"呱"还是用"起₂"取决于前面的动词，如果前接动词所表示的动作是可以延续的，如"关""着_穿_"等用"起₂"，如果前接动词所表示的动作是短时体的，如"食_吃_""洗"等，则用"呱"。

　　B. 用在形容词后陈述某种状态或表示事情有了变化。

⑧kəu²¹kəu³³toŋ⁴⁴si⁴⁴xei⁵³sʅ³³xei⁵³, tsiəu⁴⁴sʅ³³t'ai³³tʃy³³·ko。

　　咯　个　东　西　好　是　好，　就　是　太　贵　　呱。这个东西好是好，就是太贵了。

⑨ie²¹tsiəu⁵³ma²¹ie²¹ts'a³³, tsy³³·ko ni³³ma²¹kua³³。

　　食　酒　冇　食　菜，　醉　呱你　麻　怪。喝酒没有吃菜，醉了你别怪。

⑩tʃin⁴⁴ŋ³³p'i⁵³tʃiaŋ²²ŋ³³xei⁵³təu⁴⁴·ko。

　　今　日　比　□　日　好多　　呱。今天比昨天好多了。

　　C. 用在动词、形容词之后，表示动作、行为曾经发生过，与普通话中表示经历态的"过"相当。如：

⑪ŋəu³³tsəu³³·ko ʃye²², mao²¹³·le tʃi²²·ko mo³³。

　　我　坐　　呱船，　冇　　哩　骑　呱马。我坐过船，没骑过马。

⑫i⁵³ ʃi³³ ·ko shang³³ xai³³, ŋəu³³ mao²¹ ʃi³³ ·ko。

伊 去 呱 上 海，我 冇 去 呱。他去过上海，我没去过。

4. 哩

"哩"的用法比较多，可以做名词词缀、语气助词、结构助词，我们分别称之为"哩₁""哩₂""哩₃"。"哩₁"的用法见本章的"构词法和构形法"。

"哩₂"用于句中时，一般表示停顿，提示下文。如：

①soŋ⁵³ ts'ao²² ·le iəu³³kəu³³iaŋ²²un²²kuaŋ³³，i⁵³tei³³iəu³³ts'ʅ³³ tsan⁵³təu⁵³

宋 朝 哩有 个 杨文 广， 伊在 有 次 战 斗

ʧioŋ³³ ·le ʃi²¹pai⁵³ ·ko，t'i²¹ti²¹³ŋ²² ·le to⁴⁴i⁵³ʧiaŋ³³lao²²li³³kuan⁴⁴ʧ'ie⁴⁴ ·ko。

中 哩失 败 呱，□ 敌 人 哩担伊□ 牢 里 关 起 呱。宋朝有个杨文广，他在一次战斗中失败了，被敌人抓到牢里关起来了。

"哩₂"用于句末，可表疑问或陈述语气，相当于普通话的"呢"。如：

② ni³³ ie³³ ts'e⁵³ŋəu³³ ·ke xo²¹³ ·le。

你 要 请 我 嘅客 哩。你得请我的客。

③lao³³li³³ ·le？i³³ tei³³u²¹li³³。

老 李 哩？伊 在 屋里。老李呢？他在屋里。

"哩₃"用在动词或形容词后表示可能性，相当于普通话中的"得"。

④ni³³in³³ ma²¹（mao²¹）in³³ ·le？ŋəu³³mao²¹in³³ ·le。

你 认 麻 （冇） 认 哩？我 冇 认 哩。你认得不认得？我不认得。

⑤kəu²¹ti³³toŋ⁴⁴ʃi⁴⁴ie³¹²ma²¹ie³¹² ·le，kəu²¹i⁵³sʅ³³ʃiəu³¹² ·ke，ie³¹² ·le。

咯滴东 西 食 麻食 哩？咯伊是 熟 嘅，食 哩。
这些东西吃得吃不得？这些是熟的，吃得。

⑥ ŋəu³³ to⁴⁴ ·le taŋ³³，i⁵³ to⁴⁴ pu³³taŋ³³。

我 担_拿 哩动，伊担_拿 不 动。我拿得动，他拿不动。

⑦i⁵³maŋ²² ·le u⁴⁴，maŋ²² ·le ie²¹pan⁴⁴təu⁴⁴məu⁴⁴ʧi³³ie³¹² ·ko。

伊忙 哩巫，忙 哩食饭 都 忘 记 食 呱。他忙得很，
忙得连饭都忘了吃。

⑧i⁵³ʃiəu⁵³xei⁵³nin²²kan³³，xo⁴⁴ ·le xei⁵³xei⁵³k'o³³。

伊手 很 能 干， 画 哩很 好 看。他手巧，画得很好看。

5. 嘅

关峡平话中的结构助词"嘅"［·ke］的用法与普通话的"的"大致相同。

（1）做定语标记。

① ʃia²¹pu⁴⁴ue²² ·ke tiəu⁴⁴, tsa⁴⁴pu⁴⁴ue²² ·ke tsu⁴⁴。

　　杀　不　完　嘅猪，　栽　不　完　嘅树。杀不完的猪，栽不完的树。。

② ʃy⁵³sȵ³³u²² ·ke mie⁴⁴, iəu⁴⁴sȵ³³u²² ·ke pe⁴⁴

　　水　是　禾　嘅命，　又　是　禾嘅病。水是禾的命，又是禾的病。

（2）用在动词与宾语之间构成"V+嘅+O"格式。

③ i⁵³tsa³³tʃio⁴⁴te⁴⁴ie³¹² ·ke pan⁴⁴？

　　伊在　遮　颠　食　嘅饭？他在哪里吃的饭？

i⁵³sȵ³³tsa³³ŋəu³³u²¹li³³ie³¹² ·ke pan⁴⁴。

伊是　在　我　屋　里　食　嘅饭。他在我屋里吃的饭。

④ tao²²:⁴⁴i⁵³tsʻȵ³³sȵ³³tʃio⁵³kəu³³tsʻe⁵³ ·ke xo²¹³, sȵ³³ŋəu³³tsʻe⁵³ ·ke。

　　头一　次　是　遮个　　请　嘅客？是　我　请　　嘅。上次是谁请

的客？是我请的。

（3）构成助词结构"X嘅"，相当于一个名词。

⑤ te²² ·ke kəu⁵³pu⁴⁴səu⁴⁴, səu⁴⁴ ·ke kəu⁵³pu⁴⁴te²²。

　　甜　嘅讲　不　酸，　酸　　嘅讲　不　甜。甜的讲不酸，酸的讲不甜。

⑥ kəu²¹ti³³toŋ⁴⁴ʃi⁴⁴ie³¹²mao¹ie³¹² ·le, kəu²¹:⁵³sȵ³³ʃiəu³¹² ·ke, ie³¹² ·le。

　　咯滴东　西食　冇　食　哩？咯伊是　熟　嘅，食　哩。这

些东西吃得吃不得？这些是熟的，吃得。

⑦ ni³³kəu⁵³ ·ke sȵ³³tʃio⁴⁴kəu³³, ŋəu³³kəu⁵³ ·ke mao²¹sȵ³³ni³³。

　　你讲　　嘅是遮　个？　我讲　　嘅冇　是你。你说的是谁？我

说的不是你。

⑧ i⁵³mei²¹ŋ̩²²kʻo³³ti³³ ·ke sȵ³³lao³³tsaŋ⁴⁴, mao²¹sȵ³³lao³³uaŋ²²。

　　伊□日　看滴　嘅是　老　张，　冇　是　老　王。他那天见的老张

不是老王。

（四）否定副词和介词

1. 否定副词

关峡平话的否定副词比较简单，常用的有三个："不""麻阴入调"和
"冇"，其中"麻阴入调"和"冇"可以换用。

在关峡平话中，否定词"不"［pu⁴⁴］主要出现在"V+不+V"和动补
结构"V+不+C"这类固定格式中。例如：

tʃʻy²¹pu⁴⁴la²²　　　　　sai⁴⁴pu⁴⁴tei⁵³　　　　　tsəu⁴⁴pu⁴⁴xo³³

出　不　来　　　□不　倒（望不见）　装　不　下

la²² pu⁴⁴ tʃi²¹³　　　　　ie²¹ pu⁴⁴ liao³³　　　　　tʃy⁵³ pu⁴⁴ xo³³

来 不 及　　　　食 不 了（吃不了）　　住 不 下

因此，关峡平话的否定副词"不"出现的场合和频率要比普通话少得多，在其他多数场合下使用的否定词是"麻_{阴入调}"和"冇"，"麻_{阴入调}"〔ma²¹³〕的本字不详，与"冇"〔mao²¹³〕基本上可以换用，相当于普通话中的"不"和"没有"。例如：

① ma²¹（mao²¹）tsei⁵³ ·ko, k'ua³³ te⁵³ ʃi³³ ·pa。

麻 （冇）早 呱，快 点 去 吧。不早了，快点去吧！

②ŋəu³³ ie³³ma²¹（mao²¹）ie³³ ʃi³³？

我 要 麻 （冇） 要 去? 我该不该来?

③kəu²¹ kəu³³ ŋ²² p'i⁵³ mei²¹ kəu³³ ŋ²² kei⁴⁴, tsiəu⁴⁴ sʅ⁴⁴ ma²¹（mao²¹）·le

咯 个 人 比 □ 个 人 高， 就 是 麻（冇） 哩

mei²¹ kəu³³ ŋ²² tsəu³³。

□ 个 人 壮。这个人比那个人高，就是没那个人胖。

2. 介词

关峡平话的介词与普通话的差异不大，主要体现在某些介词的来源和用法上。

下面以普通话和关峡平话的比较为例：

比较项	普通话	关峡平话
a. 引进施事	被、让、叫	□ t'i²¹³/得 tie²¹³/着 tʃ'iəu²¹³
b. 引进与事	给	把/把起₂
c. 引进受事	把	担/□tai²¹³
d. 引进凭借的工具、方法等	拿、用	担
e. 表示起点	从	把
f. 指示动作方向	朝、向、对	朝/向/对/寻/跟

据此，我们可以看出关峡平话与普通话的介词差异主要表现在以下两点：

（1）普通话中用来引进与事的"给"和表示起点的"从"，在关峡平话中都用"把（起₂）"来表示。例如：

①to⁴⁴ poŋ⁵³ ʃy⁴⁴ pa⁵³ ŋəu³³!

担 本 书 把 我! 给我一本书!

② to³³ mei³¹² i⁵³ pa⁵³ tʃ'ie⁴⁴ ŋəu³³。

担 □ 伊把　起₂ 我。把那个东西给我。

③pa⁵³ŋəu³³ie³³i⁴⁴kʻua³³tʂe²²。

　把我 要 一块　钱。给我一元钱。

④ŋəu³³·li sʅ³³pa⁵³su⁴⁴u³³ʧʻi⁵³ti²²·ke。

　我　咧是把苏武起₁ □　嘅。我们（苏家）是从苏武发源的。

⑤tsiəu⁴⁴pa⁵³ko²¹ti³³ʧʻi⁵³ti²²·le, to⁴⁴sʅ³³ŋ³³pa²¹³tiŋ⁵³uei²²ku⁴⁴niaŋ²²ʧie²¹³。

　　就　把咯滴起₁□　哩，担四月八　定为　姑娘节。
就从这里起源，把四月八定为姑娘节。

⑥tsai⁵³tʻao⁴⁴koŋ⁴⁴·le tsiəu⁴⁴pa⁵³ʧin⁴⁴tiəu²¹faŋ⁴⁴·le ʧʻian⁴⁴·ti·ko tiəu²¹lin²²pe²²。

　再 滔 公　哩就 把 金竹 坊 哩迁　滴呱竹 林坪。再滔
公就从金竹坊迁到了竹林坪。

（2）普通话引进受事的"把"在关峡平话中一般用"担"表示。关峡平话的"担"兼属动词和介词，我们分别称之为担₁和担₂，但二者的读音一致。

担₁：动词，相当于普通话的"拿"。例如：

⑦ŋəu³³to⁴⁴·le taŋ³³, i⁵³to⁴⁴pu³³taŋ³³。

　我 担₁　哩动，伊担₁不 动。我拿得动，他拿不动。

担₂：介词，相当于普通话的"把"。例如：

⑧ mao²¹ie³³to⁴⁴ao⁴⁴·le po³³·ko。

　　冇 要担₂瓯　哩绊　呱。不要把茶碗砸了。

⑨ to⁴⁴kəu²¹u⁵³pan⁴⁴ie³¹²·ko。

　担₂ 咯碗饭食　呱。把这碗饭吃了。

⑩to⁴⁴maŋ²²kuan⁴⁴ʧʻie⁴⁴, to⁴⁴i⁴⁴kʻu³³tiəu²¹ʧʻie⁴⁴。

　担₂门 关 起，　担衣裤着 起。把门关上，把衣服穿好。

⑪ŋəu³³tie⁴⁴i²¹³məu²²tsʻiəu⁴⁴ʃi³³tsiəu⁴⁴to⁴⁴mei³³i²¹pin³³kuei³³tsʅ³³ta⁵³sʅ⁵³·ko。

　我 爹一 木 枪　去 就担₂□日本 鬼 子 打死　呱。
我爸爸用木枪一扫过去就把那个日本鬼子打死了。

"担₂"与"□tai²¹³"可以替换。例如：

⑫to⁴⁴（tai²¹³）maŋ²²kuan⁴⁴ʧʻie⁴⁴。

　担₂（□）门 关 起。把门关起。

二、句法特点

（一）语序

1. 有的形容词充当状语时后置于动宾结构：

① ŋa³³ sɿ⁵³ i⁴⁴ io⁴⁴ xei⁵³ ·ke。

眼死一夜好嘅。好好地睡了一觉。

② ie³¹² ·ko i⁴⁴ tsʻan⁴⁴ pəu⁵³ ·ke。

食呱一餐饱嘅。好好地吃了一顿。

2. 普通话的"动+补+宾"，其否定格式的常见说法是"动+宾+补"。例如：

③ ŋəu³³ tsao⁵³ i⁵³ pu⁴⁴ ie²²。

我走伊不赢。我走不赢他。

④ i⁵³ xo⁵³ me²² tsɿ⁴⁴ pu⁴⁴ ʧʻy²¹³。

伊喊名字不出。他说不出名字。

⑤ ni³³ xo²¹ ŋəu³³ pu⁴⁴ tei³³。

你吓我不倒。你吓不倒我。

⑥ ie²¹ pan⁴⁴ pu⁴⁴ ŋ̩²¹³。

食饭不入。吃不下饭。

3. 双宾语的位置。

普通话里的双宾语格式到关峡平话里，远宾语前置紧接介词或动词，近宾语移到后面并接受另一动词的支配。为了叙述方便，这里把表物名词充当的远宾语记作 $O_物$，把表人名词或代词充当的近宾语记作 $O_人$。

双宾语的两个宾语，排列有两种语序。

（1）担₁+$O_物$+把+$O_人$。

⑦ to⁴⁴ poŋ⁵³ ʃy⁴⁴ pa⁵³ ni³³。

担₁本书把你。给你一本书。

⑧ to⁴⁴ kʻua³³ tse²² pa⁵³ ŋəu³³。

担₁块钱把我。给我一元钱。

这里的"担₁"是动词，表示"拿""给予"；"把"也是动词，表示"给予"义。

（2）把+$O_人$+要+$O_物$

例⑧也可以变换成：

⑨ pa⁵³ ŋəu³³ ie³³ i⁴⁴ kʻua³³ tse²²。

把我要一块钱。给我一元钱。

（二）"被"字句

"被"字句在普通话和关峡平话中使用的标记不同。普通话的"被"字句在"平话"中不用"被"而用"着 ʧʻiəu²¹³""得 tie²¹³"或本字未明的"□ tʻi²¹³"。例如，"他被狗咬了一口。"下面三种说法均可：

① i⁵³ ʧʻiəu²¹³ kao⁵³ ŋao³³ ·ko i⁴⁴ xao⁵³。

伊着狗咬呱一口。他被狗咬了一口。

② i⁵³ te²¹³ kao⁵³ ŋao³³ ·ko i⁴⁴ xao⁵³。

伊得狗咬了一口。他被狗咬了一口。

③ i⁵³ tʻi²¹³ kao⁵³ ŋao³³ ·ko i⁴⁴ xao⁵³。

伊□狗咬了一口。他被狗咬了一口。

其他例句还有：

④ kəu²¹ kəu³³ ao⁴⁴ ·le ʧʻiəu²¹³ i⁴⁴ ta⁵³ lo⁴⁴ ·ko。

咯个瓯哩着伊打烂呱。这个茶杯被他打烂了。

⑤ tse²² ʧʻiəu²¹³ i⁵³ ioŋ⁴⁴ ye²² ·ko。

钱着伊用完呱。钱被他花光了。

⑥ tʻi²¹ ti²¹³ ŋ²² ·le to⁴⁴ i⁵³ ʧiaŋ³³ lao²² li³³ kuan⁴⁴ ʧʻie⁴⁴ ·ko。

□敌人哩担伊□牢里关起呱。被敌人抓进牢里关起来了。

（三）处置句

普通话的"把"字句是运用介词"把"将谓语动词涉及的事物置于动词前做状语的一种句式。关峡平话的"把"字句在结构上与普通话基本一致，稍有特殊的是关峡平话用"担₂"做介词取代了"把"的功能。

① to⁴⁴ maŋ²² kuan⁴⁴ ʧʻi⁵³。

担门关起。把门关上。

② to⁴⁴ kəu²¹³ u⁵³ pan⁴⁴ ie³¹² ·ko。

担咯碗饭食了。把这碗饭吃了。

③ mao²¹ ie³³ to⁴⁴ ao⁴⁴ ·le ta⁵³ lo⁴⁴ ·ko。

有要担瓯哩打烂了。不要把茶杯打烂了。

与关峡类似的情形也见于湘语，孙叶林（2009）指出邵东方言的"担"具有丰富的语法功能，可做动词表示"用肩膀挑；可做助词构成

"担V"组合，表达一种抽象的语法意义；可做介词构成"担字句"，相当于普通话中的"把字句"。如①：

担衣衫清一下。把衣服整理一下。

你担饭吃完。你把饭吃完。

（四）反复问句

1. 如果没有情态词，关峡平话的反复问句是"V+冇+V"。例如：

① kəu²¹ tu⁵³ xo⁴⁴ ʃiəu⁴⁴ mao²¹ ʃiəu⁴⁴?

　　咯　朵　花　香　冇　　香? 这朵花香不香?

② i⁵³ sin⁵³ mao²¹ sin⁵³ ·le?

　　伊省　冇　　省　哩? 他知道不知道?

③ ni³³ in⁴⁴ mao²¹ in⁴⁴ ·le?

　　你认　冇　认　　哩? 你认得不认得?

④ ni³³ xa²² ʧi³³ mao²¹ ʧi³³ ·le?

　　你还记　冇　记　哩? 你还记得不记得?

答话时上述例句的否定形式都是"冇+V 哩"，如"冇认哩""冇记哩"。

2. 如果有情态词，一般说成"M+冇+M+V"。例如：

⑤ŋəu³³ ie³³ mao²¹ ie³³ ʃi³³?

　　我　要　冇　要　去? 我该不该来?

⑥i⁵³ sio⁵³ mao²¹ sio⁵³ kəu⁵³?

　　伊想　冇　想　　讲? 他愿意说不愿意?

⑦ ni³³ sio⁵³ mao²¹ sio⁵³ ʃi³³?

　　你想　冇　想　去? 你打算去不打算?

⑧i⁵³ te²¹³ mao²¹ te²¹³ la²²?

　　伊得　冇　得　来? 你能来不能?

⑨ni³³ xo³³ mao²¹ xo³³ ti⁴⁴ ʃi³³?

　　你□　冇　□滴去? 你敢去不敢?

答话时上述例句的否定形式都是"冇+M+V"。如"冇要去""冇想来"。

3. 谓语部分是述宾结构，其反复问句有两种形式："V+冇+VO"或

---

① 孙叶林. 邵东方言语法研究［M］. 广州：花城出版社 2009：189 页.

"V+O+冇"。例如：

⑩ ʃiəu³³mao²¹ʃiəu³³kʻo⁵³？ / ʃiəu³³kʻo⁵³ mao²¹³？

   上　冇　上　课？ / 上　课　冇？<small>上课没有？</small>

⑪xa²²iəu³³mao²¹iəu³³pan⁴⁴？ / xai²²iəu³³pan⁴⁴mao²¹³？

   还有　冇　有　饭？/ 还　有　饭　冇？<small>还有饭没有？</small>

⑫ni³³ʃi³³mao²¹ʃi³³·ko pe²¹tʃin⁴⁴？ /ni³³ʃi³³·ko pe²¹tʃin⁴⁴mao²¹³？

   你去冇　去　呱北　京？ /你去　呱北　京　冇？<small>你去过北京</small>

没有？

   答话时上述例句的否定形式均为"冇+哩+V/O"，如"冇哩（上）课""冇哩饭""冇哩去"。

三、语法例句

（一）语法例句之一

① tʃio⁴⁴kəu³³？ ŋo³³sɿ³³lao³³san⁴⁴。

   遮　个？　我　是　老　三。<small>谁呀？我是老三。</small>

②lao³³sɿ³³ ·le？ i⁵³kəu³³xo³³tei³³mei⁴⁴te⁴⁴kin⁴⁴i⁴⁴kəu³³poŋ²²iəu³³kəu⁵³o⁴⁴。

   老四　呢？伊咯　下　在　□　颠跟一个　朋　友讲　话。<small>老</small>

<small>四呢？他正在那跟一个朋友说着话呢。</small>

③ i⁵³ xa²² ma²¹ kəu³³ ue²² ·ma？

   伊还　麻<small>阴入</small>讲　完　吗？<small>他还没说完吗？</small>

④ xa²² ma²¹ ·tsa, xa²² ie³³ xo³³ xo⁴⁴ ·le tsiəu⁴⁴ kəu⁵³ ue²² kəu³³ ·li。

   还　麻<small>阴入</small>□，还要下　下　呢就　讲　完　个　哩。<small>还没有，</small>

<small>大约再有一会儿就说完了。</small>

⑤i⁵³ kəu³³ ma³³ ʃiaŋ³³ tsiəu⁴⁴ xaŋ²²，kaŋ³³ ŋa⁵³xa³³ku³³ ·ti i⁴⁴ poŋ³³ŋ̩³³kəu³³

   伊讲　马　上　就　行，干　□□　过　滴一　半日讲

xa²² tei³³ u²¹³ ·li ·le？

还 在 屋　里　哩？<small>他说马上就走，怎么这半天了还在家里呢？</small>

⑥ ni³³ taŋ³³ tʃio⁴⁴ te⁴⁴ ʃi³³？ ŋəu³³ taŋ³³ tʃin⁴⁴ li³³ ʃi³³。

   你　到　遮　颠去？　我　到　城　里去。<small>你到哪儿去？我到城里去。</small>

⑦ tei³³mei⁴⁴ te⁴⁴，mao²¹tei³³ kəu⁴⁴ te⁴⁴。

   在　□　颠，冇　在　咯　颠。<small>在那儿，不在这儿。</small>

⑧ mao^{21} sɿ^{33} mei^{44} ti^{33} tsu^{33}, sɿ^{33} koŋ^{44} ti^{33} tsu^{33} ·ke。

　　冇　是　□　滴　做，　是　□　滴　做　嘅。不是那么做，是这么做的。

⑨ t'a^{33} təu^{44} ·ko, ioŋ^{44} pu^{44} ·le mei^{21}təu^{44}, tsɿ^{33} ie^{33} kəu^{21} təu^{44} tsiəu^{33} iəu^{33} ·ko。

　　太　多　呱，用　不　了　□　多，只　要　咯多　就　有　呱。太多了，用不着那么多，只要这么多就够了。

⑩ kəu^{21}kəu^{33}ta^{44}, mei^{21} kəu^{44} la^{213}, kəu^{21}liəu^{33} kəu^{33}tʃio^{44} i^{44} kəu^{33} xei^{53} te^{53} ·le?

　　咯　个　大，　□　个　□，　咯　两　个　遮一个　好点　呢？

这个大，那个小，这两个哪一个好一点儿呢？

⑪kəu^{21}kəu^{33}p'i^{53}mei^{21}kəu^{33}xei^{53}。

　　咯　个　比　□　个　好。这个比那个好。

⑫kəu^{21} ti^{33} u^{213} mao iəu^{33} mei^{21} ti^{33} u^{213} xei^{53}。

　　咯　滴屋　冇　有　□　滴屋　好。这些房子不如那些房子好。

⑬i^{33} tʃin^{44} ne^{21} xei^{53} ta^{44} ·ko?

　　伊　今　年　好大　呱？他今年多大岁数？

⑭ie^{33} pu^{44}ko^{33}so^{44} tsɿ^{312} la^{22} sy^{33} ·pa。

　　也　不过　三　十　来　岁　吧。有三十来岁罢。

⑮kəu^{21}kəu^{33}toŋ^{44}si^{44}iəu^{33} xei^{53}tin^{33} ·a?

　　咯　个　东西有　好　重　啊？这个东西有多重？

⑯iəu^{33}ŋ^{33}tsɿ^{312} tʃin^{44}tin^{33} ·le。

　　有　五　十　斤　重　呢。有五十斤重呢。

⑰to^{44} ·le taŋ^{33} ma^{44}?

　　担哩动　吗？拿得动吗？

⑱ŋəu^{33} to^{44} ·le taŋ^{33}, i^{53} to^{44} pu^{33}taŋ^{33}。

　　我　担哩动，　伊担不　动。我拿得动，他拿不动。

⑲tʃin^{44} ·ke mao^{21} tʃ'ie^{44}, tin^{33} ·le tʃiao^{33} ŋəu^{33} ·le to^{44} pu^{44} taŋ^{33}。

　　真　嘅冇　轻，　重　哩叫　我　哩担　不　动。真不轻，重

得连我都拿不动了。

⑳ni^{33} kəu^{53} ·le xe^{53} xei^{53}, ni^{33} xa^{22} fei^{33} kəu^{53} te^{53} ŋa^{53} xa^{33}?

　　你　讲　哩很　好，　你　还　会　讲　点　□□？你说得很好，你还

会说点什么呢？

㉑ŋəu^{33} xao^{53} niəu^{22}, kəu^{53} i^{53} pu^{44} ie^{22}。

　　我　口□，　讲　伊不　赢。我嘴笨，说不过他。

㉒kəu^{53} ·ko i^{44}tsʅ^{33}, iəu^{33}kəu^{53} i^{44}tsʅ^{33}。

讲　呱一次，　又　讲　一次。说了一遍，又说一遍。
㉓tsʻe⁵³ ni³³ tsa³³ kəu⁵³ i⁴⁴ tei³³。

请　你　再　讲　一道! 请你再说一遍!
㉔ma²¹（mao²¹）tsei⁵³ ·ko, kʻua³³ te⁵³ ʃi³³ ·pa。

麻阴人（冇）早　呱，快点　去　吧。不早了，快点去吧!
㉕kəu²¹ tʃin³³ xa²² tsei⁵³ ·le, taŋ⁵³ xo³³ xo⁴⁴ ·le tsa³³ ʃi³³ ·pa。

咯　阵还早呢，等　下　下　哩再去　吧。现在还早着呢，等
一会儿再去吧。

㉖ie³¹² ·ko pan⁴⁴ tsa³³ ʃi³³, xei⁵³ ma?
食　呱饭　再去，　好吗? 吃了饭再去，好吗?

㉗ie³¹² ·ko pan⁴⁴ tsa³³ ʃi³³ tsiəu⁴⁴ la²² pu⁴⁴ tʃi²¹³ ·ko。
食　呱饭　再去　就　来不及　呱。吃了饭再去就来不及了。

㉘man³³ man⁴⁴ ti³³ ·ie³¹², mao²¹ ie³³ tsao³³ tʃi²¹³。
慢　慢滴食，冇　要　着　急。慢慢儿地吃，不要着急。

㉙tsəu³³ tʃʻie⁴⁴ ·le ie³¹² pʻi⁵³ tʃi³³ tʃʻie⁴⁴ ·le ie³¹² xei⁵³ te⁵³。
坐　起　哩食比徛　起　来食好　点。坐着吃比站着吃好点。

㉚i⁵³ ie³¹² ·ko pan⁴⁴ ·ko, ni³³ ie³¹² ·ko pan⁴⁴ mao²¹³?
伊食　呱饭呱，你　食　呱饭　冇? 他吃了饭了，你吃了饭没有?

㉛ i⁵³ ʃi³³ ·ko shang³³ xai³³, ŋəu³³ mao²¹ ʃi³³ ·ko。
伊去呱上　海，　我　冇　去　呱。他去过上海，我没去过。

㉜la²² ʃioŋ⁴⁴ xo³³ kəu²¹ tu⁵³ xo⁴⁴ ʃiəu⁴⁴ mao²¹ ʃiəu⁴⁴?
来　嗅下咯朵花香冇　香? 来闻闻这朵花香不香?

㉝to⁴⁴ poŋ⁵³ ʃy⁴⁴ pa⁵³ ŋəu³³!
担　本书把我! 给我一本书!

㉞ŋəu³³ ʃi³¹² tsa³³ mao²¹ te²¹³ ʃy⁴⁴。
我　实在　冇　得　书。我实在没有书。

㉟ni³³ pei³³ i⁵³。
你　报伊。你告诉他。

㊱xei⁵³ saŋ³³ xaŋ²², mao²¹ ie³³ tsao⁵³!
好　生　行，冇　要　走! 好好儿地走，不要跑!

㊲kia³³ sɿ³³ mao²¹ po³³ xo³³ ʃi³³, po²² io³³ po²² pu⁴⁴ ʃio³³ la²²。
架　势冇　绊下　去，爬　也爬　不上　来。小心跌下去爬也爬不
上来。

㊳i^{44} sɿ^{44} ie^{33} ni^{33} təu^{44} ŋan^{33} sɿ^{53} xo^{33}。

医 师 要 你 多 眼 死 下。医生要你多睡一睡。

㊴ie^{21} ie^{44} fe^{33} ie^{21}tso^{22} təu^{44} mao^{21} ʃin^{22}。

食 烟 或 食 茶 都 冇 行。吸烟或者喝茶都不行。

㊵ie^{44} io^{33} xei^{53}，tso^{22} io^{33} xei^{53}，ŋəu^{33} təu^{44} mao^{21} ʃi^{33} fan^{44}。

烟 也 好，茶 也 好，我 都 冇 喜 欢。烟也好，茶也好，我都不喜欢。

㊶ŋəu^{33} sɿ^{33} fei^{44} ʃi^{33} mao^{21} k‘o^{53} ·ko。

我 是非 去 冇 可 呱。我非去不可。

㊷ni^{33} sɿ^{33} ʧio^{53}i^{44} ne^{22} la^{22} ko？

你 是 遮 一 年 来 呱？你是哪一年来的？

㊸ŋəu^{33} sɿ^{33} tse^{22} ne^{21} taŋ^{33} pei^{21} ʧin^{44} la^{22} ·ko。

我 是前 年 到 北 京 来 呱。我是前年到的北京。

㊹ʧi^{22} ŋ̍^{33} k‘ue^{44} fei^{33} sɿ^{33} ʧio^{53} kəu^{33} ʧy^{53} ʃi^{213}？

今 日 开 会 是 遮 个 主 席？今天开会谁的主席？

㊺ni^{33} ie^{33} ts‘e^{53}ŋəu^{33} ·ke xo^{213} ·le。

你 要 请 我 嘅 客 哩。你得请我的客。

㊻i^{44} pe^{44} xaŋ^{22}，i^{44} pe^{44} kəu^{53}。

一 边 行，一 边 讲。一边走，一边说。

㊼ue^{21} xaŋ^{22} ue^{21} ue^{33}，ue^{21}kəu^{53} ue^{21} təu^{44}。

越 行 越 远，越 讲 越 多。越走越远，越说越多。

㊽to^{33} mei^{21} i^{53} pa^{53} ʧ‘ie^{44} ŋəu^{33}。

担 □ 伊 把 起 我。把那个东西给我。

㊾iəu^{33} ti^{33} ti^{44} xoŋ^{44} to^{44} t‘ai^{53} iaŋ^{22} xo^{53} ŋ̍^{21} tao^{22}。

有 滴 地 方 担 太 阳 喊 日 头。有些地方把太阳叫日头。

㊿ni^{33} se^{33} ŋa^{53}xa^{33}？ŋəu^{33} se^{33} uaŋ^{22}。

你 姓 □□？ 我 姓 王。你姓什么？我姓王。

(51)ni^{33} se^{33} uaŋ^{22}，ŋəu^{33} io^{33} se^{33} uaŋ^{22}，ŋəu^{33} ·li liəu^{33} kəu^{33} ŋ̍^{22} tsoŋ^{53} se^{33} uaŋ^{22}。

你 姓 王，我 也 姓 王， 我 咧 两 个 人 □ 姓 王。你姓王，我也姓王，咱们两个人都姓王。

(52)ni^{33}se^{44}ʃi^{33} ·ti，ŋəu^{33} li taŋ^{53}xo^{33} xo^{44} tsai^{33} ʃi^{33}。

你 先 去 滴，我 咧 等 下 下 再 去。你先去吧，我们等一会儿再去。

（二）语法例句之二

①ŋəu³³ ie³³ ma²¹（mao²¹）ie³³ ʃi³³?

我　要　麻_{阴入}　（冇）要　去？我该不该来？

②i⁵³ sio⁵³ ma²¹（mao²¹）sio⁵³ kəu⁵³?

伊　想　麻_{阴入}（冇）想　讲？他愿意说不愿意？

③ni³³ sio⁵³ ma²¹（mao²¹）sio⁵³ ʃi³³?

你　想　麻_{阴入}（冇）想　去？你打算去不打算？

④i⁵³ te²¹³ ma²¹（mao²¹）te²¹³la²²?

伊　得　麻_{阴入}（冇）　得　来？你能来不能？

⑤ni³³ xo³³ ma²¹（mao²¹）xo³³ ti⁴⁴ ʃi³³?

你　□　麻_{阴入}　（冇）□滴　去？你敢去不敢？

⑥xai²² iəu³³ pan⁴⁴ mao²¹³?

还　有　饭　冇？还有饭没有？

⑦i⁵³ sin⁵³ ma²¹（mao²¹）sin⁵³ ·le?

伊　省　麻_{阴入}　（冇）省　　哩？他知道不知道？

⑧i⁵³ ma²¹（mao²¹）sin⁵³ ·le。

伊麻_{阴入}　（冇）省　　哩。他不知道。

⑨ni³³ in⁴⁴ ma²¹（mao²¹）in⁴⁴ ·le? ŋəu³³ mao²¹ in⁴⁴ ·le。

你　认　麻_{阴入}（冇）　认　哩？我　冇　认　哩。你认得不认得？我不认得。

⑩ni³³　xa²² ʧi³³ ma²¹（mao²¹）ʧi³³ ·le?

你　还　记　麻_{阴入}　（冇）记　哩？你还记得不记得？

⑪kəu²¹ kəu³³ p'i⁵³ mei²¹ kəu³³ xei⁵³。

咯　个　比　□　个　好。这个比那个好。

⑫ʧin⁴⁴ ŋ³³ p'i⁵³ ʧiaŋ²² ŋ³³ xei⁵³ təu⁴⁴ ·ko。

今　日　比　□　日　好　多　呱。今天比昨天好多了。

⑬mie²² ti³³ ŋ³³ p'i⁵³ ʧin⁴⁴ ŋ³³ xa²² ie³³ xei⁵³。

明　滴日比　今日　还　要　好。明天比今天还要好。

⑭mei²¹ kəu⁴⁴ mao²¹³ ·le kəu²¹ kəu³³ xei⁵³。

□　个　冇　哩咯　个　好。那个没有这个好。

⑮kəu²¹ kə³³ iəu³³ mei²¹ kəu³³ ta⁴⁴ mao²¹³?

咯　个　有　□　个　大　冇？这个有那个大没有？

⑯kəu²¹kə³³kin⁴⁴mei²¹kəu³³·⁴⁴se²¹³ ·ke ta⁴⁴。

　　咯　个　跟　□　个　一色　　嘅大。这个跟那个一般大。

⑰kəu²¹kəu³³ŋ²²p'i⁵³mei²¹kəu³³ ŋ²²kei⁴⁴, tsiəu⁴⁴sʅ⁴⁴ma²¹（mao²¹）·le mei²¹kəu³³ŋ²²tsəu³³。

　　咯　个人比　□　个人高，　就　是　麻（冇）哩□个　人壮。这个人比那个人高，就是没那个人胖。

⑱kəu²¹ti³³laŋ²²laŋ⁴⁴ŋ²²pe³³·le ue²²xao⁴⁴·⁴⁴se²¹³·ke, tin³³t'ie⁴⁴te³³luan⁴⁴po²²。

　　咯　滴□□人变　哩猿猴一色嘅，□　天底乱　爬。这群孩子像猴子似的，到处乱爬。

⑲lao³³li³³·le? i³³tei³³u²¹li³³。

　　老李　哩？伊在屋里。老李呢？他在屋里。

⑳i³³tsa³³kan⁴⁴ŋa⁵³xa³³? i³³kəu²¹xo³³te³³mei⁴⁴te⁴⁴ie²¹pan⁴⁴。

　　伊　在　干□　□?伊咯　下在□　颠食　饭。他在干什么呢？他在吃着饭哩。

㉑i⁵³xa²²ma²¹·tsa ie²¹ue²²·ma? xa²²ma²¹（mao²¹）·tsa. xa²²ie²¹xo³³xo⁴⁴·le tsiəu⁴⁴ie²¹ue²²·ke·li。

　　伊还麻阴入□食完　吗？还麻阴入（冇）　□，还　食下下·le就　ie²¹完·ke·li。他还没吃完吗？还没有，大约再有一会儿就吃完了。

㉒ku⁴⁴tao²²li³³xa²²iəu³³mao²¹iəu³³pan⁴⁴?

　　锅头　里还　有　冇　有　饭?锅里还有没有饭？

㉓ni³³ʃi³³sai⁴⁴·⁴⁴xo³³。

　　你　去　□一　下。你去看一看。

㉔ŋəu³³taŋ⁴⁴sai⁴⁴·ko, mao²¹·le·ko。

　　我　到　□呱，冇　　哩　呱。我去看了，没有了。

㉕ni³³sʅ³³ie²¹ie⁴⁴·le, xai²²sʅ³³ie²¹tso²²?

　　你是食烟　哩，还　是食茶?你是抽烟呢，还是喝茶？

㉖ie³¹²·ko pan⁴⁴tsa³³ʃi³³, xei⁵³·ma?

　　食　呱饭再去，好　吗?吃了饭再去，好吗？

㉗ie³¹²·ko pan⁴⁴tsa³³ʃi³³ tsiəu⁴⁴la²²pu⁴⁴tʃi²¹³·ko。

　　食　呱饭再去　就来不及　呱。吃了饭再去就来不及了。

㉘pu⁴⁴kuan³³ni³³ʃi³³ma²¹（mao²¹）ʃi³³, ŋəu³³sʅ³³ie³³ʃi³³·ko。

　　不　管　你去麻阴入（冇）去，　我　是要去　呱。不管你去不去，反正我是要去的。

㉙kəu²¹kəu³³toŋ⁴⁴si⁴⁴xei⁵³sʅ³³xei⁵³, tsiəu⁴⁴sʅ³³t'ai³³ʧy³³ ·ko。

咯 个 东西好是好， 就 是 太 贵 呱。这个东西好是好，就是太贵了。

㉚i⁵³tsa³³ʧio⁴⁴te⁴⁴ie³¹² ·ke pan⁴⁴? i⁵³tsa³³ŋəu³³u²¹li³³ie³¹² ·ke pan⁴⁴。

伊在 遮 颠 食 嘅饭？ 伊在 我 屋里食 嘅饭。他在哪儿吃的饭？他在我家里吃的饭。

㉛ʧin⁴⁴ ·ke ma⁴⁴? ʧin⁴⁴ ·ke, i⁵³sʅ³³tsa³³ŋəu³³u²¹li³³ie³¹² ·ke pan⁴⁴。

真 嘅吗？ 真 嘅,伊是 在 我 屋里食 嘅饭。真的吗？真的，他是在我家里吃的饭。

㉜ʧiaŋ²²ŋ³³kəu⁵³liəu²¹te⁵³tsoŋ⁴⁴ti²¹ʧ'ie⁴⁴, ŋəu³³ŋ³³te⁵³pəu tsiəu⁴⁴ti²¹ʧ'ie⁴⁴

□ 日讲 六点 钟直起， 我 五点半 就 直起

la²² ·ko。ni³³kan³³ŋa⁵³xa³³ts'i²¹te⁵³tsa²²ti²¹ʧ'ie⁴⁴?

来 呱。你 干 □□七 点 才 直起? 昨天通知六点起床，我五点半就起来了，你怎么七点才起来？

㉝liəu³³kəu³³ŋ²²tsəu⁴⁴i⁴⁴tiəu⁴⁴taŋ³³, i⁴⁴tiəu⁴⁴taŋ³³tsəu⁴⁴ liəu³³kəu³³ŋ²²。

两 个 人 坐一条 凳, 一条 凳 坐 两 个 人。两个人坐一张凳，一张凳子坐两个人。

㉞tsʅ²¹kəu³³ŋ²²ie³¹²i⁴⁴kəu⁴⁴pan⁴⁴, i⁴⁴kəu⁴⁴pan⁴⁴tsʅ²¹kəu³³ŋ²²ie³¹²。

十 个 人食一锅 饭, 一锅 饭 十 个 人食。十个人吃一锅饭，一锅饭吃十个人。

㉟ie³¹² ·ko pan⁴⁴ie³³man³³man⁴⁴ ·ke xaŋ²², mao²¹ie³³tsao⁵³, mao²¹ ·le kuan⁴⁴

食 呱饭要 慢 慢 嘅行， 冇 要 走， 冇 哩关

ʃi³³ ·ke

系 嘅。吃了饭要慢慢走，不要跑，没有关系。

㊱tsʅ²¹kəu³³ŋ²²ie²¹pu⁴⁴liao³³kəu²¹ts'aŋ⁴⁴pan⁴⁴。

十 个 人食 不 了 咯 铛 饭。十个人吃不了这一锅饭。（饭太多）

㊲kəu²¹ts'aŋ⁴⁴pan⁴⁴ʃie⁵³ ·ko, tsʅ²¹kəu³³ŋ²²ie²¹pu⁴⁴liao³³。

咯 铛 饭 少 呱,十 个 人 食不 了。这一锅饭吃不了十个人。

（饭太少）

㊳la²¹u²¹³li³³tei⁴⁴toŋ⁴⁴si⁴⁴, ta⁴⁴u²¹³li³³ʧy⁵³ŋ²²。

□屋里堆 东西, 大屋里住 人。小屋子堆东西，大屋子住人。

㊴kəu²¹kan⁴⁴u²¹li³³ʧy⁵³pu⁴⁴xo³³ tsʅ²¹kəu³³ŋ²²。

咯 间 屋里住不下 十 个 人。这屋子住不下十个人。

㊵kəu²¹ʧio²¹³la²¹mo³³mao²¹ ·le ŋ²²ʧi²²ku³³, ni³³ie³³taŋ⁴⁴sin⁴⁴te⁵³ʧi²²。

咯 只 □ 马 冇 哩人骑过，你要 当 心 点骑。这匹小马
儿没有骑过人，你小心点儿骑。

㊶ŋəu³³ tsəu³³ ·ko ʃye²², mao²¹ ·le ʧi²¹ ·ko mo³³。

　我 坐 呱船，冇 哩骑 呱马。我坐过船，没骑过马。

㊷ŋəu³³ ie³¹² ·ko io⁴⁴pan⁴⁴, taŋ⁴⁴ma²¹xa⁵³xan²² ·ko xo³³。

　我 食 呱夜饭， 到 外 □ 行 呱下。我吃了晚饭，溜达了一
会儿。

㊸tsu³³ ·ko kəu³³moŋ⁴⁴。

　做 呱个 梦。做了个梦。

㊹iəu³³ ·ko ŋ²², te⁵³ŋa⁵³xa³³sɿ⁴⁴təu⁴⁴xei⁵³tsu³³。

　有 呱人，点 □ 哈 事 都 好 做。有了人，什么事都好办。

㊺mao²¹ie³³to⁴⁴ao⁴⁴ ·le po³³ ·ko。

　冇 要担瓯 哩绊 呱。不要把茶碗砸了。

㊻to⁴⁴kəu²¹u⁵³pan⁴⁴ie³¹² ·ko。

　担咯碗饭 食 呱。把这碗饭吃了。

㊼to⁴⁴i⁴⁴k'u³³sai⁵³ ·ko。

　担衣裤 洗 呱。把衣服洗了。

㊽to⁴⁴maŋ²²kuan⁴⁴ʧ'ie⁴⁴, to⁴⁴i⁴⁴k'u³³tiəu²¹ʧ'ie⁴⁴。

　担门 关 起， 担衣裤 着 起。把门关上，把衣服穿好。

㊾tse²²ʧ'iəu²¹i⁵³ioŋ⁴⁴ue²² ·ko。

　钱 着 伊用 完 呱。钱被他花光了。

㊿pan³³ʧ'iəu²¹i⁵³ie²¹ue²² ·ko。

　饭 着 伊食完 呱。饭被他吃完了。

51 pan⁴⁴ʃiəu³¹² ·ko ·le, k'ua³³te⁵³la²²ie³¹²。

　饭 熟 呱哩，快 点来食。饭熟了，快点来吃吧。

52 kəu²¹ti³³toŋ⁴⁴si⁴⁴ie³¹² ma²¹（mao²¹）ie³¹² ·le, kəu²¹i⁵³sɿ³³ʃiəu³¹² ·ke,

　咯 滴东 西食 麻 （冇） 食 哩？咯伊是 熟 嘅，

ie³¹² ·le。

食 哩。这些东西吃得吃不得？这些是熟的，吃得。

53 i⁵³maŋ²² ·le u⁴⁴, maŋ²² ·le ie³¹²pan⁴⁴təu⁴⁴məu⁴⁴ʧi³³ie³¹² ·ko。

　伊忙 哩巫，忙 哩食饭都忘 记食 呱。他忙得很，忙
得连饭都忘了吃。

54 i⁵³ʃiəu⁵³xei⁵³lin²²kan³³, xo⁴⁴ ·le xei⁵³xei⁵³k'o³³。

伊手 很能 干， 画 哩很 好看。他手巧，画得很好看。

(55) tao^{22}i^{44}tsʻɿ^{33}sɿ^{33}ʧio^{53}kəu^{33}tsʻe^{53} ·ke xo^{213}? sɿ^{33}ŋəu^{33}tsʻe^{53} ·ke。

头一 次 是遮 个 请 嘅客？是 我 请 嘅。上次是谁请的客？是我请的。

(56) ni^{33}kəu^{53} ·ke sɿ^{33}ʧio^{44}kəu^{33}，ŋəu^{33}kəu^{53} ·ke ma^{21}（mao^{21}）sɿ^{33}ni^{33}。

你讲 嘅是遮 个？ 我 讲 嘅麻 （冇） 是你。你说的是谁？我说的不是你。

(57) i^{53}mei^{21}ŋ̍^{312}kʻo^{33}ti^{33} ·ke sɿ^{33}lao^{33}tsaŋ^{44}，ma^{21}（mao^{21}）sɿ^{33}lao^{33}uaŋ^{22}。

伊□日 看滴 嘅是 老 张，麻 （冇） 是老 王。他那天是见的老张不是老王。

(58) tsəu^{312} ·le ʃiəu^{33}o^{44}ʧʻie^{44}i^{44}o^{53}ʃy^{53}，maŋ^{22}xao^{53}ʧi^{33}ʧʻie^{44}i^{44}xəu^{53}ŋ̍^{22}。

桌 哩上 安 起 一碗 水，门 口 徛 起 一 伙 人。桌上放着一碗水，门口站着一群人。

(59) so^{44}kəu^{33}ko^{44}ŋ̍^{33}kəu^{33}sɿ^{33}pa^{21}kəu^{33}。

三个 加 五个 是八个。三个加五个是八个。

(60) ləu^{21}u^{33} ·le，u^{33}mao^{21}ləu^{312} ·ko，tʻe^{44}tse^{22} ·ko ·le。

落雨 哩，雨冇 落 呱，天 晴 呱 哩。下雨了，雨不下了，天要晴了。

(61) kəu^{53} ·ti kəu^{53} ·ti tsiəu^{44}sie^{33}ʧʻi^{53}la^{22} ·ko。

讲 滴 讲 滴 就 笑 起 来 呱。讲着讲着就笑起来了。

(62) ma^{33}xa^{53}ləu^{312} ·ti u^{33}。

外 □落 滴 雨。外面下着雨。

(63) maŋ^{22}kʻue^{44} ·ti。

门 开 滴。门开着。

第五章　关峡苗族平话语料记音

一、谚语

1. i⁴⁴ləu²²ʧioŋ²²,

   一 胭 穷,

   e⁵³ləu²²fu⁵³,

   二 胭 富,

   so⁴⁴ləu²²sʅ³³ləu²²ta⁵³tao⁴⁴fu³³,

   三 胭　四 胭　打 豆 腐,

   ŋ³³ləu²²liəu²¹ləu²²p'ai⁵³ʦ'o⁴⁴xao⁵³,

   五 胭　六　胭　□① 叉　口,

   ʦ'i²¹ləu²²pa²¹ləu²²iəu³³ku⁴⁴taŋ⁴⁴,

   七　胭 八　胭　有　官　当,

   ʧiəu⁵³ləu²²ʦʅ²¹ləu²²taŋ⁴⁴ʧiəu²²tei³³。

   九　胭 十　胭　当　强　盗。

2. ŋ²²ie³¹²liaŋ²²sin⁴⁴, ʦu⁴⁴ie³¹²kaŋ⁴⁴。

   人 食 良 心,　树 食 根。

3. to⁴⁴ko⁴⁴ie³³kəu³³təu⁴⁴xao⁵³pəu²²。

   当 家 要　个 多 口 婆。

4. i⁴⁴ʦ'an⁴⁴sin⁵³i⁴⁴xao⁵³, i⁴⁴ne²²sin⁵³i⁴⁴tao⁵³。

   一 餐　省 一 口, 一 年 省 一 斗。

5. ʧ'y²¹maŋ²²ma²¹kao⁴⁴ie⁴⁴, ŋ²¹u²¹³ma²¹ʧia²²ʃie⁴⁴。

---

① □ [p'ai⁵³]:袋子。

　　　出　门　麻_不勾腰，　入屋 麻_没柴　烧。

6. ʃia²¹pu⁴⁴ue²² ·ke tiəu⁴⁴,　tsa⁴⁴pu⁴⁴ue²² ·ke tsu⁴⁴。
　　杀　不　完　嘅猪，　　栽　不　完　嘅树。

7. toŋ⁴⁴ts'in²²ma²¹lai²²te²²,　k'ue⁴⁴ts'in⁴⁴xo⁵³u²²t'e⁴⁴。
　　冬　□　麻_不犁田，　开春　喊皇天。

8. ʃy⁵³sŋ³³u²² ·ke me⁴⁴,　iəu⁴⁴sŋ³³u²² ·ke pe⁴⁴。
　　水　是　禾　嘅命，　又是禾　嘅病。

9. i⁴⁴ua⁵³tse²²,　liəu³³ua⁵³u³³。
　　一　蛙 晴，　两　蛙 雨。

10. ie⁴⁴toŋ²²ma²¹tʃ'y²¹ie⁴⁴,　k'ao³³ ·ti sŋ³³in⁴⁴t'e⁴⁴。
　　烟筒　麻_不出烟，　靠　滴是阴天。

11. ŋai²¹tei⁵³tsu⁴⁴tʃ'y⁵³lei³³ŋo⁴⁴tsai⁵³。
　　□_砍倒树 取 老鸦崽。

12. so⁴⁴ne²² ·ke lei³³tiəu⁴⁴pəu²²,　tsŋ⁵³te²¹³i⁴⁴po⁴⁴tsy⁵³。
　　三　年　嘅老猪　婆，　只得一 包嘴。

13. te²² ·ke kəu⁵³pu⁴⁴səu⁴⁴,　səu⁴⁴ ·ke kəu⁵³pu⁴⁴te²²。
　　甜　嘅讲不酸，　酸　嘅讲不甜。

14. ma²¹tʃie³³ ·ke kao⁵³xai²²ŋəu⁵³ɲ²²te⁵³。
　　麻_不叫　嘅狗 还 咬人点。

15. ma²¹ie³¹²faŋ²²lian²¹ma²¹sin⁵³ ·le fu⁵³,　ma²¹ie³¹²xoŋ⁴⁴təu²¹ma²¹sin⁵³ ·le te²²。
　　麻_没食黄 连 麻_不省 哩苦，　麻_没食蜂 糖 麻_不省 哩甜。

16. ɲ²²ie³³tsoŋ⁴⁴sin⁴⁴,　xəu⁵³ie³³k'oŋ⁴⁴sin⁴⁴。
　　人 要忠 心，　火 要空 心。

17. so⁴⁴ɲ³³ma²¹ta⁵³ʃiəu⁵³saŋ⁴⁴ ·ko,　so⁴⁴ɲ³³ma²¹tʃ'iəu³³xao⁵³saŋ⁴⁴ ·ko。
　　三 日 麻_不打手 生　呱，三 日 麻_不唱　口 生　　呱。

18. tʃ'io²¹pu⁴⁴ ·le k'uei⁴⁴,　ta⁵³pu⁴⁴ ·le tei⁴⁴。
　　吃　不　哩亏，　打　不　哩堆。

19. ie²¹tsiəu⁵³ma²¹ie³³ts'a³³,　tsy³³ ·ko ni³³ma²¹kua³³。
　　食酒 麻_不食菜，　醉　呱你 麻_不怪。

20. tu²¹pu⁴⁴ue²² ·ke ʃy⁴⁴,　ʃia²¹pu⁴⁴ue²² ·ke tiəu⁴⁴。
　　读不　完 嘅书，　杀不　完 嘅猪。

21. tʃiəu⁴⁴xa²²sŋ³³lei³³ ·ke lo³¹²。

姜还　是老　嘅辣。

22. liəu²¹ŋ³³ləu²¹u³³ke²¹³te²²ʃin²¹。

六　月落雨隔　田塍。

23. ie²¹pu⁴⁴ʧioŋ²²，tiəu²¹pu⁴⁴ʧioŋ²²，ma²¹³·le səu³³ʧi³³i⁴⁴sʅ³³ʧioŋ²²。

食不　穷，　着_穿不　穷，　麻_没　哩算 计一世穷。

24. lo³³ᵗʅ²²sʅ⁵³nie⁴⁴təu⁴⁴，ma²¹³·le io³³ʃi³³lo⁴⁴。

懒人屎尿　多，　麻_没　哩也 去拉。

25. iəu⁴⁴xei⁵³pəu³³ne²²u²²。

秧　好半 年禾。

二、民间传说①

四月八姑娘节的来历

e³³！ŋəu³³la²²kəu⁵³kəu³³ku⁵³ŋ²²·a，kəu⁵³kəu³³sʅ³³ŋ³³pa²¹³·ke ku⁵³ŋ²²·a。

哎！我来讲 个 古人 啊，　讲个　四月八　嘅古人　啊。

soŋ⁵³ʧiao²²·le iəu³³kəu³³iaŋ²²un²²kuaŋ³³，i⁵³tei³³iəu³³ts'ʅ⁵³tsan⁵³təu⁵³ʧioŋ⁴⁴·le

宋　朝　哩有个 杨　文　广，　伊在 有 次 战 斗 中　哩

ʃi²¹pai⁵³·ko，t'i²¹³ti²¹ŋ²²·le to⁴⁴i⁵³ʧiaŋ³³lao²²li³³kuan⁴⁴ʧ'ie⁴⁴·ko，tei⁵³sʅ³³ŋ³³pa²¹³·le

失败　呱，□_被敌人　哩担_把伊□　牢里关 起　呱，在四月八　哩

tsiəu³³ie³³ʃia²¹tao²²·la。i⁵³·ke mei³³mei³³·le iaŋ²²ʧin⁴⁴fa⁴⁴tsiəu⁴⁴tsʅ⁵³siəu⁵³ʧio⁴⁴ʃin³³

就 要 杀头 啦。伊嘅妹 妹 哩杨金 花就 只 想 遮□②

ʧiəu³³i⁵³ka⁴⁴ka⁴⁴ʧ'y²¹la²²。i⁵³ŋ²¹i⁴⁴·ke saŋ³³ ʧ'ie⁴⁴pan⁴⁴ʃi³³le，tsiəu⁴⁴t'i²¹³mei⁴⁴te⁴⁴

救 伊哥哥 出来。伊日日 嘅送　起 饭去哩，　就　□_被□ 颠③

ts'a⁴⁴kuai⁵³·le ie³¹²·ko。i⁵³ka⁴⁴ka⁴⁴ tei³³lao²²li³³·le tsiəu⁴⁴ŋəu⁴⁴·le pi²²pəu⁴⁴ʧ'ie⁴⁴ki²¹

差　□ 哩④食 呱。伊哥哥 在牢 里哩　就 饿 哩皮包 起骨

tao²²·ko。i⁵³mei³³mei³³tsiəu⁴⁴siəu⁵³·a，kəu²¹·i⁵³saŋ³³ʧ'ie⁴⁴pan⁴⁴ʃi³³mao²¹³·le ie³¹²。

头　呱。伊妹 妹 就 想 啊，　咯伊送 起 饭 去冇　哩食。

---

① 民间传说及生活故事中的"我"都是本书主要发音人苏成英先生（1941-），绥宁县关峡苗族乡茶江村苏家塝人。

② 遮□ʧio⁴⁴ʃin³³：怎么。

③ □颠 mei⁴⁴te⁴⁴：那里。

④ 差□kuai⁵³哩：牢役。

kəu²¹ tʃio⁴⁴ ʃin³³ tʃiəu³³ i⁵³ ka⁴⁴ ka⁴⁴ tʃʻy²¹³ ·le? pei³³ saŋ⁵³ ·a, tsiəu⁴⁴la²² ·ko i⁴⁴ kəu³³ po²¹
咯　遮　□　救　伊　哥哥　出　　咧？　背□①　啊，就来　呱一个　白

ʃiəu⁵³lei³³ tao²² ·le, tei³³ i⁵³ me²² tse²² tei³³ i⁵³ kəu⁵³："ni³³ siəu⁵³ tʃiəu³³ ni³³ ka⁴⁴ ka⁴⁴ ·le,
首　老头　哩，在伊面　前对伊讲："你想　救　你哥哥　　哩，

ni³³ tsiəu⁴⁴ iao³³ xo³³ tu³¹²。" i⁵³ tsiəu⁴⁴ tʃi³³ tʃʻie⁴⁴ ·ko："iao³³ xo³³ tu³¹², ŋəu³³ to⁴⁴ ka⁴⁴ ka⁴⁴
你就　要　下毒。"　伊就　急起　呱："要下毒，　我　担把哥哥

iəu²¹ ʃi⁵³ ·ko。 pei³³ saŋ⁵³lei³³ tao²² ·le tsiəu⁴⁴ xaŋ²² loŋ³³ ʃi³³ i³³ tʃiəu²¹³, tei³³ i⁵³ ŋ³³ təu³³
药　死　呱。"背□老头　哩就　行拢去一脚，　　在伊耳朵

me²² tse²¹ kəu⁵³："ni³³ ʃi³³ tsin²² i⁴⁴ tʃioŋ⁵³ ie²¹ ie⁴⁴, tsu³³ tʃʻie⁴⁴ pan⁴⁴la²² sʅ³³ xai²¹³ ·ke。
面　前讲："你去　寻一　种　叶叶，做起饭来是黑　嘅。

tsiəu⁴⁴kʻo³³ni³³ siəu⁵³ mao²¹ siəu⁵³ ʃiəu²¹ ʃin²² loŋ²² ʃiəu²² po²¹ tsʻei⁵³。"mei²¹ lei³³ tao²² tao⁴⁴ ·le
就　看你想　冇想学　神龙尝　百草。"□那老头头哩

kəu⁵³ ·ko kəu²¹ tʃy³ o⁴⁴ ·le tsiəu⁴⁴ mao³ kʻo³³ ·ti ·ko。" pei³³ saŋ⁵³ ·a, tʃin⁴⁴fa⁴⁴ tsiəu⁴⁴ siəu⁵³
讲　呱咯句话哩就　冇　看滴呱。背□　啊，金花就　想

kəu²¹ i⁵³kʻao³³ ·ti sʅ³³ kəu³³ ʃin²² se⁴⁴。 i⁵³ tsiəu⁴⁴ ʃiəu³³ san⁴⁴li³³ ʃi³³ tsin³³, tsin²²la²² tsin²² ʃi³³,
咯伊②靠　滴是个　神仙。伊就　上　山里去寻，　寻来寻去，

ʃiəu²¹la²² ʃiəu²² ʃi³³, xao⁵³ təu⁴⁴ ʃiəu²² lo⁵³ ·ko, pei³³ ·a tsoŋ²² y²² tsin⁵³ ·ti kəu²¹ i⁵³ ie²¹ ie⁴⁴
尝　来尝　去，口都　尝烂　呱，背□　啊终于寻　滴咯伊叶叶

·ko。i⁵³nian²² tʃʻie⁴⁴ xei²² təu⁴⁴ ie²¹ ie⁴⁴ tso²¹ ʃy⁵³ ʃy⁵³, tsu⁵³ tʃʻie⁴⁴ i⁴⁴ tao⁵³ mai³³ ·ke nəu⁴⁴ pan⁴⁴,
·ko。伊弄起　很多叶叶榨　水水，煮起一斗　米嘅糯　饭，

pan⁴⁴ ·le tsiəu⁴⁴ sʅ³³ xai²² ·ke。i⁵³ tsʅ⁴⁴ka⁴⁴xai²² ʃiəu²² ·ko i⁴⁴ u⁵³, kʻo³³ tao⁵³ ti³³ iəu³³ mao²¹
饭　哩就　是　黑　嘅。伊自家还尝　呱一碗，看到底有冇

iəu³³ tu³¹²。 i⁵³ ie³¹² ·ko mei³³ pan⁴⁴, ti³³ ni⁴⁴ŋ³¹² ti²¹ tʃʻie⁴⁴, xa⁴⁴, xei⁵³ ·le ti²² pu⁴⁴ tei⁵³,
有毒。伊食　呱□那饭，第二日直　起，哈，好　哩□不倒，

tsin⁴⁴ ʃin²² xei⁵³ ·le u⁵³, tsiəu⁴⁴ sin³³ ·le mei²¹ i⁵³ sʅ³³ xei⁵³ toŋ³³ si⁴⁴。i⁵³ tsiəu⁴⁴ saŋ³³ tʃʻie⁴⁴ ʃi³³,
精　神　好　哩巫很。就省　哩□伊③是好东西。伊就　送起去，

pan⁴⁴li³³ ·le tsiəu⁴⁴ tsəu²² tʃʻie⁴⁴ i⁴⁴ po⁵³ tei⁴⁴。 tsʻa⁴⁴kuai⁵³ ·le sai⁴⁴ tʃʻie⁴⁴ kəu²¹ nəu⁴⁴ pan⁴⁴
饭里　哩就　藏　起一把刀。　差　□　哩□看起咯糯饭

---

① 背□pei³³saŋ⁵³：后来。

② 咯伊kəu²¹i⁵³：这个（人）。

③ □伊mei²¹i⁵³：那个。

$s\underset{\textvert}{}^{33}xai^{213}$ ·ke, i^{53} $tsi\vartheta u^{44}$ ma^{213} ·le ie^{312}, i^{53} ka^{44} ka^{44} $tsi\vartheta u^{44}$ ie^{312} ·ko pan^{44}。pei^{33}
是　黑　嘅。伊　就　麻_{没有}　哩食，伊哥　哥　就　食　呱饭。背

$sa\eta^{53}$ ·a, $i^{53}ka^{44}$ ka^{44} $tsi\vartheta u^{44}$ to^{44} $\mathfrak{tf'ie}^{44}$ $pan^{44}li^{33}$ mei^{21} po^{53} tei^{44}, $\int ia^{21}$ ·ko $ts'a$
□　啊，伊哥　哥　就　担_拿　起饭里　□_那把刀，杀　呱差

$kuai^{53}$ ·le $tsi\vartheta u^{53}$ $tsao^{53}$ ·ko $\mathfrak{tf'y}^{21}\int i^{33}$ ·ko。$i^{53}mei^{33}$ mei^{33} uei^{53} $liao^{33}$ ian^{33} fu^{53} ka^{44} ka^{44}
□　哩就　走　呱出去呱。伊妹　妹　为　了　掩护哥　哥

$tsao^{53}$ ti^{213} $kuan^{44}$ fu^{53} $\int ia^{213}$ ·ko。$tsi\vartheta u^{44}$ pa^{53} ko^{21} ti^{33} $\mathfrak{tf'i}^{53}$ ti^{22} ·le, to^{44} $s\underset{\textvert}{}^{33}$ $\mathfrak{\eta}^{33}$ pa^{213}
走　□_被官　府杀　呱。就　把　咯滴起□^①哩，担_把四月八

tin^{53} uei^{22} ku^{44} $nia\eta^{22}$ $\mathfrak{tfie}^{213}$。mei^{33} ne^{22} $ta\eta^{44}$ ·ko $s\underset{\textvert}{}^{33}$ $\mathfrak{\eta}^{33}$ pa^{213}, $ka^{44}ka^{44}$ ·le $xa\underset{\textvert}{}^{33}ie^{33}$
定为姑娘　节。　每年　到　呱四月八，　家　家　哩哈要

$to^{44}i^{53}$ ·ke $niou^{33}$ ($ko^{33}\mathfrak{tf'y}^{21}\int i^{33}$ ·ke $niou^{33}$) $tsai^{21}ki^{44}la^{22}ku^{33}$ $tsai^{213}$, $ie^{312}xai^{21}pan^{44}$
担_把伊嘅女　（嫁　出　去　嘅女）　接归来过节，食黑　饭。

三、生活故事

（一）苏家塝^②的来历

ηou^{33} $la^{22}kou^{53}$ i^{21} $kou^{53}\eta ou^{33}$ ·li $su^{44}ko^{44}pa\eta^{53}$ ·ke $tsu^{53}ko\eta^{44}$ ·ke $lai^{22}i\vartheta u^{33}$。$\eta ou^{33}$ ·li
我　来讲　一讲　我　咧苏家　塝　嘅祖公　嘅来由。　我　咧

$sin^{33}su^{44}$ ·ke ·le $tsuei^{53}kei^{44}$ ·ke $tsu^{53}ko\eta^{44}$ ·le $s\underset{\textvert}{}^{33}su^{44}u^{33}$, ηou^{33} ·li $s\underset{\textvert}{}^{33}pa^{53}su^{44}u^{33}\mathfrak{tf'i}^{53}ti^{22}$ ·ke。
姓苏　嘅　哩最　高　嘅祖公　哩是苏武，我　咧是把_从苏武起□_头嘅。

$ta\eta^{44}$ ·ko $ts\underset{\textvert}{}^{21}\mathfrak{\eta}^{33}ta^{44}$ ·le $tsi\vartheta u^{44}s\underset{\textvert}{}^{33}\mathfrak{tf'ia\eta}^{44}y^{53}ko\eta^{44}$。$\mathfrak{tf'ia\eta}^{44}y^{53}ko\eta^{44}tei^{33}yuan^{22}ts\underset{\textvert}{}^{53}e^{53}ne^{22}$ ·ke
到　呱十五代　哩　就是　昌裕公。　昌裕公在　元至二年嘅

$s\underset{\textvert}{}^{22}\mathfrak{tfin}^{21}xo\eta^{53}ts\underset{\textvert}{}^{33}kai^{33}in^{33}yn^{33}\mathfrak{tfi\vartheta u}^{44}fu^{33}$ ·ke $\mathfrak{tfin}^{53}\mathfrak{tfi\vartheta u}^{44}\mathfrak{tfy}^{53}pu^{33}$。$tei^{33}i^{53}\int i\vartheta u^{33}in^{53}$ ·ke $s\underset{\textvert}{}^{22}\mathfrak{tfin}^{44}$
时辰奉　旨改任永　州　府　嘅靖　州主簿。在伊上　任　嘅时辰

·le $tsi\vartheta u^{44}y^{22}$ $s\underset{\textvert}{}^{53}ts'uan^{53}$ ·ti ·ko $\mathfrak{tfin}^{22}i\vartheta u^{33}lia\eta^{53}$, i^{53} ·li $tsi\vartheta u^{44}ts'ao^{53}fan^{53}$, $s\underset{\textvert}{}^{33}lu^{44}$ ·le $tsi\vartheta u^{44}$
哩就　□□^③撞　滴呱　陈友谅，伊咧就　造反，四路　哩就

$mao^{21}t'o\eta^{44}$, $\mathfrak{tf'ia\eta}^{44}y^{53}ko\eta^{44}$ ·le $\int i\vartheta u^{33}in^{53}tsi\vartheta u^{44}mao^{21}tei^{213}\int i^{33}$ ·la。$ts\underset{\textvert}{}^{53}xei^{53}ts'o\eta^{22}u^{33}ka\eta^{44}$
冇　通，　昌裕公　哩上　任就冇得去　啦。只好从　武冈

---

① 起□ $\mathfrak{tf'i}^{53}ti^{22}$：开始。

② 苏家塝：今属于绥宁县关峡苗族乡茶江村。

③ □□ y^{22} $s\underset{\textvert}{}^{53}$：刚巧。

fan⁴⁴ku³³xoŋ⁴⁴məu²¹lin³³, pa⁵³xoŋ⁴⁴məu²¹lin³³ ·le tsiəu⁴⁴taŋ⁴⁴ ·ko kei⁴⁴pe²², tei³³kei⁴⁴pe²²
翻 过 枫　木 岭①，把 枫　木　岭 哩就 　到 呱高坪②，在 高坪

ləu³¹²·ko ko⁴⁴。i⁵³tei³³kei⁴⁴pe²² ·le tsiəu⁴⁴iəu³³ ·ko sɿ³³ kəu³³tsai⁵³, ŋəu³³·li sɿ³³i⁵³ ·ke ti³³sɿ³³
落 呱家。伊 在 高坪 哩就 养 　呱四 个 崽，我 咧是 伊 嘅第 四

kəu³³tsai⁵³ ·ke xao³³ta⁴⁴。taŋ⁴⁴ ·ko so⁴⁴tsɿ²¹ i²¹³ta⁴⁴ ·le, i⁵³sɿ³³ ·ke tsai⁵³t'ao⁴⁴koŋ⁴⁴la²² ·ko ·la。
个 崽 嘅后代。到 呱三十一代 哩,伊是 嘅再韬 公来 呱啦。

ŋəu³³·li tsai⁵³t'ao⁴⁴koŋ⁴⁴ ·le, i⁵³ sɿ³³ʧy⁵³tei³³ta⁴⁴tiəu²¹³, ta⁴⁴tiəu²¹yuan²²lai²²sɿ³³ ʧie³³ʧin²²tiəu²¹
我 咧再 滔 公 哩,伊是 住在 大竹③, 大竹 原来 是 叫 金竹

faŋ⁴⁴, tsai⁵³t'ao⁴⁴koŋ⁴⁴ ·le tsiəu⁴⁴pa⁵³ʧin²²tiəu²¹faŋ⁴⁴ ·le ʧ'ian⁴⁴ ·ti ·ko tiəu²¹lin²²pe²²,
坊, 再 滔 公 哩就 把从金 竹 坊 哩迁 滴呱竹 林坪,

tiəu²¹lin²²pe²² ·le tsiəu⁴⁴sɿ³³ŋəu³³ ·li ʃian⁵³tsai⁵³ ·ke su⁴⁴ko⁴⁴paŋ⁵³ ·la。pa⁵³tsai⁵³ t'ao⁴⁴koŋ⁴⁴
竹 林坪 哩就 是 我 咧现 在 嘅苏家 螃 啦。把 再 滔公

i⁴⁴la²² ·le, tei³³su⁴⁴ko⁴⁴paŋ⁵³ ·le fa²¹ŋ²²fa²¹ ·le xoŋ⁵³, ʃian⁵³tsai⁵³sɿ³³ fa²¹taŋ⁴⁴so⁴⁴
一 来 哩，在 苏家 螃 哩发人发 哩狠, 现 在 是 发 到三

po²¹təu⁴⁴ŋ²²k'ao⁵³ ·la, iəu³³liəu²¹tsɿ³¹²təu⁴⁴fu⁵³ŋ²², tsiəu⁴⁴sɿ³³ k'ao³³ ·ti tsu³³te⁴⁴
百 多人 口 啦，有 六十 多户人, 就 是 靠 滴做田

ie²¹pan⁴⁴。u⁵³tei³³ko²¹sɿ²²ʧin⁴⁴ ·le, i⁴⁴ pan⁴⁴ ·ke, ne²²ts'e⁴⁴ ·ke tsiəu⁴⁴ʧ'y²¹ʃi³³
食 饭。□ 在 略 时辰 哩, 一 般 嘅, 年 轻 嘅就 出 去

ma³³xa⁴⁴ta⁵³koŋ⁴⁴ʃi³³ ·ko, ʃian⁵³tsɿ³³lei³³ta⁴⁴ŋ²²tei³³u²¹li³³, ʃian⁵³tsai⁵³ko²¹sin⁴⁴xo²¹³ ·le
外 □④打工 去 呱, 现 只 老大人⑤在 屋里, 现 在 略 生活 哩

ku³³ ·le xei⁵³xei⁵³。
过 哩很 好。

（二）走日本

ŋəu³³la²²kəu⁵³i⁴⁴kəu³³ku⁵³sɿ³³ ·a, tsiəu⁴⁴sɿ³³kəu⁵³ŋəu³³tie⁴⁴tie⁴⁴ʃiəu⁵³li³³tsao⁵³i²¹pin³³
我 来讲一个 故 事啊, 就 是 讲我 爹 爹 手 里走日 本

·ke sɿ³³。ŋəu³³ŋ³³sy³³ ·ke sɿ²²ʧin⁴⁴, iəu³³i³³:⁴⁴:io⁴⁴tao²¹ ·a, i²¹pin³³kuei³³sɿ³³tsiəu⁴⁴la²² ·ko ·a,
嘅事。我 五岁 嘅时辰, 有 一夜头 啊,日 本鬼 子就 来 呱啊,

tsiəu⁴⁴to⁴⁴ŋəu³³sai³³tie⁴⁴ ·le tsiəu⁴⁴tso²¹ʧ'ie⁴⁴。ŋəu³³sai³³tie⁴⁴ ·le tsiəu⁴⁴lei³ʃi²¹te²¹³pu³³te²¹³liao³³,

---

① 枫木岭：今属绥宁县。
② 高坪：今属于绥宁县。
③ 大竹：今属于绥宁县。
④ 外□ma³³xa⁴⁴：外面。
⑤ 老大人 lei³³ta⁴⁴ŋ²²：老年人。

就　担把我细爹　哩就　捉起。　我　细爹　哩就　老实得不得了，
i⁵³tsiəu⁴⁴kəu⁵³ʃi³³pei³³ ŋəu³³tai³³tai³³ʃi³³ ·tsa, tsiəu⁴⁴lin³³ʧʻie⁴⁴i²¹pin³³ ŋ²² taŋ⁴⁴ŋəu³³u²¹li³³。
伊就　讲去报　我　弟弟去喳，就　领　起日本人到　我屋里。
xo⁵³kʻue⁴⁴maŋ²², ŋəu³³tie⁴⁴tie⁵³kʻue⁴⁴maŋ²², xei⁵³！tsiəu⁴⁴to⁴⁴ŋəu³³ tie⁴⁴tie⁴⁴tso²¹ʧʻie⁴⁴,
喊　开门，　我　爹爹打　开门，　好！　就　担把我爹爹　捉　起,
liəu³³kəu³³təu⁴⁴tso²¹ʧʻie⁴⁴ ·ko。paŋ⁵³ŋəu³³təu³³ʧie⁴⁴tao²¹fan⁴⁴ti²¹ʧʻie⁴⁴ ·a, ue⁵³！tie⁴⁴tie⁴⁴
两个都捉　起呱。□等我　昼朝头①翻　直起啊，喂！爹爹
mao²¹kʻo³³ ·ti ·ko, a⁴⁴tsi⁴⁴mao²¹kʻo³³ ·ti ·ko, ŋəu³³tsiəu⁴⁴tei⁴⁴u²¹maŋ²²xao⁵³xaŋ³³ku³³ʃi³³
冇看　滴呱，阿姐冇看　滴呱，我　就在屋门口行过去
xaŋ²²ku³³la²²。pei³³saŋ⁵³ ·a, ŋəu³³sai⁴⁴ ·ti lin²²ko⁴⁴təu²¹ ·ke kʻai⁴⁴ ·le ku⁴⁴pəu²²pəu⁴⁴
行　过来。背□　啊,我□看滴龙家　塘　嘅开　哩姑婆婆
la²² ·ko, i⁵³tsiəu⁴⁴ʧiao⁴⁴ʃiəu⁵³, ŋəu⁵³tsiəu⁴⁴tsao⁵³loŋ³³ʃi³³ ·ko, i⁵³lin³³ʧʻie⁴⁴ŋəu³³tsiəu⁴⁴xaŋ³³ ·ko,
来呱,伊就招手,我就走拢去呱,伊领起我就行呱,
xaŋ²² ·ti ʧiəu⁴⁴ʧʻin⁴⁴li³³ʃi³³ ·ko。ŋəu³³tsiəu⁴⁴kʻo³³ ·ti ŋəu³³a⁴⁴tsi⁴⁴。pei³³saŋ⁵³ ·a tsiəu⁴⁴
行　滴姜　冲里②去呱。我　就看　滴我阿姐。背　□　啊就
sin⁵³ ·le, i²¹pin³³ŋ²²la²² ·ko, ŋəu³³təu³³li³³ŋ²²lao²²tsoŋ³³tsao⁵³ʧʻy²¹ʃi³³ ·ko, tei⁴⁴san⁴⁴ʃiəu³³
省晓得哩,日本人来　呱,我肚里人③劳总走　出去　呱,在山上
tsəu²² ·ti。pei³³saŋ⁵³ ·a, liəu²²ʧi⁵³ŋ³¹²tsiəu⁴⁴ki⁴⁴la²² ·ko。
藏　滴。背□　啊,留几日就归来呱。
ŋəu³³tie⁴⁴tie⁴⁴toŋ²²ŋəu³³sai³³tie⁴⁴tsiəu⁴⁴tʻi²¹mei²¹i²¹pin³³ŋ²²tso²¹ʧʻie⁴⁴ʃi³³ ·ko ·la。

　　我　爹爹同　我细爹就　□被□那日本人捉起　去呱啦。
ŋəu³³tie⁴⁴tie⁴⁴tsiəu⁴⁴tʻi²¹³tso²¹ʧʻie⁴⁴taŋ³³u³³iəu²², tei³³u³³iəu²²toŋ²²məu²²li³³xao⁵³xao⁵³
我　爹爹就　□捉起　到武阳,在武阳桐木里④口　口
li³³mei⁴⁴te⁴⁴, mao²¹ʃin⁵³ ·le sʅ³³kan³³te⁵³ŋa⁵³xa³³tei²¹ tsuei⁵³i²¹pin³³ŋ²²pʻo³³sʅ³³ ·a,
里□　颠⑤,冇　省　哩是干点□哈⑥得　罪日本人怕是　啊,
liəu³³kəu³³i²¹pin³³ŋ²²tsiəu⁴⁴tʻo⁴⁴i⁵³ʃi³³mei²¹ kəu⁴⁴pe⁴⁴ʃiəu⁵³tsʻiəu⁴⁴pi⁵³。ŋəu³³tie⁴⁴tie⁴⁴iəu³³
两个日本人就　拖伊去□那江边　上　枪毙。我爹爹又

---

①　昼朝头：早晨。
②　姜冲里：山名。
③　肚里人：村子里的人。
④　桐木里：山名。
⑤　□颠 mei⁴⁴te⁴⁴：那里。
⑥　□哈 ŋa⁵³xa³³：什么。

k'aŋ⁵³ tʃ'ie⁴⁴xaŋ²²məu²¹ts'iəu⁴⁴·ke, i²¹pin³³kuei³³tsʅ³³to⁴⁴mei³³ts'iaŋ³³i³³tʃ'iəu⁴⁴ts'y²¹la²²,
扛 起 行 木 枪 嘅, 日 本 鬼 子 担口那 枪 一 抽 出 来,

ka⁵³sʅ³³i²¹³k'ue⁴⁴ts'iəu⁴⁴·a, ŋəu³³tie⁴⁴i²¹³məu²¹ts'iəu⁴⁴ʃi³³tsiəu⁴⁴to⁴⁴mei²¹³i²¹pin³³kuei³³tsʅ³³
架 势 一 开 枪 啊, 我 爹 一 木 枪① 去 就 担把口那日 本 鬼 子

ta⁵³sʅ⁵³·ko, pei³³saŋ⁵³kəu⁵³pe⁴⁴i⁴⁴kəu⁴⁴·a iəu⁵³siəu³³la²¹ta⁵³, i⁵³iəu³³sʅ³³i²¹³
打 死 呱, 背 口 咯 边 一 个 啊又 想 来 打, 伊 又 是 一

məu²¹ts'iəu⁴⁴ku³³ʃi³³, to⁴⁴liəu³³kəu³³i²¹pin³³kuei³³tsʅ³³tsiəu⁴⁴ta⁵³sʅ⁵³·ko。i⁵³
木 枪 过 去, 担 两 个 日 本 鬼 子 就 打 死 呱。伊

tsiəu⁴⁴tsao⁵³taŋ⁴⁴toŋ²²məu⁴⁴li³³tsin²²tsoŋ³³tsio⁵³fu⁴⁴mei⁴⁴te⁴⁴ʃi³³·ko。ŋəu³³
就 走 到 桐 木 里 秦 钟 姐 夫 口 颠 去 呱。我

sai³³tie⁴⁴·le tsiəu⁴⁴kuai⁵³, i⁵³tsiəu⁴⁴kin⁴⁴·le i²¹pin³³ŋ²²xaŋ²²taŋ⁴⁴u³³kaŋ⁴⁴mei⁴⁴
细 爹 哩就 口背时, 伊 就 跟 哩 日 本 人 行 到 武 冈 口

te⁵³, to⁴⁴to³³·le to⁴⁴·le ie³³sʅ⁵³, tsiəu⁴⁴fa²¹·ko pe⁴⁴, t'i²¹ts'in⁴⁴ts'i³³ta²²tʃ'ie⁴⁴
颠那里,担 担 哩担 哩要 死, 就 发 呱病, 口被亲 戚 抬 起

soŋ³³ki⁴⁴la²²·ko。
送 归 来 呱。

（三）我与根雕的故事

ŋəu³³sʅ³³tei³³tsʅ²¹təu⁴⁴ne²²tse²²tsiəu⁴⁴k'ue⁴⁴sʅ³³kao³³kəu²¹kin⁴⁴tiao⁴⁴·ke,
我 是 在 十 多 年 前 就 开 始 搞 咯 根 雕 嘅,

in⁴⁴uei³³ŋəu³³·le sʅ³³kəu³³ "tsʅ²¹pu⁴⁴tʃyan²²", pai²¹kəu³³·le xa²¹tʃ'in⁴⁴tsan⁵³ŋəu³³sʅ³³
因 为 我 哩是 个 " 十 不 全 ", 别 个 哩哈 称 赞 我 是

təu⁴⁴me⁴⁴ʃiəu⁵³。ŋəu³³·le tsiəu⁴⁴tei³³liu²¹tsʅ³¹²təu⁴⁴te⁵³·a·ke sʅ²²tʃin⁴⁴·le, ŋəu³³tsiəu⁴⁴
多 面 手。 我 哩就 在 六 十 多 点 啊嘅时 辰 哩,我 就

siəu⁵³tʃ'i⁵³kao³³kin⁴⁴tiao⁴⁴, siəu⁵³tʃ'i⁵³kao³³ŋəu³³tsiəu⁴⁴kao³³, ŋəu³³iəu⁴⁴mao²¹·le sʅ⁴⁴
想 起 搞 根 雕, 想 起 搞 我 就 搞, 我 又 冇 哩师

fu³³pei³³·ke。ŋəu³³tsʅ⁴⁴·ke ʃi³³san⁴⁴ʃiəu⁴⁴ua²¹tao⁴⁴tao⁴⁴, ŋəu³³iəu⁴⁴ma⁴⁴ma³³pai²¹kəu³³
傅报告诉嘅。我 自 嘅去 山 上 挖 蔸蔸树根,我 又 麻没买 别 个

·ke tao⁴⁴tao⁴⁴。tsiəu⁴⁴sʅ³³kəu³³tsa²¹ʃi³¹²te⁵³·ke tʃia²²tsiəu⁴⁴k'o³³i³³·la, iəu⁴⁴ma²¹i²¹³tin⁵³sʅ³³
嘅蔸蔸。 就 是 咯 扎 实 点 嘅柴 就 可 以 啦, 又 麻没一 定 是

ioŋ⁴⁴ŋa⁵³xa³³kao⁴⁴tʃi²¹³·ke məu²¹ts'ai²², in⁴⁴uei³³ŋəu³³·li kəu²¹ti⁴⁴xəu⁴⁴tsʅ⁵³iəu³³kəu²¹

---

① 木枪：一种两头尖用来挑柴、草的农具。

用 □哈①高级 嘅木材, 因为 我 咧咯 地方 只有 咯
·ti tsʻai²²liao⁵³ ·la, so³³i³³ ·le tsiəu⁴⁴suei²²pian⁵³sʐ³³ŋa⁵³xa³³tsu⁴⁴təu³³kʻo³³i³³。tsʐ⁵³
滴②材料 啦, 所以 哩就 随 便 是□哈树都可以。只
ie³³sʐ³³mei⁴⁴xaŋ²²tsu⁴⁴tiəu³³te²¹ʧʻi²²ʃin²²kuai³³tsuaŋ⁵³, xei⁵³kʻo³³, kəu²¹kəu³³tao⁴⁴tao⁴⁴
要是 □ 行树 长得 奇形 怪 状, 好看, 咯个 蔸蔸
ŋəu³³tsiəu⁴⁴ua²¹ʧʻie⁴⁴, to⁴⁴ki⁴⁴la²² ·le, tsiəu⁴⁴kəu²¹³ ·ko pi²², tsiəu⁴⁴tei³³ŋa⁵³xa³³tsiəu⁴⁴
我 就挖起, 担归来哩, 就 割 呱皮, 就 倒□哈就
niaŋ⁴⁴te⁵³ŋa⁵³xa³³, tsiəu⁴⁴ʧin²²liao³³ʃin²², tsiəu⁴⁴sʐ³³ko²¹ ·ti niaŋ⁴⁴ ·ke。kao³³kin⁴⁴tiao⁴⁴
□做点□哈, 就 成了 形, 就是 咯滴□做 嘅。搞根 雕
·le, ni³³ie³³sʐ³³tie⁴⁴ʧʻie⁴⁴ ·ko, xai²²ie³³te²¹tsao³³ma³³ ·le。in⁴⁴uei³³ŋəu³³ ·li ti⁴⁴xəu⁴⁴
哩, 你要是雕起 呱, 还要得 找买哩。因 为 我 咧地方
·le tse²²man²²kun⁵³nan²²。ie³³sʐ³³kəu³³i²¹pan⁴⁴ ·ke ŋ²² ·le, io³³xai²²ma³³pu⁴⁴ʧʻi⁵³。
哩钱蛮困 难。 要是咯一般 嘅人哩, 也还买 不起。
ni³³kəu⁵³so⁴⁴tsʻe⁴⁴kʻuai⁵³tse²² ·le, i⁵³tsiəu⁴⁴tʻi²¹xo²¹ti³³ ·ko, ma²¹ie³³ko。tsʻuaŋ⁵³ʧʻie⁴⁴
你讲 三千 块 钱 哩,伊就 □被吓滴 呱, 麻ㄟ不要呱。撞 起
mei²¹se²¹³ ·ke lao³³pan³³ ·ko ·a, mei²¹tsiəu⁴⁴xei⁵³ma³³ ·la, pi³³y²², ŋəu³³tie⁴⁴ ·ko
□那色嘅老板 呱啊, □那 就 好买啦, 比如, 我雕 呱
kəu³³ue²²xao²², tsʐ⁵³iəu³³liəu³³ʧʻio²¹təu⁴⁴kei⁴⁴, iəu⁴⁴mao³³ ·le xei⁵³ta⁴⁴ ·le, i⁵³sai⁴⁴ ·ti
个 猿猴, 只有 两 尺多高, 又 冇 哩好大哩,伊□看滴
·ko, ŋəu³³xo⁵³sʐ³³tsʻe⁴⁴kʻuai⁵³tse²², i⁵³tsiəu⁴⁴ʧʻy²¹ ·ko so³³tsʻe liəu²¹po²¹³kʻuai⁵³tse²²,
呱,我 喊四千 块 钱,伊就 出 呱三千六 百 块 钱,
tsiəu⁴⁴ma³³ ·ko ʃi³³ ·ko。tan⁵³sʐ³³iəu³³ ·ti ·le, tie⁴⁴ ·le ie³³ʃi⁵³, iəu³³xei⁵³ta⁴⁴, ni³³xo⁵³
就 买 呱去呱。但 是有 滴哩, 雕 哩要死, 又很 大,你喊
ʧi³³tsʻe⁴⁴kʻuai⁵³tse²² ·le, pai²¹kəu³³ie³³xai²²ma²¹ie³³。kəu²¹ ·ti tsiəu⁴⁴sʐ³³kʻao⁴⁴ ·ti tsʻuaŋ⁵³
几千 块 钱 哩, 别个 也还 麻ㄟ不要。咯 滴就 是靠 滴撞
lao³³pan³³。pu⁴⁴ko⁵³ ·le, ŋəu³³kəu²¹ ·ti toŋ⁴⁴si⁴⁴ ·le tie⁴⁴ʧʻi⁵³la²² ·ko, i²¹pan⁴⁴təu³³ma³³ ·ko。
老板。 不过 哩,我咯 滴东西哩雕起来 呱, 一般都 卖 呱。

---

① □哈 ŋa⁵³xa³³: 什么。
② 咯滴 kəu²¹ ·ti: 这些。

附录　绥宁（关峡）苗族平话入声变异研究①

摘要　绥宁（关峡）苗族平话的入声老派分阴阳入，新派阴阳入合并，阳入归到阴入。入声的合并是内外部因素共同作用的结果，调型相似是合并的内在条件，语言接触是促发变异的外在动力，年龄、性别、文化程度等都是与变异相关的社会因素。

关键词：入声变异　语言接触　社会因素

1. 问题的提出

湘西南苗族"平话"是湘桂交界地区的绥宁、城步、新宁、龙胜等县市的部分苗族群众用于日常交际的一种汉语方言，但与周边其他汉语方言难以沟通，因此，"平话"人多能说 2 至 3 种周边其他方言，随着普通话的推广，大多数"平话"人还会说程度不一的普通话。

笔者在绥宁县关峡苗族乡茶江村苏家塝调查平话的时候，首先是在一个家庭内部发现了入声调的读音差异。苏成英，男，苗族，65 岁，是这个家族的祖父辈，也是笔者的主要发音人，他的入声分阴阳，例如：百≠白、桌≠浊等，这样，他的声调系统有阴平、阳平、上声、去声、阴入、阳入六个调类。根据苏老的声调录音采样，我们利用南开大学开发的 minispeechlab（桌上语音工作室）软件做出的声调格局图如图 1：

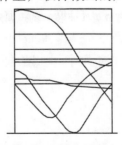

图 1：苏成英（65 岁）的声调格局图

---

①　原作发表于《中国社会语言学》2010 年第 1 期，这里略有改动。

根据图1，我们可以看到苏老的声调格局中有六个调类。在声学实验中，我们在每个声调选取9个测量点，就得到 T 值数据，根据 T 值计算公式，T 值取值范围只能在0到5之间。T 值跟五度值之间的对应关系为：从0到1之间大体可以看作五度值的1度，1到2之间看作2度，2到3之间看作3度，3到4之间看作4度，4到5之间看作5度。限于篇幅，我们这里只比较调型相似的阴入和阳入两组的 T 值数据：

①阴入调（213）

五度值（T 值）：2.0　1.5　1.0　0.7　1.2　1.8　2.3　2.7　2.9

阴入是一个主要位于调域下半部分的曲折调，它的特点可以用"低"和"凹"来概括。起始部分有些下降，末尾部分上升到声调的最高值。起点 T 值为2.0，第四个点最低，是折点，T 值为0.7，终点 T 值为2.9，由此，调值可以记为213。

②阳入调（312）

五度值（T 值）：2.6　2.3　1.5　1.0　0.4　0.1　0.7　1.5　2.0

阳入的调型和阴入是一样的，也是可主要位于调域下半部分的曲折调，但和阴入调不同的是，阳入的 T 值最高点在起点，然后下降到第六点时最低，T 值只有0.1，尾部 T 值上升到2.0。由此，可以记为312。

下面是每一组的声调分解图：

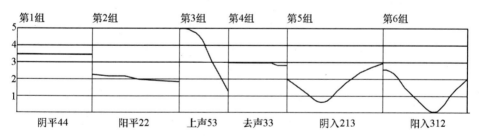

图2：苏成英（65岁）的声调分组图

根据发音人苏老的自我感觉，记音人的听辨，再加上语音实验的证实，我们确定苏成英老人的入声是分阴阳的，而且是成系统的对立，清入字含少部分次浊入字归阴入，大部分次浊入字和全浊入字归阳入，因此形成以下几组字的对立：

百 po²¹³ ≠ 白 po³¹²　　　桌 tsəu²¹³ ≠ 浊 tsəu³¹²

乙 ie²¹³ ≠ 食 ie³¹²　　　剥 pəu²¹³ ≠ 薄 pəu³¹²　　　抹 mo²¹³ ≠ 麦 mo³¹²

但是我们在继续调查时却发现，苏成英老人的儿孙辈的入声是不分阴阳的，例如他的侄子苏仁和，他的孙子苏瑞清、孙女苏媛菊都是如此。

这样我们发现苏成英老人认为有区别的字，在儿孙那里都成为同音字，具体是浊入归入清入，如：

百 po^{213}＝白 po^{213}　　桌 tsəu^{213}＝浊 tsəu^{213}　　乙 ie^{213}＝食 ie^{213}

有趣的是，为此苏老和他的子孙们还起了争执，都认为对方读得不标准，较真的苏老还带着我走访全村，寻找他的"支持者"，按苏老的话说："现在的人说话都说不清楚了。"在随后的调查中我们发现入声在苏家塝这个地方确实存在变异。如果把入声看作是一个"语言变项"的话，那么它在苏家塝这个言语社区有两个变素（variant）：一个是入声分阴入、阳入；一个阴入、阳入合并成一个入声调。所谓变素，即变异（variable）的实际存在形式（陈松岑，1999）。于是，我们决定用社会语言学的方法对这一变异现象进行定量分析。

2. 入声变异的社会语言学调查

2.1　受访者的基本情况

我们对茶江村苏家塝的 105 人进行了偶遇抽样，下面是受访者的基本情况：

（1）性别：男 77 人；女 28 人。

（2）年龄：65 岁以上 15 人；50-64 岁 22 人；30-49 岁 25 人；18-29 岁 11 人；17 岁以下 32 人，共计 105 人。

（3）文化程度：以小学、中学文化为最多，呈两头尖中间大的趋势。

（4）职业：农民 70 人，干部 2 人，教师 1 人，学生 32 人。

（5）第一语言和会说几种话：母语为平话的 104 人，只有 1 人的母语是武阳话。只会说 1 种话的为 3 人，会说 2 种话的 79 人，会说 3 种话以上的 23 人。

2.2　调查内容和统计结果

我们分别在清入和浊入中选择了八对在平话中同声同韵的字，问被调查者这几组字是否同音。为了避免发音人看到字后受书面读音的影响，我们尽量采用组词（被试字为首字）口头询问的办法，比如：

调查者问：百岁的百和白菜的白是同音字吗？

被调查者答：同音（或不同音）。

调查者又问：完全相同吗？（或者是哪里不同呢？）

被调查者再接着回答是完全相同，或者声调不同等。

以下就是八组对比字：

百（百岁）——白（白菜）　　　桌（桌子）——浊（浊水）

乙（乙等）——食（食饭）　　　毒（毒药）——读（读书）

剥（剥皮）——薄（厚薄）　　　摘（摘棉花）——择（择菜）

抹（抹桌子）——麦（麦子）　　绿（绿色）——六（六个）

需要说明的是：次浊入字在入声分阴阳的那派中，一部分归了阴入，一部分则归了阳入，所以也形成了对立，如上述抹与麦、绿与六等。以下为调查得到的统计结果：

表1　八组入声对比字同音与否的统计

比字 / 人数	百—白		桌—浊		乙—食		剥—薄		摘—择		毒—读		抹—麦		绿—六	
	同音	不同音	同音	不同音	同音	不同音	同音	不同音	同音	不同音	同音	不同音	同音	不同音	同音	不同音
分布	87	18	87	18	87	18	88	17	90	15	89	16	88	17	93	12
合计	105		105		105		105		105		105		105		105	

如表1所示：在调查的105人中，有18人认为清入和浊入在声调上是有对立的，如百 po^{213} ≠ 白 po^{312}、桌 tsəu^{213} ≠ 浊 tsəu^{312}、乙 ie^{213} ≠ 食 ie^{312}，这三组字在这18人中是被认为不同音的。因此从数据上来说，至少是17%的人还保持了入声的清浊对立，而83%的人入声已经合并。

我们在调查中还发现：在这18个入声有分阴阳的人中，部分字组在部分人身上也出现了合流的现象。例如：其中认为这八组字中的"剥—薄""抹—麦"是同音字的有1人次，认为"毒—独"同音的是2人次，认为"摘—择"同音的是3人次，认为"绿—六"同音的是6人次，结果这18人中认为八组字全部对立的只有12人，可见，入声合并在茶江村苏家塝中已成主流趋势，而入声分阴阳则成为弱势。

2.3　影响入声变异的社会因素试析

入声的舒化、消失是古入声今音的主要变化趋势，入声舒化的关键是塞音韵尾消失和短调的延长；接着是入声从不分阴阳直到完全消失，这是汉语语音发展的主要趋势。

绥宁县关峡乡茶江村苏家塝的入声从分阴入、阳入到入声合并显示了入声发展轨迹中的一个阶段，这似乎是来自语言内部的变异，那么它是否与一定的社会因素有关呢？任何语言的历时变化总是有某些社会原因作为该变化的启动力量（陈松岑，1999）。因此，要了解苏家塝入声变异的原因，还得从语言外部来寻找答案。

2.3.1　年龄、性别、文化程度等因素对入声变异的影响

为了看到入声变异在性别、年龄、文化程度等项目上的分布，我们选择其中在所有入声还保持阴阳分立的人中都是不同音的一组字如"桌—浊"来进行分析，如表2所示：

表2　性别与入声变异的关系

性别 ＊ 桌与浊 Crosstabulation

Count

		桌与浊		Total
		同音	不同音	
性别	男	60	17	77
	女	27	1	28
Total		87	18	105

上表说明入声还保持对立的绝大多数为男性。需要说明的是，在105名的被试人中，女性为28人，根据母语的情况来看，有104人的母语为"平话"，另剩一个母语为武阳话的人为男性，因此，这里就排除了女性被试人为外地嫁入本村，母语非本村方言的情况，说明本调查被试女性均为本村人，或本乡外村嫁入但母语仍是"平话"的人；也说明性别对入声的变异有重要的影响。

为了进一步考察男性入声变异的情况，我们根据年龄、文化程度等对男性被试进行了分组，下面是分组考察的结果，如表3、表4、表5所示：

表3　年龄、文化程度（男性）与入声变异的关系

年龄 ＊ 桌与浊 Crosstabulation（男性且没上过学）

Count

		桌与浊		Total
		同音	不同音	
年龄	30岁至49岁	1	0	1
	50岁至64岁	0	1	1
	65岁以上	1	2	3
Total		2	3	5

表4　年龄 ＊ 桌与浊 Crosstabulation（男性且小学文化）

Count

		桌与浊		Total
		同音	不同音	
年龄	17岁（含）以下	6	0	6
	30岁至49岁	6	0	6
	50岁至64岁	8	2	10
	65岁以上	3	8	11
Total		23	10	33

表5　年龄＊桌与浊 Crosstabulation（男性且中学文化）

Count

		桌与浊		Total
		同音	不同音	
年龄	17岁（含）以下	12	0	12
	18岁至29岁	7	0	7
	30岁至49岁	7	2	9
	50岁至64岁	7	1	8
	65岁以上	0	1	1
Total		33	4	37

注：男性且大专以上文化的被试有2人，其"桌与浊"同音。

根据上述三幅图表，我们可以看到：阴阳入保持对立的现象多存在于文化程度在小学及以下，年龄在65岁以上的老龄男性之中。也就是说，性别、文化程度、年龄都是影响入声变异的社会因素。

2.3.2　身份认同感对入声变异的影响

在调查中我们发现，这些老年男性由于文化程度较低，加之年龄偏大，因此很少外出，与外界接触较少，这大概是他们语言演变滞后的主要原因。同时，他们在家中往往又是德高望重的一家之主，民族认同感很强，母语意识强烈，认为"平话"是祖祖辈辈传下来的，"平话"就是"苗话"，是他们之所以是苗族的一个显著标记。正是这种强烈的身份认同感，使得他们很维护平话的"纯正性"。

表 6 平话态度与入声分立的关系

平话看法 * 桌与浊 Crosstabulation

Count

		桌与浊		Total
		同音	不同音	
平话 看法	优雅好听	24	14	38
	普通	23	2	25
	不优雅好听	37	2	39
	说不清	3	0	3
Total		87	18	105

依上表可见，在 18 个入声保持分立的人中，却有 14 人（77%）认为平话是"优雅好听"的，这个比例远远高于入声已经合并的数据。调查中，以苏成英为代表的这些老人们对现在大部分人"桌、浊"不分的现象表示不满，他们一再对笔者表示：现在的人说的平话已经不纯了，不标准了。

通过语言变异的研究，语言的历时变化可以在共时的变异中得到体现，这也就是社会语言学家提出的所谓"用现在说明过去"。茶江村苏家塝这一"进行中的入声变化"除了与文化程度、性别等因素有关外，最主要的相关社会因素就是年龄了。游汝杰、邹嘉彦（2004：31）指出：调查、记录和比较语言的年龄差异（age grading）是研究语言微观演变的极其重要的途径。语言变化与年龄相关的标准模型是：在最年长的一代人话语中，出现了少量的某一变式；在中间一代人的话语中，该变式的出现频率有所增加；在最年轻的一代人中，这一变式的出现频率最高（徐大明，2006）。

语言的年龄差异是语言的时间差异的反映。不同年龄的人在某种程度上代表了不同的时间，不同年龄人的语言状况也就代表了不同时间上的语言状况（王士元，2002）。下面我们就以"桌—浊"在平话中不同年龄段的分布为例：

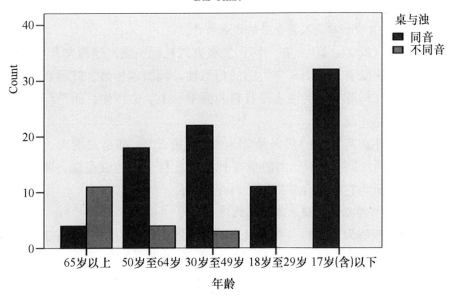

图3：入声变异在年龄层次上分布

我们按年龄把被调查人分成几组：65 岁以上划为老年（1），50 岁至
64 岁划为老年（2），30 岁至 49 岁划为中年，30 岁以下是青年。我们可以
看到入声变异在年龄层次上微观演变：

年龄差异	老年（1）	老年（2）	中年	青年
入声变异（桌—浊）	不同音（多）	不同音（少）	不同音（少）	同音
	同音（少）	同音（多）	同音（多）	

在第一老年组中，尽管"桌—浊"有别的人数多于"桌—浊"同音
的，但也说明入声合并的现象在最老派中已经少量出现了，到第二老年组
中，认为"桌—浊"同音的人数就渐渐超过了认为二者有别的人数了。中
年组这种人数对比的差距就更大了，而在年轻一代中已经找不到能区分
"桌"与"浊"的人了。

茶江村苏家塝的入声变异显示了一个共时状态下的语言变异，这个变
异的方向和结果是可以预测的。当一个言语社区中的大部分成员采用了新
的语言形式（如入声合并），只有少数老派还坚持旧的形式（如入声分
立），随着这个新的语言形式进一步扩展，它就会慢慢普及到同一社区中
的全体成员，使这一变化最终完成。由此，我们看到了语言共时的变异，
实际上反映了语言的历时的演变。

3 茶江村苏家塝平话的入声变异是内外因素共同作用的结果

3.1 调型的相似是入声合并的内在条件

王士元（2000：270）在《声调发展方式札记一则》这篇文章中提出：声调系统的演变看来主要来自听感的相似性，调型越相似，就越有可能发生合并。茶江村苏家塝的浊入没有归并到平、上、去声中，而是与清入合并也证实了这一观点。

如前所述，苏家塝的阴入是 213，阳入是 312，都是曲折调。单独地听，常常会听成同一个调，往往需要比字才能区分。也就是说，阴入、阳入调型的相似为它们的合并提供了内在的条件。

3.2 语言接触是促使入声合并的外在动力

调型的相似为入声的合并提供了内在可能，但是，语言的演变总是有某些社会因素作为启动的力量的（陈松岑，1999）。要说明这一观点，我们先来看看茶江村苏家塝周边平话的入声情况。

我们前面已经介绍过绥宁县的平话主要分布在关峡苗族乡和长铺苗族乡的李家团、田心等村。我们在这些地方做了一些普查和专项调查，发现入声基本上都是分阴阳的，如以梅口、李家团为例：

	阴平	阳平	上声	去声	阴入	阳入
梅口	44	22	53	33	213	312
李家团	44	22	53	33	213	312

梅口、李家团的声调系统完全一致，但在全浊上和浊去的归并上略有区别。梅口的浊上归阴去，次浊去归阴平，部分全浊去字读如阴入调；李家团的全浊上归入阳入调，浊去归阴平。但不管怎样，从周边方言的情况来看，绥宁关峡一带的平话原本就是分阴阳入的。例如：百—白、桌—浊、剥—薄、抹—麦这几组同声同韵字在梅口、李家团都是有声调对立的。

我们要思考的是：首先，在周边方言的入声分阴阳尚完好保留的情况下，何以茶江村苏家塝却形成了保留一个入声调成优势，而入声分阴阳成弱势的格局了呢？其次，为什么合并的方式是阳入合到阴入里去呢？我们认为这应该和语言接触有关。

茶江村苏家塝平话有文白两个声调系统，如表 7 所示：

表7 平话声调的文白系统

	阴平	阳平	上声	去声	阴入	阳入
白读	44	22	53	33	213	312
	阴平	阳平	上声	去声	入声	
文读	44	13	31	53	213	

上表可以看出：

文读形式：入声合并为一个

白读形式：入声分阴阳

新派无论文白读都只有一个入声调，老派尽管入声白读分阴阳，但在文读中阳入却归了阴入。如表8所示：

表8 入声（浊入）的文白分调

口语词	绝绝代	月月光	薄厚薄	食吃饭	择择菜	独独子
白读音	tse^{312}	ŋei^{312}	pəu^{312}	ie^{312}	tso^{312}	tu^{312}
书面词	绝绝对	月月饼	薄薄情	食食物	择选择	独孤独
文读音	ʧye^{213}	ye^{213}	po^{213}	ʃi^{213}	tse^{213}	tu^{213}

上述文白异读就是我们在对以苏成英老人为代表的老派发音人的调查中发现的。如果说声调合并也是以词汇渐变的形式完成的，那么入声合并率先在一些"雅词"上实现了。

文白异读的产生是受方言间相互接触的影响，也是外来权威方言在本土方言上叠加的结果。苏家塝阳入的文读形式的产生与周边方言的影响有密切的关系。

相对于境内其他平话方言点而言，茶江村苏家塝位于平话的边缘地带，又紧临国道，交通方便，与外方言接触频繁，因此受外方言的影响相对大于多数平话方言点。

就地理位置而言，茶江村苏家塝位于关峡苗族乡的北部，苏家塝往北不到两里就是茶江街，那里的村民说的是"不土不洋"的茶江话（带有部分苗族平话特点的"客话"）。出茶江村往北是珠玉村，珠玉话不属于平话，是平话人眼里的"客话"（实为湘语），再往北就是县内第二大镇——武阳镇，武阳话是绥宁县仅次于县城长铺话的第二大地方话（也属于湘语）。因此苏家塝的村民除母语平话外，都会说一种以上的其他方言，如珠玉话、茶江话、武阳话、县城话或普通话等。

我们先来看看距离最近的茶江话的情况：

茶江话只有四个声调：阴平 44，阳平 13，上声 31，去声 53。

清入字在茶江话中归了阳平：急 ʧi¹³ = 旗 ʧi¹³。

浊入字文读归阳平，白读归去声：学_文 ⊂ʃio 学_白 xəu⊃，白 pʻo⊃。

再看看珠玉话的情况：

珠玉话有五个声调：阴平 55，阳平 22，上声 31，去声 53，入声 13。珠玉话的清入、浊入已经合并为一个入声调，但部分浊入字已归入到去声中。如活 xo⊃，直 tɕʻi⊃，白 pʻa⊃，木 mu⊃等。

再看看武阳话的情况：

武阳话有五个声调：阴平 33，阳平 13，上声 31，阴去 53，阳去 21。武阳话的清入归阴平：雪 ⊂sye，血 ⊂ɕye，骨 ⊂kuai，色 ⊂se，拆 ⊂tsʻa。

浊入归阴去：白 pʻa⊃，直 tʂʻʅ⊃，贼 tɕʻie⊃。

因此，我们看到在茶江村苏家塝周边方圆不到十里的范围内均被湘语所包围，无论是茶江话、珠玉话还是武阳话的入声要么分化，要么合并为一个入声调。离苏家塝最近的茶江话、珠玉话不管是否保留入声，入声字（除部分浊入字外）都读低升调 13。尤其是珠玉话清入、浊入合并读 13 调，在调类的合并和调值上对苏家塝平话造成了明显的影响，使苏家塝平话的入声产生文白异读，文读入声合并，白读仍分阴、阳入。在文读势力的持续影响下，最终苏家塝平话白读层的阳入调也将消失。

综上所述，苏家塝平话阴阳入的合并是一个"正在进行中的变化"，也是一个由语言系统内部条件和外部因素共同作用并主要表现在年龄层次上的共时变异。

参考文献

1. 鲍厚星. 东安土话研究［M］. 长沙：湖南教育出版社，1998.

2. 鲍厚星，陈晖. 湘语分区（稿）［J］. 方言，2005（3）.

3. 陈晖，鲍厚星. 湖南省的汉语方言（稿）［J］方言，2007.

4. 湖南绥宁县志编纂委员会. 绥宁县志［M］. 北京：方志出版社，1997.

5. 湖南师范学院中文系. 湖南省汉语方言普查总结报告［M］. 长沙：湖南师范学院内部石印，1960.

6. 胡萍. 绥宁曾家湾话音韵考察——兼论湘语、赣语过渡地带的语音特征［D］. 长沙：湖南师范大学硕士学位论文，2002.

7. 胡萍. 试论绥宁关峡平话的系属［J］. 邵阳学院学报（社科版），2005（5）.

8. 胡萍. 离散式音变的方言新证——以关峡平话 ou 韵的来源为例［J］. 佛山科学技术学院学报，2005（5）.

9. 胡萍. 湘西南汉语方言语音研究［M］. 长沙：湖南师范大学出版社，2007.

10. 胡萍. 绥宁（关峡）苗族平话入声变异研究［J］. 中国社会语言学，2010（1）.

11. 贺福凌，李艳玲. 湖南绥宁关峡苗族平话的民族语底层词［J］. 云梦学刊，2008（6）.

12. 李蓝. 湖南方言分区述评及再分区［J］. 语言研究，1994（2）.

13. 李蓝. 湖南城步青衣苗人话［M］. 北京：中国社会科学出版社，2004.

14. 李康澄. 绥宁汉语方言音韵比较研究［D］. 厦门：厦门大学博士学位论文，2011.

15. 李冬香，庄初升．韶关土话调查研究［M］．广州：暨南大学出版社，2009.

16. 罗昕如．湘南土话词汇研究［M］．北京：中国社会科学出版社，2004.

17. 龙薇娜．绥宁湘语语音研究［D］．长沙：湖南师范大学硕士学位论文，2004.

18. 杨时逢．湖南方言调查报告［M］．台北："中央研究院历史语言研究所印行"，1974.

19. 张双庆．乐昌土话研究．厦门：厦门大学出版社，2000.

20. 周振鹤，游汝杰．湖南省方言区画及其历史背景［J］．方言，1985（4）.

21. 陈松岑．语言变异研究［M］．广东教育出版社，1999.

22. 王士元．王士元语言学论文集［M］．商务印书馆，2000

23. 王士元．语言的探索——王士元语言学论文选译［M］．北京语言文化大学出版社，2000.

24. 游汝杰、邹嘉彦．社会语言学教程［M］．上海：复旦大学出版社，2004.

25. 徐大明．语言变异与变化［M］．上海：上海教育出版社，2006.

后 记

有些事仿佛冥冥之中早就注定。

时光回到 2001 年秋天的一个黄昏，为了撰写硕士论文，我来到了湘西南边陲的小县城——绥宁。当我经过十多个小时汽车的长途颠簸（那时还未通长邵高速）后，站在那个老旧、凌乱的县汽车站门口，看着一张张陌生的面孔，听着咿呀难懂的乡音，我以为我只是这里的一个匆匆过客，却未曾料到我与"绥宁"从此有了十多年、数十次的亲密接触，"绥宁"成为我人生中重要的一站。

我记得黄桑原始森林的茂密粗犷和巫水河的蜿蜒清澈，我记得夕阳下定远桥的沧桑和寨市古街的静默，我记得苗家木屋的简朴和木叶情歌的婉转，我记得苗家人的热情、厚道、直率，我记得……

苏家塝是绥宁县关峡苗族乡的一个苏姓家族聚集地，从我第一次到绥宁就与这里的一家人结下不解之缘。苏成英老先生是这个村颇受尊重的文化人，也是本书最主要的发音人，他的家人、亲戚或族人也无一例外地当过我的发音人或普查对象。每次调查，时间或长或短，我都会住在村子里。苏家的大嫂、二嫂怕我饿着，总变着花样给我做吃的，春季能吃到山里的嫩竹笋，夏天能尝到大清早从河里捞上的小鱼虾，冬日有最具苗家风味的"粉蒸肉"……空闲时我在村头散步，碰到的村民都会亲热地跟我打招呼："归来呱？""食饭有？（吃饭了吗？）"显然，这个苗寨的乡亲们已经把我当成了这里的一员。从某种意义上讲，他们是这本书的第一作者，但愿这本小书可以作为对这些淳朴"家人"们的一个小小回报。

此书得以面世，仰仗吾师鲍厚星先生。他几十年来醉心于湖南方言的调查与研究，年过七旬仍然坚持田野调查，笔耕不辍。对于吾辈更是谆谆教诲与鞭策，唯恐懈怠。我曾经一度因杂事繁多，想直接用国家社科基金课题的结项报告《语言接触与湘西南苗瑶平话调查研究》代替本书稿，鲍师严谨，他认为课题报告的涉及范围和结构体例与湖南濒危方言系列丛书的要求不统一，打消了我想"偷懒"的念头，不允许我就此放弃，多次耳提面命劝我另起炉灶再写一本。严师如父，在他老人家的"高压"督促下，我只得于2014年5月再赴绥宁关峡，核对词汇和语法例句，补录长篇语料，连续加班数月，终于赶在出国访学前交出初稿。在我出国后，鲍师又委托我的家人来美探亲时捎给我修改意见，信纸和卡片写了满满七张，字字句句都满含着期待和要求。吾师全力支持和亲切勉励，已深深地浸润在书稿之中。

在此还须提到几位重要人物，一个是现任邵阳市环保局长邓江南先生，他是让我认识和了解绥宁的第一人。当年他是绥宁县委副书记，为我早期在绥宁的调查解决了不少困难。另两位分别是绥宁县政协委员、著名儿童文学作家陶永灿先生和县人社局的贺安明局长，也都是十几年的老朋友了，每到绥宁先联系他们已然成为习惯。他们或帮助联系发音人，或协助寻查资料，或陪同考察等；哪怕仅仅是路过，也会见个面聊聊。特别要鸣谢的是，本书除发音合作人和作者的照片外，其余照片均为陶永灿先生拍摄并提供。我想，如果没有这几位如兄如友般先生的帮助，我在绥宁的调查不会开展得如此顺利。此外，绥宁县县志办、县民族宗教事务局等部门领导及工作人员也为本书的写作提供了珍贵的文献资料，恕不一一致谢。

感谢国家留学基金委（CSC）给予我公派出国访学的机会，开阔了学术视野；感谢湖南师范大学出版社给予拙著出版基金的赞助。出版社的曹爱莲、刘苏华老师、莫华老师等为本书的问世倾注了极大的心血。他们严谨、高效的作风也十分令人钦佩。感谢我的家人一如既往的支持，唯愿今后有更多的时间陪伴他们。

还记得十多年前的一天，我在绥宁北部的唐家坊镇做调查，不小心错过了最后一班回程的班车，正在为难之际，发音人唐老先生（原谅我忘记了他的全名）主动提出用摩托车送我回住地。行至半路车链坏了，不得不停下来修车。此时，太阳刚刚落山，周边是一望无际、随风翻腾的金色稻浪，远处是连绵起伏的雪峰山脉，暮色似罩，置身其中，人显得无比渺小。当时的我只感叹着湘西南的神秘和深邃，却不知自己会不知不觉因为这份未解的神秘而一直走到了今天。

当我写下这篇后记的时候，图森炙热的夏天也渐渐来到了，这个美国南部的小城总是那么火热又宁静，从容而自在。每天清晨，我公寓阳台正对着的那株不知名的树上总有一只蜂鸟在绕枝鸣唱，小小的翅膀飞速地振动着，在枝叶间时隐时现。每当我掏出手机想拍下那小小的身影，刚对准镜头，"嗖"地一下它便飞得无影无踪了，如此这般重复了多次直到我放弃努力。是的，对于它而言，我只是一个过客，除了满满的回忆和这本薄薄的书稿，我什么也带不走。

胡萍　写于美国图森市
Capistrano 公寓
2015-5-18